BRIDGING THE GAP

GESICHTSPUNKTE

GESPRÄCHE UND AUFSÄTZE

Content-driven Conversation and Composition in German

PETER KASTNER-WELLS

UNIVERSITY OF NORTHERN COLORADO

HH

Heinle & Heinle Publishers
A Division of Wadsworth, Inc.
Boston, Massachusetts 02116

The publication of **Gesichtspunkte: Gespräche und Aufsätze** was directed by the members of the Heinle & Heinle College German Publishing Team:

Patricia L. Ménard	*Editorial Director*
Marisa Garman	*Market Development Director*
Kristin Thalheimer	*Production Editor*

Also participating in the publication of this program were:

Publisher:	Stanley J. Galek
Vice President, Production:	Erek Smith
Editorial Production Manager:	Elizabeth Holthaus
Production Supervisor:	Barbara Browne
Managing Developmental Editor:	Beth Kramer
Project Manager:	Hildegunde Kaurisch
Manufacturing Coordinator:	Jerry Christopher
Interior Book Design:	DECODE, Inc.
Cover Design:	Caryl Hull Design Group
Bridging The Gap Logo Design:	Duvoisin Design Associates
Illustrations:	Valerie Spain

Library of Congress Cataloging-in-Publication Data

Kastner-Wells, Peter.
    Gesichtspunkte : Gespräche und Aufsätze / Peter Kastner-Wells.
      p. cm. -- (Bridging the Gap series)
    Includes index.
    ISBN 0-8384-4643-4
      1. German language--Conversation and phrase books--English.
    2. German language--Composition and exercises I. Title.
    II. Series: Bridging the Gap (Boston, Mass.)
    PF3121.K39 1994
    438.2'421--dc20   93–48631
                                                                                                            CIP

Copyright © 1994 by Heinle & Heinle Publishers

All rights reserved. No part of this publication may be reproduced or transmitted in any form or by any means, electronic or mechanical, including photocopy, recording, or any information storage and retrieval system, without permission in writing from the publisher.

Manufactured in the United States of America

ISBN 0-8384-4643-4

Heinle & Heinle Publishers is a division of Wadsworth, Inc.

10 9 8 7 6 5 4 3 2 1

Inhalt

INTRODUCTION TO THE *BRIDGING THE GAP* SERIES — V
PREFACE — VII
ACKNOWLEDGEMENTS — IX

THEMA 1

UNSERE UMWELT UND WIR

TEXT 1	Der Preis für den Luxus	2
TEXT 2	Stadtflüchtlinge	8
	Natur *Ludwig Fels*	11
TEXT 3	Die Regenwald – Lüge	16
TEXT 4	Da bahnt sich was an	21
TEXT 5	Verzichten lernen	27

THEMA 2

SCHULE UND HOCHSCHULE IN DER KRISE

TEXT 1	Gewalt ist schulischer Alltag	36
TEXT 2	Ein neues System, die alten Lehrer	43
TEXT 3	Planziel verfehlt	49
TEXT 4	Vergessene Bildung	53
TEXT 5	Ballast über Bord werfen	60

THEMA 3

WAS WÄRE DEUTSCHLAND OHNE SEINE AUSLÄNDER?

TEXT 1	Alle suchen eine Heimat	72
TEXT 2	Fremd in Deutschland	80

TEXT 3	Jetzt trauen sie sich wieder	*86*
TEXT 4	Praktisch leergefegt	*91*
TEXT 5	Das Schandmal des Fremdenhasses	*97*
TEXT 6	Nach rechts davongelaufen	*106*

THEMA 4

DAS „NEUE" DEUTSCHLAND – CHANCEN UND GEFAHREN

TEXT 1	Deutschland umarmt sich	*118*
TEXT 2	Rüber in den Westen?	*121*
TEXT 3	Geld ist nicht alles	*126*
TEXT 4	Es kostet nicht den Kopf (Gespräch mit Bärbel Bohley)	*135*
TEXT 5	Immer Ärger mit den Preisen	*146*
WEITERE TEXTE	Bildmaterial: Statistiken, Diagramme, Cartoons	*152*

THEMA 5

DAS EUROPÄISCHE HAUS

TEXT 1	Das Europäische Haus	*160*
TEXT 2	Binnenmarkt '92	*167*
TEXT 3	Die Grünen gegen Maastricht	*171*
TEXT 4	Sind wir wirklich Europäer?	*176*
TEXT 5	Deutschland wird deutscher	*183*
WEITERE TEXTE	Bildmaterial: Karten, Diagramme, Cartoons	*188*
KULTURELLE BEGRIFFE UND REDEWENDUNGEN		*194*
CREDITS		*199*

INTRODUCTION TO THE *BRIDGING THE GAP* SERIES

KATHERINE KULICK

The *Bridging the Gap* content driven materials complete the "bridge" between language skill courses and content courses by focusing first on content, with language skills in an active, but supporting role. The texts and organization are clearly content-driven, yet while they are similar to the most upper division courses in their focus on particular issues and themes, they are unique in their design to provide the linguistic support needed for in-depth development of the subject matter and continued skill development.

The *Bridging the Gap* program offers two coordinated content-driven textbooks in French, German and Spanish. The two books with in each language share a focus on the same set of topics in the contemporary social, political, and cultural issues throughout the French-speaking, German-speaking and Spanish-speaking regions of the world. Both texts offer substantive readings in-depth as well as in length. Multiple readings on each topic offer differing viewpoints.

The two books differ in the skills they continue to develop. One book provides an emphasis on oral and written discourse strategies while the other book focuses primarily on reading strategies. While each text book may be used independently, when used together, the two books offer an even greater in-depth exploration of current cultural and social issues with a global perspective and substantial skill development support.

The readings in each book are authentic texts drawn from a wide variety of sources. Rather than presenting a sample of 12–15 different topics and treating each one in a somewhat superficial manner, each authoring team has chosen to focus on 5–8 topics in order to explore them in greater detail. All of the authors have agreed that the development of advanced level skills requires extended exposure to, and in-depth exploration of each topic. Detailed description, supporting opinions, etc. require a degree of familiarity with the subject matter that can not be achieved in one or two class meetings. In order to explore and develop advanced-level discourse strategies, an extended period of time is essential.

In addition to their content-focus, these materials are unique in their approach to skill development. Rather than simply recycling earlier grammatical instruction, these advanced level materials enable students to interact with authentic materials in new ways that will help them acquire new skills that will set them apart from intermediate-level learners.

As students leave the intermediate and post-intermediate level skill development course to focus on literature, civilization, film, etc., we, as instructors, recognize the need for student language skills to continue to develop even as the course focus shifts from language skills to content oriented instruction. We would like our students to demonstrate an increasing sophistication and complexity in their language skills and in their interaction with reading and/or listening to materials. The content-driven materials in the *Bridging the Gap* series are intended to enable students to reach these goals.

CONTENT-DRIVEN GERMAN: *GESICHTSPUNKTE*

The books at this level each have five units. Each of the units focuses on a distinctive content area, bringing to that area of interest its own perspective on the German-speaking world.

Content Areas

Unit	Reader	Conversation/Compositon Book
1	Foreigners and Asylum-Seekers in Today's Germany	The Environment
2	Secondary and Post-secondary Education	Secondary and Post-secondary Education
3	The Environment	Foreigners and Asylum-Seekers in Today's Germany
4	Germany Today - Before and after Unification	Germany Today - Before and after Unification
5	The United States of Europe	The United States of Europe

PREFACE

Gesichtspunkte: Gespräche und Aufsätze is a composition and conversation textbook that was designed as a bridge between the intermediate and the advanced levels of German instruction in colleges and universities.

Experience and research in the field of foreign-language education indicate that many departments show fundamental differences between the teaching philosophies of their lower-division and upper-division programs. Although almost all departments teach the so-called "four skills" (reading, writing, listening comprehension, speaking) in their lower-division language programs, it is safe to say that today the vast majority of them base their language instruction on guiding principles derived from the Natural Approach, Communicative Competence, or the Proficiency Approach, and thus emphasize oral communication (listening comprehension and speaking).

Conversely, most upper-division curricula are still content-driven and primarily based on the reading of fictional and—sometimes—non-fictional materials. Very often students are expected to master the reading of linguistically complex, non-didacticized authentic texts and the writing of sophisticated essays and interpretations without ever having been overtly taught the necessary skills.

Because of this difference in the skills stressed in lower-division courses on one hand and in upper-division courses on the other, many students are not sufficiently prepared for the demanding reading and writing tasks expected of them.

Gesichtspunkte attempts to bridge that gap. To this end, it is structured as follows:

1. Each of the five chapters introduces the reader to a different topic of high significance in Germany and to the Germans: environmental problems, the educational system, foreigners in Germany, Germany after unification, and Germany within Europe.

2. Within the chapters, the texts are arranged from easiest to most difficult. At the same time, an attempt was made to organize the texts in such a way that the first (or the first few) introduce the reader to the topic, whereas the following selections discuss specific points or aspects of the topic.

3. Beginning with the sentence level, the book guides students through a series of exercises in which they learn to combine simple sentences into more complex constructions, then to join those in cohesive paragraphs, and finally to connect them to produce coherent texts.

Newspaper articles, poems, interviews, letters to the editor, statistics, diagrams, maps, and cartoons provide a rich environment for students' linguistic and intellectual growth. Accompanying activities are designed and sequenced in a way that allows students to build on their previous knowledge in order to expand their horizons and their linguistic abilities. All tasks stimulate critical thinking. Furthermore, rather than emphasizing differences between cultures, *Gesichtspunkte* focuses on the parallels. Whenever cultural differences are discussed, they are analyzed in their historical, geographical, and political context in order to understand *why* cultures are different rather than simply describe *how*.

ORGANIZATION

Each of the five chapters begins with a short paragraph introducing the chapter topic. It presents the background necessary to understand the texts and poses the most important questions to be discussed. In addition, it tells the readers which type of text they will learn to produce and/or which conversation feature(s) the chapter stresses.

Each chapter consists of five or six texts organized by their degree of linguistic difficulty (from easy to difficult) and by their topical complexity (from general to specific). Each text is imbedded in a series of activities. Every text and activity section is organized as follows:

VOR DEM LESEN advance organizer, reading strategies, prereading activities

READING SELECTION

NACH DEM LESEN
- **Textarbeit** postreading activities, preparation for class discussions and composition assignments
- **In der Gruppe** oral language functions
- **Schreiben leicht gemacht** composition exercises

In the prereading section (*Vor dem Lesen*) students learn to utilize linguistic and cultural contexts as well as skimming and scanning techniques and decoding activities to improve their understanding of the texts. Activities include using the title to make predictions about the content of the reading passage, brainstorming to activate background knowledge of the topic, and interpreting accompanying visual materials.

The reading selections themselves were chosen from a wide variety of sources but are mostly journalistic in nature. As previously described, they are arranged by linguistic and topical complexity.

The postreading activities (*Nach dem Lesen*) are divided into three parts. In the first, *Textarbeiten*, students organize and categorize information they have gathered from the texts; they write summaries, use new vocabulary in context, and prepare their newly acquired linguistic and cultural knowledge for the following oral and written activities.

In the section *In der Gruppe* students use the information they have derived from the text and the prereading and postreading exercises to discuss those topics in a group. Guided activities as well as lists of helpful phrases assist students in reaching a higher level of oral proficiency.

The last part of each section is called *Schreiben leicht gemacht*. Here students use vocabulary, phrases, and ideas from the text in a range of writing assignments such as letters to the editor, radio scripts, or scripts for oral presentations. Detailed explanations and step-by-step instructions help students compose a wide variety of text types.

ACKNOWLEDGEMENTS

The author wishes to thank the following instructors for their criticisms and suggestions that helped to improve this book:

Rosemary Morewedge   *State University of New York at Binghamton*
Kamakshi Murti   *University of Arizona*
Daniel Soneson   *University of St. Thomas*
Marilya Veteto-Conrad   *Northern Arizona University*
Larry Wells   *State University of New York at Binghamton*

The author is also deeply grateful to the many students in the German program at the University of Northern Colorado who used earlier versions of these materials and provided critical information on how to effectively use the texts and other materials in the classroom.

The author wishes to acknowledge the Heinle & Heinle editorial staff, especially Stan Galek, Petra Hausberger, and Hildegunde Kaurisch. Their assistance, their constant support and encouragement helped to keep this project on track and bring it to completion.

And last, but certainly not least, I would like to thank my wife Laurie for her continuous support during the late nights and long days that went into the writing of this book.

Peter Kastner-Wells

THEMA 1
UNSERE UMWELT UND WIR

Viele Stunden im Stau. Warum fahren diese Leute nicht mit der Bahn in den Urlaub?

DIE PROBLEME

In den letzten 15 Jahren hat wohl kaum ein Thema die Deutschen so sehr beschäftigt wie die Umwelt und deren Zerstörung. In Thema 1 werden einige der wichtigsten Aspekte der Umweltproblematik angesprochen.

Junge Leute wurden befragt, was für sie die größten Umweltprobleme sind, und was sie persönlich dagegen tun. Auch werden die Unterschiede zwischen Stadt- und Landleben, sowie der Themenkomplex „Vernichtung des Regenwaldes" diskutiert.

Im zweiten Teil werden einige komplexere Fragestellungen angeschnitten, die sich mit dem Problem des Wachstums der Industriegesellschaften und dem Verhältnis von Ökonomie und Ökologie auseinandersetzen.

Ein besonders wichtiger Wirtschaftsbereich in Deutschland ist die Autoindustrie, und die Liebe der Deutschen zu ihren Autos ist geradezu legendär. Die Idee, auf den eigenen „fahrbaren Untersatz" teilweise oder sogar ganz zu verzichten, ist für viele Deutsche ein zu hoher Preis für eine bessere Umwelt, andere finden einen solchen Verzicht unumgänglich. ← can't be avoided, unavoidable
Joschka Fischer, der hessische Umweltminister, diskutiert in einem Interview die Notwendigkeit einer teilweisen Umverteilung des Reichtums von der Ersten auf die Dritte Welt, um die endgültige Umweltkatastrophe zu vermeiden.

crucial, essential

In diesem Kapitel lernen Sie etwas über den Aufbau, das schrittweise Zusammenstellen eines guten Aufsatzes. Vom Sammeln zum Ordnen der Ideen in einer Gliederung, das eigentliche Schreiben des Aufsatzes, bis hin zum letzten Korrekturlesen werden Sie für alle Phasen des Schreibprozesses angeleitet.

WIE SIND SIE DAVON BETROFFEN?

Bevor Sie die Texte lesen, beantworten Sie bitte die folgenden Fragen.

1. Welche lokalen Probleme fallen Ihnen sofort ein, wenn Sie das Wort „Umweltverschmutzung" hören?
2. Welche Umweltprobleme existieren in Ihrem Land?
3. Die Deutschen scheinen sich – denken Sie nur an die Grünen – mehr Gedanken um ihre Umwelt zu machen als die meisten Amerikaner. Sehen Sie dafür einleuchtende Gründe?

TEXT 1

DER PREIS FÜR DEN LUXUS

VOR DEM LESEN

Bevor Sie den ersten Text über das Thema Umwelt lesen, denken Sie über die folgenden Fragen nach.

1. Schauen Sie sich das Diagramm an. Was erwarten sie von einem Text, der ein solches Diagramm zur Illustration benutzt?

2. Was könnte der Autor mit dem Wort „Luxus" meinen? Machen Sie eine Liste von Dingen, die Sie persönlich für Luxus halten.

3. Sehen Sie sich Ihre Liste an. Glauben Sie, daß alle Menschen ähnliche Dinge aufgeschrieben hätten? Wie könnten unterschiedliche Lebensverhältnisse die Definition von „Luxus" verändern?

4. Was bedeutet das Wort „Preis" im Zusammenhang mit Luxus?

5. Am Ende des folgenden Artikels werden junge Leute gefragt, was sie persönlich tun, um den „Preis für den Luxus" zu senken. Was werden diese Leute wohl sagen? Spekulieren Sie darüber.

6. Schreiben Sie in die folgende Liste, was Luxus ist, welchen Preis er hat, und schlagen Sie Möglichkeiten vor, den Preis dafür zu senken.

Luxus	Preis	Lösungsvorschlag
_____	_____	_____
_____	_____	_____
_____	_____	_____
_____	_____	_____
_____	_____	_____
_____	_____	_____

Der Preis für den Luxus

Der Fortschritt hat viele Gesichter: schnelle Autos, komfortable Wohnungen, gutes Essen und anderer Luxus. Der Preis für immer mehr Konsum und Industrialisierung sind immer mehr Müllberge, Lärm und eine Gefahr für Luft, Wasser und Boden.

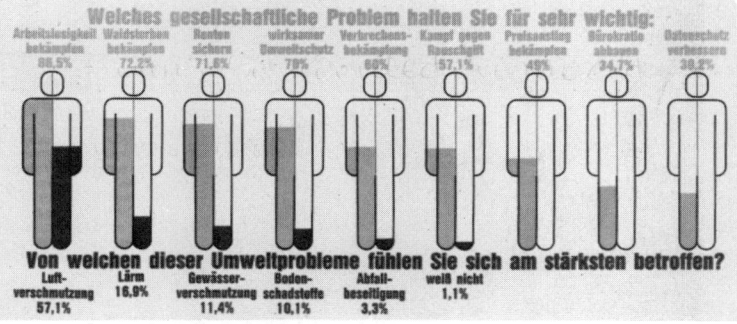

In jedem Jahr machen die Bundesbürger rund 30 Millionen Tonnen Dreck. „Hausmüll" nennen es die Fachleute: Straßenschmutz, Abfälle von kleineren Betrieben, Sperrmüll (alte Möbel, Geräte usw.) und vor allem Müll aus dem Haushalt. Jeder Einwohner wirft – laut Statistik – etwa 200–350 kg Abfall in seinen Mülleimer. Einen großen Anteil bilden dabei Verpackungen aus Papier, Pappe oder Kunststoff.

80 Prozent der Müllmenge werden auf Müllhalden „deponiert". Die Lagerfläche wächst jährlich um 3–4 Quadratkilometer. Das sind etwa 35 Fußballfelder. Die zum Teil hochgefährlichen Industrieabfälle sind hierbei gar nicht berücksichtigt.

Verbraucherverbände, Umweltschützer und staatliche Stellen fordern die Bürger auf, sich umweltfreundlich zu verhalten und zum Beispiel den Hausmüll zu sortieren. An vielen Orten stehen Sonder-Container für Glas, Altpapier und Altmetall. Denn Recycling – die Wiederverwertung von Abfallstoffen – wird immer wichtiger. Die ersten Erfolge: Die jährliche Müllmenge wächst nicht weiter. Damit kein Gift in den Boden kommt, soll man alte Medikamente, leere Batterien und altes Öl nicht in den Müll werfen. Apotheken, Elektrogeschäfte und Tankstellen sammeln den „Sondermüll".

Aber nicht nur der Abfall gefährdet die Umwelt. So ist die Zahl der Kraftfahrzeuge von 21 Millionen (1975) auf über 30 Millionen (1985) gestiegen, davon sind 86% Pkw (Personenkraftwagen). Autos, aber auch Heizungen und Industrieanlagen, belasten die Luft mit Schadstoffen und machen Lärm. Jeder fünfte Bundesbürger fühlt sich von Straßen-, Flug- und Industrielärm belästigt.

Eine besondere Gefahr für das Leben auf der Erde ist das „Ozonloch" in der Atmosphäre. Die Ozonschicht (20–45 km über dem Boden) schützt die Erde vor zu starken Sonnenstrahlen (UV-Strahlen). Die Strahlen selbst bilden das Ozon-Gas zusammen mit den Gasen in der Atmosphäre. Dieses System ist nun in Gefahr, denn Treibgas aus Spraydosen, Autoabgase oder Gase vom Kunstdünger in der Landwirtschaft steigen bis in die Atmosphäre auf und zerstören das Ozon. Neues Ozon entsteht nicht schnell genug. Die Folge: Die Ozonschicht wird immer dünner. Schon gibt es über dem Südpol ein Loch – eine Gefahr für alle Lebewesen und für das Klima auf der Erde.

ECKI, 22 Jahre: Ich werfe kein Papier auf die Straße. Ich fahre auch wenig Auto. Im Haushalt allerdings tue ich wenig. Das Baumsterben, radioaktiver Abfall und die Verschmutzung der Meere sind wohl die größten Umweltprobleme. Ich hoffe, daß sich da bald was ändert.

TOBIAS, 19 Jahre: Ich fahre Kat und sammle Altbatterien. Mein Vater ist Atomphysiker und forscht nach umweltfreundlicher Kernenergie. Meiner Meinung nach liegt das Hauptproblem bei den Kohlekraftwerken und den Autoabgasen.

Der Preis für den Luxus   **3**

THOMAS, 18 Jahre: Ich tue für den Umweltschutz, was ich kann. Auch meine Familie. Wenn wir durch den Wald wandern, nehmen wir Tüten mit und sammeln den Abfall. Ein besonders großes Problem ist das Ozonloch. Man könnte mehr ändern, wenn sich auch die Politiker ändern würden. Leider steckt hinter allem immer nur das Geld.

BIRGIT 18 Jahre: Ich benutze phosphatfreies Waschmittel, was jetzt glücklicherweise auch billiger geworden ist. Und in unserem Haushalt haben wir organisiert, daß Glas, Altpapier usw. gesammelt und abgeliefert werden. Aber ich kenne auch eine ganze Menge Leute, bei denen dieses Engagement wirklich schwach ist. Ich glaube, es gibt kein Hauptumweltproblem. So genau kann man das gar nicht mehr differenzieren. Wichtig ist, daß die Leute im Umweltschutz einen Sinn sehen und durch eigenes Engagement ihre Umgebung erhalten und schützen.

PETER, 14 Jahre: Ich sammle Altpapier; vor allem für die Schule. Das Geld, das wir dafür bekommen, ist für ein Mädchen in Afrika. Damit kann sie ihren Schulbesuch bezahlen. Dann benutzen wir nur Pfandflaschen und bringen Alufolie zu den Sammelstellen. Ich glaube, der Hausmüll und die Autoabgase sind die größten Probleme.

SUSANNE, 26 Jahre: Ich trenne zum Beispiel den Hausmüll. Ich sammle Aluminium, Altpapier und Plastik. Das bringe ich dann zu den Sammelstellen. Davon gibt es leider zuwenig. Auch meine Familie und meine Freunde sammeln.

Das Hauptumweltproblem, denke ich, ist der Hausmüll. Natürlich auch die Autoabgase. Es gibt ja auch immer mehr Autos. Leider wird gerade da nicht viel getan. Man könnte doch endlich auf Methanol umsteigen. Aber das eigentliche Problem ist die Industrie, die dahintersteckt.

ERWIN, 21 Jahre: Ich kaufe Spraydosen ohne Treibgas, sammle Alufolien, Glas, Papier und werfe das Zeug in die entsprechenden Container. Außerdem spende ich im Monnat 30 Mark für Greenpeace. Mein Freund macht es ähnlich; er ist genauso umweltbewußt wie ich. Meine Eltern, wie überhaupt die ältere Generation, sind das weniger. Das Hauptproblem sehe ich darin, daß sich unsere Lebensweise geändert hat. Wir leben von der Industrie. Also nicht mehr so natürlich wie früher. Das belastet die Umwelt. Doch ich sehe Chancen, damit fertig zu werden. Alle müssen mithelfen. Umweltschutz kann nicht befohlen werden, er muß gelebt werden.

MICHAEL, 20 Jahre: Ich fahre so wenig wie möglich Auto, bringe meinen Abfall in die speziellen Container - eigentlich viele Kleinigkeiten. Meine Familie macht auch mit, weil einer den anderen „anstiftet". Hauptverantwortlicher ist wohl die Industrie. Das heißt für jeden einzelnen: den Gürtel enger schnallen, sich einschränken und bestimmte Produkte nicht mehr kaufen. Erst dann werden das Verschwenden, der Konsum, das Wegwerfen endlich aufhören. Die Produktion muß zurückgehen und damit die Verschmutzung.

HOLGER, 19 Jahre: Ich fahre ein Auto mit Katalysator. Aber so richtig Gedanken um die Umwelt mache ich mir nicht. Jeder sollte bei sich anfangen, doch ob das so viel nützt ...?
Das größte Umweltproblem liegt, glaube ich, bei den großen Konzernen. Die haben ja auch das Geld „zum Schmieren". Und daran wird sich bestimmt nicht viel ändern. Die Industrie hat das meiste Geld, und sie sucht sich ihre Politiker immer nach ihren Interessen.

„Umweltschutz kann nicht befohlen werden, er muß gelebt werden."

Erwin, 21 Jahre

PETER, 17 Jahre: Für den Umweltschutz tue ich eigentlich sehr wenig. Bald fahre ich sogar ein Auto ohne Kat. Ich bin zu träge. Man sollte beispielsweise die Müllentsorgung einfacher machen.
Das eigentliche Umweltproblem ist die Profitgier der Industrie. Solange Umweltschutz sich nicht lohnt, wird sich nicht viel ändern. Umweltfreundliche Technik ist noch zu teuer. Die meisten Menschen werden erst dann umweltbewußt, wenn sie in dicken Nebelschwaden herumlaufen müssen. Ich glaube, ich sehe das ganz realistisch.

DIRCEN, 17 Jahre: Ich komme aus Brasilien. Dort wird leider nicht viel für den Umweltschutz getan. Ich selber benutze nur solche Produkte, die die Umwelt nicht belasten. Zum Beispiel Spray ohne Treibgas. Ich sammle auch Altpapier, Glas und andere Sachen. Aber diese Probleme werden in Zukunft sicher nicht so schnell zu lösen sein. Denn die Weltbevölkerung nimmt immer mehr zu. Außerdem fehlt es an Organisationen.

STEFFI, 19 Jahre: Ich habe mein Auto verkauft. Das ist mein Beitrag gegen die Luftverschmutzung durch Autoabgase. Das war nicht der einzige Grund, aber doch der wichtigste. Denn ich bin vom Ammersee nach München gezogen. Und in der Stadt brauche ich kein Auto. Mit dem Fahrrad komme ich viel besser voran.
Ich glaube nicht, daß die Leute in Zukunft umweltbewußter werden. Jeder schiebt die Verantwortung auf den anderen. Man sollte vielleicht mehr Bürgerinitiativen gründen. Denn jeder einzelne bildet mit den anderen zusammen den Staat. So müssen alle im kleinen bei sich selbst anfangen.

BIRGIT, 25 Jahre: Ich wohne in einer Wohngemeinschaft, und wir haben da eine ziemlich klare Linie. Wir sammeln zum Beispiel Altpapier, Altglas. Und wir passen auf, daß nicht grenzenlos Spül- und Waschmittel verbraucht werden. Um für die Umwelt wirklich etwas zu tun, wünsche ich mir, daß der Staat härtere Maßnahmen ergreift. Es wird zwar viel geschwätzt, aber es passiert nichts. Es stecken einfach zu viele andere Interessen dahinter. Natürlich sollte sich auch jeder an die eigene Nase fassen und bei sich anfangen, damit was verändert wird. Denn bis der Staat was tut ...

Der Preis für den Luxus

NACH DEM LESEN

TEXTARBEIT

Jeder längere Text besteht aus mehreren Absätzen. In einem gut aufgebauten Text enthält jeder Absatz einen abgeschlossenen Gedanken. Weder sollte ein Absatz mehr als einen Gedanken beinhalten, noch sollte sich ein Gedankengang über zwei Absätze erstrecken.

Wie aber ist ein guter Absatz strukturiert? Er sollte drei Elemente enthalten:

1. die Überleitung: Das ist eine Brücke zwischen dem vorhergehenden Absatz und dem nachfolgenden.

2. die Hauptidee: Das ist der Kernsatz, der den Inhalt des Absatzes zusammenfaßt (oft beinhaltet die Überleitung bereits die Hauptidee, d.h. die Elemente 1 und 2 können in einem Satz sein).

3. das Unterstützende: Der Rest des Absatzes sollte die Hauptidee erläutern, unterstützen und/oder Beispiele dafür geben.

Sehen Sie sich jetzt noch einmal den Text „Der Preis des Luxus" an, und suchen Sie die obengenannten Elemente in den fünf Absätzen. Enthält jeder Absatz alle drei Elemente? Tragen Sie die Informationen in die folgende Liste ein.

Absatz	Überleitung	Hauptidee	Unterstützendes
1	_____	_____	_____
2	_____	_____	_____
3	_____	_____	_____
4	_____	_____	_____
5	_____	_____	_____

Welche der drei Elemente erweisen sich für eine Zusammenfassung als besonders nützlich? Warum?

_____
_____
_____

Fassen Sie den Text jetzt in wenigen Sätzen zusammen.

_____
_____
_____
_____

Natürlich gibt es weitaus mehr Umweltprobleme als im Text angeschnitten werden. Setzen Sie den Text fort, indem Sie über drei weitere Probleme schreiben, die der Text nicht erwähnt hat. Bemühen Sie sich um einen guten Aufbau Ihrer Absätze!

IN DER GRUPPE

A. Sehen Sie sich die Interviews mit jungen Deutschen an. Finden Sie Unterschiede im Aufbau der Absätze im Text und denen der Interviews? Welche? Wie können sie die Unterschiede erklären?

B. Welche Vorschläge machen die Jugendlichen zur Verbesserung der Umwelt? Schreiben Sie Stichpunkte auf, und diskutieren Sie sie in der Gruppe.

ECKI: *fährt wenig Auto*
THOMAS: *nimmt Tüten mit*
Tobias *sammelt Altbatterien*
Birgit *phosphatfreies Waschmittel*
Peter *sammelt Altpapier*
Sus. *trennt Hausmüll*
Erwin *Spraydosen ohne Treibgas*
Michael *fährt wenig Auto, recyclen*
Holger *ein Auto mit Katalysator*
Peter *nix*
Steffi *Fahrrad, verkauft Auto*
Dircen *Spray ohne Treibgas, sammelt*
Birgit *sammelt Altpapier, etc*

C. Tragen Sie auch etwas zum Umweltschutz bei? Was machen Sie?

_____
_____
_____

D. Planen Sie gemeinsam eine Umweltschutzaktion für Ihre Universität. Was könnte und sollte verbessert werden? Sind Ihre Ideen realistisch? Schreiben Sie die Ideen der Gruppe auf, und stellen Sie sie der Klasse vor.

Der Preis für den Luxus

TEXT 2

STADTFLÜCHTLINGE

VOR DEM LESEN

A. Der Titel des folgenden Textes ist „Stadtflüchtlinge". Allein schon dieser Begriff und die Fotos sagen viel über den Text aus. Was erwarten Sie von der Lektüre? Schreiben Sie Ihre Gedanken auf.

_____
_____
_____
_____
_____
_____

B. Stadtleben – Landleben. Welche Unterschiede fallen Ihnen dazu spontan ein?

_____
_____
_____
_____
_____
_____

Auch Pflanzenfarben haben ein breites Spektrum. Martina färbt damit ihre Schafswolle.

Stadtflüchtlinge

Peter und seine Schafe: Wolle und Milch aus eigener Produktion

Smog in der Luft, Gift in den Flüssen, Chemie in Nahrungsmitteln und Hektik überall – so erscheint das Leben in den Industriestaaten, wenn man den Nachrichten in Funk und Presse glaubt. Immer mehr junge Leute wollen weg von diesem Streß, hinaus aufs Land, zum einfachen Leben in und mit der Natur. Wir besuchten junge „Stadtflüchtlinge" in ihrer neuen Welt.

Abendstimmung auf dem Land. Martina (18) und Peter (20) arbeiten bei ihren Schafen auf der Weide. Die beiden wohnen in Dexheim, einem Dorf in Rhein-Hessen. Bis nach Mainz sind es etwa 25 Kilometer. Also nahe genug, um mal ins Kino zu gehen, oder auch in ein Café.

Martina und Peter haben schon als Kinder auf dem Land gelebt. Aber dann zogen ihre Eltern mit ihnen in die Stadt. Vor kurzer Zeit bekam Martina den kleinen Bauernhof, als ihre Großmutter starb. Das Haus hat nur drei Zimmer. Aber ein großer Garten gehört dazu, ein Schafstall und etwas Weideland.

Martina macht zur Zeit ihr Abitur. Peter macht eine Ausbildung als Gärtner. Beide müssen also jeden Tag in die Stadt fahren. Warum wohnen sie dann hier auf dem Land? „Ich bin froh, wenn ich abends hier draußen sein kann", sagt Peter. „Das Stadtleben ist übertrieben. Die Menschen dort haben zu hohe Ansprüche. Und wenn die nicht erfüllt werden, sind sie unzufrieden."

Aber warum macht er seine Ausbildung nicht auf dem Land? Peter schüttelt den Kopf. „Das ist sehr schwierig. Hier gibt es nur Stellen bei Bauern oder Winzern. Aber wie die mit der Natur umgehen – das will ich auf keinen Fall lernen..."

Martina wäscht Schafwolle in einem großen Wasser-Bottich. „Wir bauen hier Getreide und Gemüse für uns und die Tiere an", erzählt sie. „Außer den Schafen haben wir noch ein paar Enten und Hühner. Aus der Schafsmilch mache ich Käse, und die Wolle färbe ich mit Pflanzenfarben. Eine alte Frau im Dorf hat mir das gezeigt." Sogar das Fernsehen war schon da, um einen Film über diese Arbeit zu drehen.

Dadurch wurde Martina im ganzen Dorf bekannt. Sie kennt jetzt viele Leute und bleibt in Kontakt mit ihnen. Einmal, als eine neue Straße geplant wurde, hat sie zusammen mit anderen Dorfbewohnern eine Bürgerinitiative gegründet. Dabei haben ihre Gegner sie einmal als „Öko-Schlampe" beschimpft, weil sie besonders kritisch und respektlos auftrat.

Wenn Peter das Wort „Öko" hört, wird er ärgerlich: „Ökologisch und alternativ – das sind heute böse Schlagwörter. Jeder sieht dann gleich Gesundheitsschuhe, Latzhose oder das Müsli zum Frühstück. Ökologisch leben heißt für mich: die Natur so behandeln, wie das die Bauern noch vor vierzig Jahren getan haben. Die haben nicht gleich jedes Unkraut mit Chemikalien kaputt gemacht... Und ‚alternativ' bedeutet, nicht gleich jede Mode mitzumachen, nur weil die Werbung das von dir verlangt. Ich muß selber entscheiden, ob ich etwas wirklich brauche oder nicht."

„Alternativ heißt für mich vor allem: mehr Menschlichkeit", meint Martina. „Leistung ist doch nicht alles im Leben. Schau dir bloß mal an, was sie jetzt schon von den kleinen Kindern im Kindergarten verlangen! – Einen Test nach dem anderen! Selbst beim Spielen gibt es Noten und Punkte für irgendwelche idiotischen Leistungen."

Raus auf's Land!

Ein paar kleine Enten spazieren durchs Gras. Die Hühner kratzen auf der Erde vor dem Gewächshaus. „Als die Katastrophe von Tschernobyl geschah, waren wir sehr froh über unser Gewächshaus", erzählt Martina. „Die Schafsmilch war radioaktiv, aber das Gemüse aus dem Treibhaus war in Ordnung. Sie deutet mit dem Zeigefinger in die Ferne:

„Da, in Biblis, 20 Kilometer von hier, steht das größte Atomkraftwerk der Bundesrepublik. Nach Tschernobyl dachte ich, jetzt wird sich in der Energiepolitik etwas ändern. Doch die Dinge ändern sich nur sehr, sehr langsam. Ich will da etwas nachhelfen. Ich diskutiere mit vielen Menschen, auch wenn sie es nicht mehr hören wollen. Man muß den Menschen die Gefahren immer wieder vor Augen halten. Immer wieder!"

Martina liebt das Leben in und mit der Natur. Helmut, ein Freund aus der Stadt, spielt mit den jungen Katzen.

Peter glaubt nicht, daß viele Menschen auf solche Warnungen hören. „Für die anderen sind wir ‚Alternative' und leben in einer anderen Welt. – Ich glaube, das stimmt sogar. Wenn man so lebt wie wir, dann sieht man vieles anders und mit mehr Abstand. Aber nur so kann man Dinge erkennen, die gefährlich für uns alle sind."

Stadtflüchtlinge 9

NACH DEM LESEN

TEXTARBEIT

Beantworten Sie bitte die folgenden Fragen.

1. Warum sind Martina und Peter aufs Land gezogen?
2. Warum war das für die beiden recht einfach?
3. Werden sie von der Landbevölkerung akzeptiert?
4. Was verstehen Martina und Peter unter „alternativ"?

IN DER GRUPPE

Sie haben gelesen, daß das Landleben gegenüber dem Stadtleben Vorteile hat. Können Sie auch Nachteile finden? Listen Sie die Vor-und Nachteile auf.

Vorteile	Nachteile
_____	_____
_____	_____
_____	_____
_____	_____

Diskutieren Sie in der Gruppe über diese Aufstellung. Sie werden entdecken, daß, was für die einen Vorteile sind, für die anderen Nachteile sein können.

UND NOCH EIN TEXT: NATUR

VOR DEM LESEN

Bei dem folgenden Text handelt es sich um ein Gedicht, also um einen literarischen Text. Solche Texte, besonders Gedichte, zeichnen sich durch besondere Merkmale aus; sie werden nicht in erster Linie zur Information des Lesers geschrieben, sondern um persönliche Empfindungen künstlerisch auszudrücken. Das macht das Lesen zwar zum Vergnügen, doch manchmal auch etwas schwieriger, da die Autoren oft mit der Sprache „spielen": Sie verwenden ausgefallene Wörter, ungewöhnliche Metaphern und Satzstrukturen. Das folgende Gedicht ist jedoch leicht zu verstehen.

Wasser, Bäume, Gras und ... Wasserverschmutzung. Das Ende einer Idylle?

LUDWIG FELS
Natur

1 Hierher, sagen mir Bekannte, bauen wir
unser Häuschen.
Auf ihrem Grundstück grasen Kühe
und Blumen wachsen im Klee.
5 Hier ist noch alles so natürlich, sagen sie, die Luft
und der Wald, Hügel und Felder
hier werden wir wohnen ...

Ohne euch
sag ich
10 würde es so bleiben.

NACH DEM LESEN

TEXTARBEIT

Beantworten Sie bitte die folgenden Fragen.

1. Das Gedicht besteht – auch rein optisch – aus zwei Teilen. Bitte beschreiben Sie diese formal und inhaltlich.

2. Wie interpretieren Sie das Gedicht?

3. Vergleichen Sie das Gedicht mit dem Text „Stadtflüchtlinge". Was haben die beiden gemeinsam?

SCHREIBEN LEICHT GEMACHT

Schreiben Sie einen Aufsatz mit dem Thema „Stadt oder Land – was ist für mich persönlich der beste Lebensstil?" Einige von Ihnen werden jetzt vielleicht sagen: „Das ist zu schwer, das kann ich nicht". Sie werden jedoch im folgenden sehen, daß es eigentlich nicht so schwierig ist, wenn Sie sich vor dem Schreiben einige Fragen beantworten und den Aufbau sorgfältig planen.

Der erste Fragenkatalog, den Sie sich durch den Kopf gehen lassen sollten, ist: Für wen schreibe ich diesen Aufsatz? Wieviel wissen die Leser schon über dieses Thema? Stehen sie schon auf meiner Seite, oder muß ich sie erst durch meine Argumente überzeugen? Diese Fragen sind für Sie leicht zu beantworten, oder?

Die nächste Frage – Wie lange kann/darf/muß dieser Aufsatz sein? – soll von Ihrem Lehrer/Ihrer Lehrerin beantwortet werden.

Nun können Sie beginnen, etwas zu Papier zu bringen, aber fangen Sie nicht sofort mit dem Schreiben des Aufsatzes an.

Der wohl wichtigste Schritt in dieser Phase vor dem Schreiben ist das Sammeln von Ideen, das auch die Deutschen als „Brainstorming" bezeichnen. Schreiben Sie auf, was Ihnen zum gestellten Thema einfällt ... ganz ungeordnet. Es können Verben, Substantive, Adjektive oder sogar Satzfragmente sein.

Versuchen Sie es hier einmal.

_____
_____
_____
_____
_____
_____

In der nächsten Phase sollten Sie Ordnung in diese Ideen bringen, indem Sie sie unter bestimmte Kategorien fassen, einige dazuschreiben, andere ausstreichen und alles vielleicht schon in eine gewisse logische Reihenfolge bringen. Hier ist Platz dafür.

_____
_____
_____
_____
_____
_____

Ein nächster hilfreicher Schritt ist das Formulieren einer zentralen Idee (ein Kernsatz, eine These), die auch in der Einleitung Ihres Aufsatzes auftauchen sollte. In diesem Fall könnte es die These sein „Ich möchte gern in der Stadt wohnen". Was ist Ihre These? Schreiben Sie sie auf.

_____

Jetzt ist es an der Zeit, die Gedanken zu gliedern. Jede Gliederung besteht aus einer Einleitung, einem Hauptteil (mit mehreren Unterpunkten) und einem Schluß. Die Einleitung sollte eine knappe Einführung in das Thema geben und die These enthalten. Der Hauptteil begründet die These und gibt Beispiele. Der Schluß ist eine Zusammenfassung der Argumentation, die die These belegt. Damit schließt sich der Kreis zwischen der Einführung und dem Schluß.

In diesem Fall könnte eine Gliederung also folgendermaßen aussehen:

I. Einleitung: Ich möchte auf dem Land leben

II. Nachteile des Landlebens

    A. Das Landleben ist manchmal langweilig

        1. Es gibt nicht viele Leute

        2. Freunde wohnen weit weg

        ...

    B. Das Land bietet keine gute Infrastruktur

        1. Der Polizeischutz ist schlecht

        2. Man muß alles selber reparieren

        ...

III. Vorteile des Landlebens

    A. Das Leben ist gesund

        1. Es gibt keinen Verkehrslärm

        2. Es gibt wenig Luftverschmutzung

        ...

IV. Meine persönlichen Interessen

    A. Biologischer Gemüseanbau

    B. Ich möchte Tiere halten

        ...

V. Die Vorteile überwiegen die Nachteile für mich

Jetzt sind Sie an der Reihe! Schreiben Sie Ihre Gliederung auf. Wenn Sie damit fertig sind, können Sie mit dem eigentlichen Schreiben beginnen. Hier noch ein paar Tips:

Einleitung: Sie sollte zwischen 50 und 200 Wörter lang sein, je nach Länge und Komplexität Ihrer Arbeit (hier eher 50 Wörter). Die Einleitung soll beim Leser Interesse für die Arbeit wecken und gleichzeitig die These enthalten. Beliebte Mittel, den Leser zu fesseln sind: eine Anekdote erzählen, eine schockierende Statistik zitieren, eine provokante Frage aufwerfen. Egal welches Mittel gewählt wird – es soll auf jeden Fall zur These führen.

Hauptteil: Wie schon erwähnt, soll der Hauptteil die These unterstützen. Jeder Absatz, sollte etwa 50 bis 100 Wörter umfassen. Auf die Notwendigkeit der logischen Gliederung im Hauptteil, sowie eines jeden Absatzes, wurde bereits hingewiesen. Die größte Schwierigkeit scheint weniger im Aufbau der Absätze zu liegen, als in den logischen und flüssigen Überleitungen.

Hier ein paar nützliche Vokabeln und Ausdrücke für eine Gliederung:

Beispiele geben:
zum Beispiel, um ein Beispiel zu geben, zur Illustration, um es an einem Beispiel zu erklären (erläutern)

Gedanken weiterführen:
und, auch, daneben, als nächstes, weiterhin, darüber hinaus, erstens, zweitens, drittens

Gegensätze ausdrücken:
aber, auf der anderen Seite, im Gegenteil, obwohl

Vergleichen:
so wie, in gleicher Weise

Logische Folgerungen:
deshalb, daher, also kann daraus geschlossen werden, aus diesem Grund, infolgedessen, also

Zeitliche Abfolge:
dann, danach, später, vorher, davor, früher, zu einem früheren (späteren) Zeitpunkt, schließlich, endlich, während, unterdessen, als, sofort

Örtliche Beziehungen:
unter, über, oberhalb, unterhalb, neben, rechts, links, näher, in der Nähe von, weiter, am Anfang (Ende), gegenüber

---

Schluß: Der Schluß sollte kurz sein, noch einmal die These wiederholen (ohne die gleichen Wörter zu benutzen), um den Kreis zwischen Einleitung und Schluß zu schließen. Auf keinen Fall sollten im Schluß neue Ideen auftauchen.

Jetzt sind Sie dran. Schreiben Sie einen Aufsatz zu unserem Thema.

„Endlich fertig!" werden Sie nach getaner Arbeit vielleicht sagen. Falsch! Das war erst die erste Version. Jetzt muß an der zweiten, korrigierten gearbeitet werden, der sogenannten Revision.

Im allgemeinen unterscheidet man Grob- und Feinrevision. In einer Grobrevision werden zum Teil ganze Absätze herausgenommen, hinzugefügt, innerhalb des Textes verschoben oder zusammengefaßt. Der Schreiber sollte sich während der Grobrevision die folgenden Fragen stellen:

- Erfüllt mein Aufsatz seine Absicht, die Leser zu informieren, überzeugen, unterhalten usw.?
- Unterstützen alle drei Hauptelemente (Einleitung, Hauptteil, Schluß) meine These?
- Ist die Struktur logisch?
- Habe ich genug Beispiele und Erklärungen, die meine These(n) unterstützen?

Die Feinrevision konzentriert sich auf einzelne Sätze, auf Grammatik, Interpunktion, Wortwahl und Stil.

Nach diesen Änderungen sind wir aber immer noch nicht fertig, denn der wichtigste Teil des Schreibprozesses liegt noch vor uns: das letzte Korrekturlesen. In dieser Phase sollten Sie alle Tippfehler, alle falschen Endungen usw. korrigieren. Am besten liest man den Text laut, denn so findet man die Flüchtigkeitsfehler leichter. Dieser Schritt ist der wichtigste, denn Flüchtigkeitsfehler, die jedem beim Schreiben unterlaufen, können dem Gesamtbild eines ansonsten sehr guten Aufsatzes ziemlich schaden.

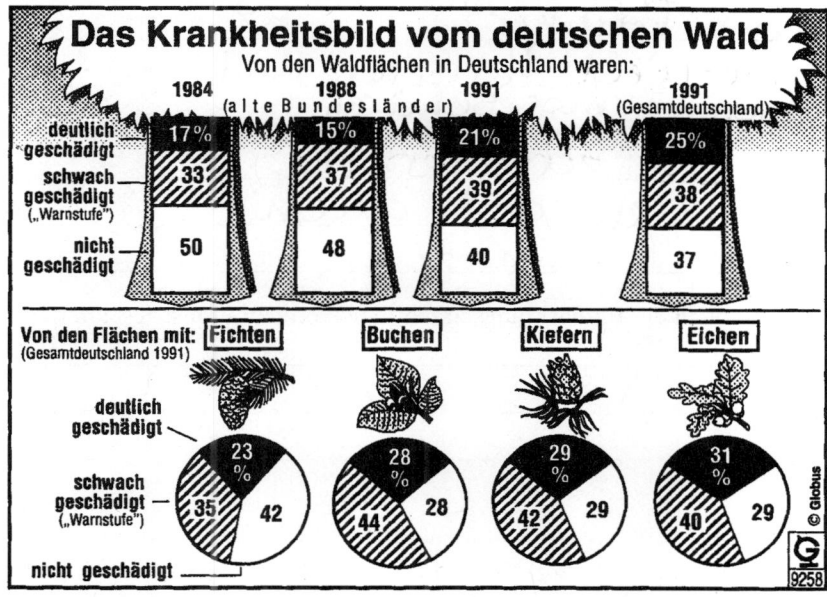

Was ist in den letzten Jahren mit dem deutschen Wald passiert? Interpretieren Sie die Daten.

Stadtflüchtlinge

TEXT 3

DIE REGENWALD-LÜGE

VOR DEM LESEN

A. Beantworten Sie bitte die folgenden Fragen, bevor Sie den Text „Die Regenwald-Lüge" lesen.

1. Warum interessieren wir uns für den Regenwald, obwohl wir doch in unseren Breiten gar keinen haben? Welche Probleme bringen Sie mit dem Begriff „Regenwald" in Verbindung?

2. Wer ist für diese Probleme verantwortlich?

B. Lesen Sie jetzt bitte den Text aufmerksam durch, und beantworten Sie während des Lesens die folgenden Fragen.

1. Der Text spricht von drei „Umweltlügen". Welche meint der Autor damit?

   Industrieländer sind nicht daran Schuld
   überzogene Regenwaldhysterie
   die Politiker
   Dritte-Welt-Herrscher und Öko-Schwärmer schüren

2. Was wird über die Kaiapo-Indianer gesagt?
   Sie zerstören die Regenwald auch

3. Warum wollen die Entwicklungsländer Geld von den Industriestaaten?

Thema 1

*Die Regenwald-Lüge

Stamm = tribe

Ein Bericht von Manfred Hart
Und sie tanzen Samba wie jede Nacht. Rauhe Typen, gierig nach der einzigen Prise Glück, die diese gottverlassene Gegend am Oberlauf des Rio Negro einem Mann zu bieten hat: Billard, Schnaps und billige Mädchen. Die Kneipe, ein Verschlag aus Brettern und Bambus, heißt „Ouro Verde" (grünes Gold), das schäbige Camp drumherum hat keinen Namen.
Es gibt viele Tausend solcher Barackendörfer in Amazonien – alle sind sie gleich. Samba in der Nacht, und am Tag das Kreischen der Motorsägen. Dann walzen die Holzfäller wieder ein Stück Regenwald platt. Holz für Deutschland, weil wir die Schränke so gern aus edlem Furnier haben? „Ach Gringo, vergiß diesen Quatsch", sagt Osvaldo, der Wirt im „Ouro Verde".

„Fahre zwei Stunden flußabwärts, dann siehts du, wie die Bäume zersägt werden – zu billigem Bauholz. Das geht nach Rio, Recife, Sao Paulo."
Auf der anderen Seite unserer Erde: Kapit, Provinzstädtchen im Dschungel von Borneo. Auf dem lehmbraunen Rajang-River mächtige Stämme – mit Seilen zu einem riesigen Floß vertäut. In einer einzigen Stunde zähle ich 18 solcher Tropenholzflöße. Ziel Deutschland, für wetterharte Fensterrahmen vielleicht, wie Umweltschützer bei uns behaupten?
Lohnt sich für die chinesischen Holzbarone nicht. Hundert Kilometer flußab, in Sibu, lassen sie die meisten Bäume zu Sperrholz schneiden. Das wirft mehr Profit ab.
„Mae Hong Son, Tropenexotik im Nordwesten Thailands." So werben die Prospekte. Die Wirklichkeit: Über der Stadt liegt monatelang dichter Qualm. Meine Augen tränen, ich rieche den Tod des Waldes. In den Nachbartälern kokelt und brennt es bis zur nächsten Regenzeit. Waldvernichtung im Auftrag deutscher Konzerne? Einheimische Karen-Stämme fackeln den Dschungel ab, weil sie neue Felder fürs Überleben brauchen.
Drei Beispiele. Dreimal Beweis für Umweltlügen. Und für überzogene Regenwaldhysterie, die Politiker, Dritte-Welt-Herrscher und Öko-Schwärmer schüren. Ihr Lamento: <u>Die Industrieländer tragen die Hauptschuld an der Vernichtung der Urwälder.</u>
Der Westen verlange wertvolle Hölzer – also werden Teak und Mahagoni geschlagen. Der Westen wolle billiges Rindfleisch und exotische Früchte – also müssen Baumriesen Weiden und Plantagen weichen. Der Westen sei gierig auf Bodenschätze – also wird auch im Dschungel gebaggert. Verschwörungstheorien, die wir beim Umweltgipfel in Rio wieder hören. Scharfmacher der Entwicklungsländer ist der Premier des Holzexport-Weltmeisters Malaysia, Mahathir: „Wir alle wissen, daß unsere Umwelt versucht ist – durch die Industrienationen. Und die wollen jetzt unseren wirtschaftlichen Aufschwung verhindern."
Für Malaysias Aufschwung stirbt der Regenwald schneller als anderswo. Exportschlager sind Harthölzer aus einem der ältesten Wälder der Erde, dem Dschungel von Sarawak auf Borneo. Jedes Jahr werden 8000 Quadratkilometer geschlagen. Neue Lizenzen für 50 000 (entspricht der Größe Niedersachsens) sind schon vergeben.
Das meiste Holz wird zu Billigbrettern verarbeitet. Malaysia ist längst kein armes Dritte-Welt-Land mehr. Es hat sich in das Lager der Reichen geboomt und könnte sich leicht Aufforstung wie Europa leisten. Doch in Malaysia werden keine Bäume gepflanzt. Schon in 20 Jahren wird das grüne Sarawak eine Wüste sein.
Auch in Thailand und Burma ist das große Urwaldsterben ein Tabu. Korrupte Regierungsbeamte und Militärs verdienen prächtig am ungezügelten Raubbau.
Dabei hätten es nur ein paar bettelarme Staaten nötig, ihr Holz zu vermarkten. Der Sündenfall am Amazonas jedenfalls grenzt an ökonomischen Irrsinn, wie eine Studie des Kieler Instituts für Weltwirtschaft nachweist.
Über 40 000 Quadratkilometer Dschungel verschwinden jedes Jahr in Brasilien (die zweifache Fläche von Hessen). Nur zehn Prozent aller Bäume werden überhaupt verarbeitet, ganze drei Prozent gehen in den Export.
90 Prozent des Regenwaldes wird von Bulldozern niedergewalzt und verbrannt. Für Weiden der Großgrundbesitzer, weil ein unsinniges Gesetz Waldbesitz höher besteuert als Farmland. Für kostenlose Äcker, mit denen die Regierung landlose Campesinos an den Amazonas lockt. Da der Boden schon nach drei Ernten ausgelaugt ist, ziehen diese armen Teufel weiter und roden neues Niemandsland. Markus Diehl vom Institut für Weltwirtschaft: „Im Südosten Brasiliens gibt es genügend fruchtbares Land für alle Bauern. Niemand müßte am Amazonas sein Glück versuchen."
Und in diesen Tagen raubt die schlimmste aller Regenwald-Lügen unsere Illusion von den edlen Kindern des Regenwaldes. Ausgerechnet bedrohte Indianer, für die sich Greenpeace, Rockmusiker wie Sting und grüne Politiker stark machen, freveln an der Natur.
Waren die <u>Öko-Träumer</u> niemals in den angeblich so idyllisch-intakten Reservaten? Sie sollten in den brasilianischen Bundesstaat Para reisen, <u>zu den Kaiapo-Indios</u>, die medienwirksam in Stammestracht gegen Staudammprojekte und Holzmultis gekämpft haben, dafür Spendengelder einsteckten.
Und jetzt: <u>Über die Hälfte des brasilianischen Mahagoni-Exports kommt bereits aus dem Kaiapo-Reservat.</u>
Die Indianer stehen zu ihrer Heimat noch brutaler als der weiße Mann, dem sie nacheifern. Für einen einzigen wertvollen Urwaldriesen lassen sie einen ganzen Hektar Wald sterben.
All das spielt Brasiliens Präsident Fernando Collor de Mello auf dem Umweltgipfel in Rio herunter. Auf der Anklagebank sitzt allein der Westen. Und dem wird ein schlechtes Gewissen eingeredet – da läßt sich leichter Geld erpressen. Collor de Mello und sein malaysischer Kollege Mahathir fordern Dollar-Milliarden von den Industriestaaten, wenn das Regenwaldsterben enden soll – als Ausgleich für den Ausfall der Holzwirtschaft.
Ihre Forderungen sind überzogen. Wirtschaftsforscher Diehl hat errechnet, daß höchstens zehn Prozent des Bruttosozialproduktes mit Bäumen verdient wird: „Davon müssen wir sicherlich einen Teil bezahlen. Weil wir alle die grüne Lunge brauchen – für ein gesundes Weltklima und für Pflanzen, aus denen lebenswichtige Heilstoffe gewonnen werden."
Brasiliens berühmter Umweltschützer José Lutzenberger: „Das Geld landet vielleicht wieder nur in den Taschen der Korrupten. Für die ist der Baum nur Spekulationsobjekt."
Deshalb sollten wir kontrollieren, wohin unser Geld geht. In sinnvolle Forst- und Landwirtschaftsprojekte, in die Aufforstung.
Nur gemeinsam kann die Welt den Regenwald retten.

Die Regenwald – Lüge

NACH DEM LESEN

TEXTARBEIT

A. Lesen Sie den Text noch einmal durch, und schreiben Sie dann eine kurze Zusammenfassung. Denken Sie daran, was Sie am Ende des ersten Textes (Seite 6) über Zusammenfassungen gelernt haben.

_____

_____

_____

B. Sehen Sie sich noch einmal jeden Absatz des Textes an. Haben Sie alle Hauptideen in Ihrer Zusammenfassung berücksichtigt? Streichen Sie bitte alles durch, was keine Gedanken des Textes wiedergibt. Schreiben Sie nun eine überarbeitete Version.

_____

_____

_____

_____

_____

IN DER GRUPPE

A. Was halten Sie von diesem Artikel und seinen Argumenten?

B. Diskutieren Sie die beiden Karikaturen auf der nächsten Seite.

C. Vergleichen Sie die Aussagen des Textes mit denen der beiden Karikaturen.

D. Wer ist Ihrer Meinung nach schuld an der Zerstörung des Regenwaldes? Begründen Sie Ihre Meinung.

SCHREIBEN LEICHT GEMACHT

Bevor Sie einen Leserbrief zu dem Artikel „Die Regenwald-Lüge" schreiben, lesen Sie sich die folgenden Tips durch: Auf den Seiten 12 bis 15 haben Sie gelernt, einen Aufsatz zu einem bestimmten Thema zu schreiben. Können Sie dieses Modell auch für einen Leserbrief gebrauchen? Wohl kaum. Zum einen muß ein Leserbrief wesentlich kürzer sein, sonst kann es passieren, daß er nicht abgedruckt wird. Auf der anderen Seite können Sie auch das Modell für die Zusammenfassung nicht benutzen, denn in einem Leserbrief geben Sie nichts wieder, sondern Sie drücken in erster Linie Ihre eigene Meinung aus. Was Sie auf jeden Fall im Leserbrief erwähnen müssen, ist der Aufsatz, der Artikel, die Rede oder die Meinung, auf den oder die Sie sich beziehen, und wo Sie es

Elfenbein und Tropenholz

Auf dem eigenen Ast

gehört oder gelesen haben. Auch sollten Sie das, worauf Sie sich beziehen, kurz in einem Satz oder Nebensatz zusammenfassen. Sie sollten dann auch kein Blatt vor den Mund nehmen, d.h. Sie sollten klar Ihre Meinung zum Ausdruck bringen. Vermeiden Sie es jedoch, den Autor/die Autorin persönlich anzugreifen. So könnte ein Leserbrief aussehen:

> Ich beziehe mich hier auf den Artikel „Das Ozonloch" in Ihrem Magazin Nr. 52,1993, S.15-17, in dem die Autorin die Ursachen des Ozonlochs zu ergründen sucht. Obwohl ich mit ihr darin übereinstimme, daß die Entwicklungsländer zur Vergrößerung des Ozonlochs beitragen, halte ich es allerdings für absolut falsch, die Industrieländer total auszusparen. Schließlich sind wir es, die 75% aller Energie vergeuden und uns noch nicht einmal von unserem Haarspray trennen können. Wir sollten uns zuerst mal an die eigene Nase fassen, bevor wir andere kritisieren.
> Hubert Koch
> Bonn

Die Regenwald – Lüge **19**

Schreiben Sie zu dem Text „Die Regenwald-Lüge" einen Leserbrief. Diskutieren Sie danach in der Gruppe, welche Leserbriefe am besten gelungen und am wirkungsvollsten sind.

> **Hier ein paar nützliche Redewendungen, die einen Leserbrief einleiten könnten.**
>
> Ich beziehe mich hier auf den Artikel [*Name des Artikels*] von [*Name des Autors, evtl. Datum*].
>
> Dieser Leserbrief bezieht sich auf den Artikel …
>
> Ich möchte zu dem Artikel … Stellung nehmen.
>
> Ich möchte hier zu dem Thema … Stellung nehmen.

TEXT 4

DA BAHNT SICH WAS AN

VOR DEM LESEN

A. Lesen Sie die Überschrift des Textes, und sehen Sie sich die begleitende Tabelle sowie die beiden folgenden Karikaturen an. Schreiben Sie ohne lange nachzudenken auf, was Ihnen zu dem Thema, das Sie in diesem Text erwarten, einfällt.

„Sag mal, Vati, warum haben Autos eigentlich vier Gänge?"

_____
_____
_____
_____

B. Lesen Sie den Text durch, und versuchen Sie, während des Lesens die folgenden Fragen zu beantworten.

1. Welche Beispiele gibt der Text zum Problem „Auto und Stadt"?

_____
_____
_____
_____

Da bahnt sich was an   **21**

2. Was sind laut Text Alternativen zum Autofahren?

_____

_____

3. Wie denken die Deutschen darüber?

_____

_____

4. Wird es einfach sein, in Deutschland neue Verkehrskonzepte durchzusetzen? Warum (nicht)?

_____

_____

DA BAHNT SICH WAS AN

Deutschen Städten droht der Verkehrsinfarkt. Einzige Therapie: Autofahrer müssen auf Busse und Bahnen umsteigen – und zwar möglichst schnell.

Werktag im Herzen einer x-beliebigen deutschen Großstadt: Ein Auto am anderen, die Straßen sind dicht, der Verkehr steht. Jeden Vormittag, jeden Nachmittag, fünf Tage die Woche. Landauf, landab ersticken die Innenstädte in Abgasen und Lärm. Ein paar Zahlen: Das Münchner Stadtzentrum muß pro Tag mit mehr als einer Million Pkw fertigwerden, nach Frankfurt pendeln täglich fast 200 000 Menschen zur Arbeit – die meisten mit dem Auto. Tendenz steigend. Den deutschen Städten droht der „Verkehrsinfarkt", schon heute haben die Belastungen für Mensch und Umwelt oftmals die Schmerzgrenze überschritten. Klar ist: So kann es nicht weitergehen. Und Abhilfe kann nur die „verkehrsberuhigte Innenstadt" schaffen.

Dies scheint auch Volkes Wille zu sein. Nach jüngsten Meinungsumfragen sprechen sich 85 Prozent der Bevölkerung in den alten Bundesländern für eine erhebliche Einschränkung des Autoverkehrs in den Großstädten aus, 53 Prozent würden die Blechkarossen am liebsten vollkommen aus den Innenstädten verbannen. Allerdings nur unter einer Bedingung: Der öffentliche Nahverkehr mit Bussen, S- und U-Bahn muß gleichzeitig deutlich verbessert werden.

In der Tat läßt sich dem drohenden Verkehrsinfarkt nur mit ganzheitlichen Lösungspaketen entgegenwirken. Ein Beispiel dafür, wie ein derartiges Konzept aussehen könnte, hat der Allgemeine Deutsche Automobil-Club (ADAC) kürzlich präsentiert. Der Fünf-Punkte-Plan sieht vor:

● Der bisherige Durchgangsverkehr in den Städten wird durch weiträumige Umgehungsstraßen vermieden.
● Berufspendler stellen das Auto auf großen Park-and-Ride-Anlagen vor den Städten ab und steigen auf S- und U-Bahn um.
● Der Lieferverkehr wird eingeschränkt, während des Berufsverkehrs darf überhaupt kein Lkw in die City.
● Bei der Parkplatzsuche helfen Parkraumkonzepte, mit Leitsystemen für Besucher-, Einkaufs- und Geschäftsverkehr.
● Es werden verkehrsberuhigte Zonen, Fußgängerzonen, sichere Radwege und bequeme Fußgängerwege geschaffen.

Während schon verschärfte Regelungen über den Lieferverkehr beim Einzelhandel auf Ablehnung stoßen, zeigt sich späte-

22   Thema 1

stens bei der Frage nach Umgehungsstraßen, daß die Verkehrsplaner vor einer schwierigen Aufgabe stehen. Schließlich zerstört auch der Bau solcher weiträumig um die Ballungszentren herumführenden Trassen wieder Landschaften und berührt jene Bezirke, die bislang weitgehend Ruhe vor Verkehrsbelästigungen hatten. Es ist denn auch keine Überraschung, daß sich gegen nahezu alle geplanten Projekte dieser Art erheblicher Widerstand seitens der Bevölkerung regt.

Derzeit setzen die Verkehrsplaner jedoch vornehmlich auf die Reduzierung des automobilen Pendlerstroms in die Städte. Die öffentlichen Verkehrsmittel sollen lukrativer werden, damit möglichst viele Autofahrer mit der Bahn zur Arbeit kommen. Wichtigstes Mittel dabei ist eine attraktive Preisgestaltung. Gedacht wird etwa an spezielle Monatskarten für Pendler. Die Bundesbahn zeigt prinzipiell Interesse an einem solchen Konzept, sofern die Bundesländer die finanziellen Verluste decken. Im Gespräch ist jedoch auch eine Beteiligung von Unternehmen bei der Finanzierung von Billigtickets für die eigene Belegschaft.

In Freiburg im Breisgau läuft im September ein entsprechendes Pilotprojekt an: Für 49 Mark im Monat gibt's die „Regio-Umweltkarte", mit der insgesamt über 2300 Kilometer per Bus und Bahn gefahren werden können. Das Land Baden-Württemberg deckt über Zuschüsse die Verluste der „Öffentlichen".

Gleichzeitig arbeitet das Land an der Einführung einer sogenannten Nahverkehrsabgabe für Autofahrer, die in Städte und Gemeinden fahren wollen. Bis zu 500 Mark im Jahr könnte eine solche Abgabe den Autobenutzer kosten. Hierin sehen die Planer auch eine willkommene Einnahmequelle, über die dann weitere Verkehrsmaßnahmen finanziert werden könnten. Gerade diese Nahverkehrsabgabe, die auch in anderen Bundesländern erwogen wird, ist jedoch sehr umstritten.

Es wird auch verstärkt daran gearbeitet, den verbleibenden Stadtverkehr besser als heute zu regeln. In München und Berlin laufen Versuche mit neuartigen Methoden des Verkehrsmanagements. Diese Leitsysteme zeigen dem Kraftfahrer die günstigste Route an, lassen ihn Ballungen frühzeitig erkennen und umgehen, helfen bei der Parkplatzsuche und empfehlen Umsteigemöglichkeiten auf öffentliche Verkehrsmittel.

Die verkehrsberuhigte Innenstadt wird kommen. Mit der bloßen Erhöhung von Parkgebühren, dem Reduzieren von Parkraum oder der Schaffung möglichst vieler autofreier Zonen alleine ist es dabei jedoch nicht getan. Es genügt nicht, dem Automobilisten die Fahrt in die Stadt nur zu verleiden – es müssen auch Alternativen geschaffen werden.

Gegen die wirklich „autofreie Stadt" spricht eine Reihe von Sachzwängen; sie bleibt wohl (zumindest auf absehbare Zeit) Utopie. Doch wird in der „verkehrsberuhigten Stadt" der Individualverkehr zu großen Teilen durch Busse und Bahnen ergänzt oder abgelöst werden. Auch wenn das gerade den „autoverliebten" Deutschen schwerfallen dürfte – anders läßt sich der drohende Verkehrsinfarkt deutscher Städte nicht vermeiden.

MATTHIAS HUTHMACHER

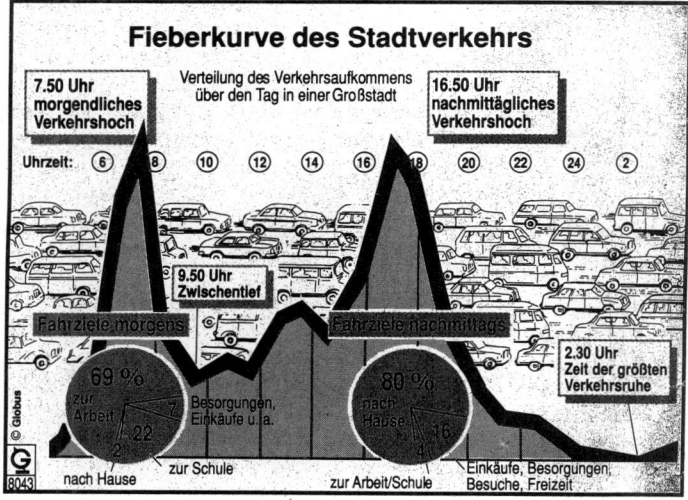

Da bahnt sich was an

Der Himmel über Berlin – Ersticken wir im Smog? Berlin versucht, das Problem durch autofreie Tage zu lösen.

NACH DEM LESEN

TEXTARBEIT

A. Schreiben Sie eine kurze Inhaltsangabe von diesem Zeitungsartikel.

B. Beantworten Sie bitte die folgenden Fragen.

1. Was ist ein „Verkehrsinfarkt"?

2. Was versteht man unter dem Begriff „verkehrsberuhigte Innenstadt"?

3. Erklären Sie, was ADAC bedeutet. Gibt es in den USA eine ähnliche Organisation?

4. Welche Alternativen zum Individualverkehr stellt der Text zur Diskussion?

5. Nicht alle Deutschen werden oder wollen in der Zukunft auf ihr Auto verzichten können. Welche Methoden, den Verkehr zu reduzieren, stellt der Artikel vor?

6. Welche Situation bezeichnet der Autor als Utopie?

IN DER GRUPPE

A. Diskutieren Sie die folgenden Fragen.

1. In Ihrem Land haben einige Städte und Regionen sicher ähnliche Verkehrsprobleme. Was wird dagegen getan? Ist das genug?

2. Welche Alternativen zum Individualverkehr gibt es in Ihrer Stadt? Funktionieren diese? Welche Probleme gibt es?

3. Welche weiteren Alternativen fallen Ihnen ein? Sind sie realistisch?

4. Ist die „autofreie Stadt" ein erstrebenswertes Ziel für Sie? Sind Sie persönlich bereit, ganz aufs Auto zu verzichten?

5. Würde sich Ihr Leben ohne ein Auto stark verändern? Wie?

B. Sehen Sie sich den folgenden Text an. Um was für einen Text handelt es sich hier? Wie haben Sie das herausgefunden? Welche Elemente (graphisch und sprachlich) unterscheiden diesen Text von anderen Textsorten?

Beim Thema Straßenlärm stellen sich viele einfach taub.

Wir nicht.

Eine Initiative des Verbandes Deutscher Verkehrsunternehmen und der Deutschen Bundesbahn.

Mit der Zunahme des Verkehrs ist es auf unseren Straßen immer lauter geworden. Das Auto ist hierbei die größte Lärmquelle. Heute fühlen sich etwa 60% der Bevölkerung vom Verkehrslärm belästigt, 20% sogar stark. Das sind 13 Millionen Menschen. Viele resignieren und versuchen den Lärm zu überhören. Aber so wird das Problem nur verdrängt. Wir alle müssen umdenken und lernen, unsere Verkehrsmittel sinnvoller und überlegter zu gebrauchen. Und wesentlich häufiger Busse und Bahnen zu nutzen - so wie es täglich 18 Millionen Fahrgäste tun. Denn sie befördern mehr Menschen mit weniger Lärm als das Auto.

Je mehr Menschen umdenken, desto besser für uns alle. Denn ruhige Straßen in unseren Städten sollen auch in Zukunft eine Zukunft haben.

ZEIT ZUM UMDENKEN
BUSSE & BAHNEN

C. Teilen Sie Ihren Kurs in drei Gruppen auf: die Befürworter einer autofreien Stadt, diejenigen, die für eine verkehrsberuhigte Stadt sind, und die Anhänger des Status quo. Diskutieren Sie alle Gesichtspunkte des Problemkomplexes.

Hier einige Ausdrücke, die Ihnen helfen können, Ihre Meinung in die Diskussion einzubringen.

Ich bin der Meinung (Ansicht), daß ...
Meiner Meinung (Ansicht) nach ...
Ich bin ganz (ziemlich) sicher, daß ...
Ich vermute (glaube, meine, denke), daß ...
Ich nehme an, daß ...

Hier einige Formulierungen, mit denen Sie Ihre Zustimmung ausdrücken können:

Da hast du (ganz) recht.
Das glaube (meine, denke) ich auch.
Da bin ich ganz deiner Meinung.
Stimmt.
Ganz meine Meinung.

Zum Schluß noch einige Wendungen, die man benutzen kann, um auszudrücken, daß man ganz anderer Meinung ist.
(Einige sind ziemlich kraß und sollten nur verwendet werden, wenn man den Diskussionspartner gut kennt. Diese mit Vorsicht zu benutzenden Formulierungen sind mit einem * gekennzeichnet.)

Da bin ich anderer Ansicht.
Da bin ich aber ganz anderer Meinung.
* Das glaubst du doch (wohl) selbst nicht!
* Das glaubst du doch (wohl) nicht im Ernst!
* Quatsch!
* Das ist doch absoluter Quatsch!
Ganz im Gegenteil.
Ich sehe das (etwas) anders.
Ich stimme mit dir nicht (ganz) überein.
So würde ich das nicht sagen.

TEXT 5

VERZICHTEN LERNEN

VOR DEM LESEN

A. Der folgende Text ist ein längeres Interview. Lassen Sie sich von der Länge des Textes bitte nicht abschrecken. Interviews lassen sich relativ schnell lesen. Warum?

_____

_____

B. Dieses Interview trägt die Überschrift „Verzichten lernen". Das deutet auf eine neue Richtung in unserer Diskussion hin. Was kommt Ihnen in den Sinn, wenn in einer Diskussion über die Umweltproblematik das Wort „Verzicht" auftaucht? Schreiben Sie Ihre Gedanken ohne langes Nachdenken auf.

_____

_____

_____

_____

C. Was war der Umweltgipfel in Rio?

_____

_____

D. Lesen Sie jetzt das Interview, und versuchen Sie dabei, die folgenden Fragen zu beantworten.

1. Was hält Herr Fischer vom Umweltgipfel in Rio? Was sind seine Gründe?

2. Wem gibt er die Schuld an der Armut in der Dritten Welt? Was sind seine Gründe?

3. Welche Ideen hat Herr Fischer zur Lösung der Probleme?

4. Was wird seiner Meinung nach geschehen, wenn wir beim Status quo bleiben und nichts tun?

5. Ist Joschka Fischer ein Fatalist? Begründen Sie Ihre Meinung.

„VERZICHTEN LERNEN"

STERN-Gespräch mit dem hessischen Umweltminister Joschka Fischer über Wege aus der globalen Umweltkatastrophe

STERN: Zum Umweltgipfel in Rio haben sich hundert Staats- und Regierungschefs und über 25 00 Experten aus 170 Ländern angesagt. Schon jetzt steht aber fest, es wird keine bindenden Beschlüsse zur Reduzierung der Schadstoffemissionen geben. Es kursiert inzwischen der böse Spruch vom Gipfel der Heuchelei. Wird Rio das Festival der Schönredner?
FISCHER: Was die führenden Industriestaaten betrifft, könnte es durchaus so sein, daß dieses Prädikat hinterher zutrifft, und am Ende hat der Kongreß getanzt, aber sonst ist nichts herausgekommen.
STERN: Was müßte passieren, um Sie etwas optimistischer zu stimmen?
FISCHER: Die reichen Industrieländer müssen von ihrem extrem hohen Ressourcen- und Umweltverbrauch herunter, verbindlich und innerhalb einer Dekade! Und ebenso wichtig: Die Handelsbeziehungen zwischen den reichen und den armen Ländern müssen grundlegend neu geregelt werden. Inwieweit die Märkte der hochentwickelten Industrieländer, etwa der EG, abgeschottet werden gegen die Länder der Dritten Welt, vor allen Dingen im Agrarbereich, ist eine ganz entscheidende Frage über die ökonomische und ökologische Zukunft.
STERN: Globale Umweltpolitik ist Politik für mehr Gerechtigkeit?
FISCHER: Die Umweltprobleme haben weltweit sehr oft soziale Armuts-Gründe. Nehmen Sie zum Beispiel die Zustände in Mega-Metropolen wie São Paulo oder Mexico City. Dort ist diese Verknüpfung von sozialer Not, Ausbeutung, Unterentwicklung und der ökologischen Frage offensichtlich, die fast schon den täglichen Super-GAU bedeutet.
STERN: Sind also am Öko-Desaster nur die Industriestaaten schuld?
FISCHER: Natürlich ist am Zustand eines Landes wie Mexiko auch die dort herrschende Schicht schuld. Ähnlich wie in Brasilien und anderswo. Dennoch: Die große Verantwortung der Industriestaaten liegt auf der Hand. Nicht einmal ein Viertel der Menschheit in den reichen Industrieländern hat die ganze Welt an den Rand des ökologischen Ruins geführt. Mehr als drei Viertel der Menschheit nimmt daran nicht teil, will aber unbedingt daran teilhaben. Wenn wir zum Beispiel eine Öko-Bilanz machen, wenn wir uns etwa den Energie-Verbrauch weltweit und pro Kopf anschauen, dann wird ganz klar, daß eine relativ kleine Gruppe überproportional am globalen Energie-Konsum und damit an den daraus erwachsenden Vorteilen, aber auch den ökologischen Nachteilen beteiligt ist.
STERN: Was müssen die Industriestaaten tun um von der Dritten Welt glaubwürdig einen Beitrag zur Umweltentlastung verlangen zu können?
FISCHER: Man könnte sich zum Beispiel vorstellen, daß die reichen Nationen eine Konvention schließen, wonach alle multinationalen Konzerne an jedem Standort in der Welt, an dem sie produzieren und Schadstoffe emittieren, den jeweils höchsten Umweltstandard realisieren, den sie an einem nationalen Standort einhalten müssen. Das heißt, daß sich etwa VW in Brasilien an die Umweltgesetze der Bundesrepublik halten müßte. Dasselbe gilt für Hoechst oder Bayer oder Mitsubishi.
STERN: Das würde aber die Brasilianer nicht dazu bringen, ihren Urwald zu verschonen.
FISCHER: Dazu wäre eine Enschuldung dieser Länder und die Öffnung unserer Märkte für deren Produkte in der Tat wichtiger. Andererseits hätten wir damit ein Problem gelöst: Die Konkurrenzbedingungen wären für alle gleich, und man hätte einen globalen Standard auf dem höchsten Niveau installiert. Das würde an der Regenwaldvernichtung kurzfristig nichts ändern, aber die Industrieländer würden zum ersten Mal konkret Verantwortung übernehmen, vorbildlich handeln.
STERN: Die energiefressenden Industrieländer als Vorbild für die Dritte Welt?
FISCHER: Ob wir wollen oder nicht: Nur durch einen grundsätzlichen Umbau unserer Marktwirtschaft hin zu einer umweltverträglichen Ökonomie können wir überleben. Heute sind wir mit unserer ressourcenverschwendenden Lebensart auf verheerende Weise Vorbild. Wenn ich mir vorstelle, daß die Schwellenländer ihren wirtschaftlichen Aufschwung mit den gleichen Mitteln wie wir - Motorisierung, Energieverschwendung, organische Chemie in gewaltiger Größenordnung, industrielle Nahrungsmittelproduktion - erreichen wollen, dann frage ich mich: Wie soll das unser Ökosystem Erde aushalten?
STERN: Also, was tun?
FISCHER: Wir brauchen in den Industriestaaten eine Ökonomie des Verzichts. Wir dürfen uns hier nicht so verhalten, daß wir sagen: Okay, weg mit dem letzten Feuchtbiotop, da muß eine vierspurige Umgehungsstraße hin. Und gleichzeitig sagen: im Amazonasgebiet, da müssen

„ES GIBT KEIN ZUVIEL AN UMWELTSCHUTZ"

wir die Natur schützen. Da weisen uns die Brasilianer zu Recht auf unsere Doppelmoral hin.
STERN: Also keine Umgehungsstraßen mehr bauen ...
FISCHER: ... in der Tat, den Straßenbau gewaltig reduzieren und die ökologischen Verkehrsalternativen dramatisch fördern. Es gibt aber keine fertigen Antworten auf die globale Umweltbedrohung. Ich sage nur, die Änderung muß von den großen reichen Industriegesellschaften ausgehen, weil unser Verhalten als beispielhaft empfunden wird. Insofern glaube ich, daß wir ohne eine grundsätzliche Veränderung, etwa in unserem Steuersystem, dieser Vorbildfunktion nicht gerecht werden können.
STERN: Wie sollte das genau aussehen?
FISCHER: Ich denke an eine wirkliche Energiesteuer. Eine Steuer, die auf Ressourcenverbrauch zielt. Das würde bedeuten, daß zum Beispiel Mobilität erheblich teurer würde. Umgekehrt sollten die einkommensbezogenen Steuern und die unternehmensbezogenen Steuern gesenkt werden. Das

würde bei den Unternehmen eine erhebliche Verschiebung der Kostenstruktur bedeuten und damit - das ist die Hoffnung - ein Innovationspotential für die Reduzierung von Ressourcen- und Energieverbrauch. Die Mineralölsteuer und Kfz-Steuer müßten kurzfristig zur Finanzierung eines wirklich konkurrenzfähigen Eisenbahnsystems und zur Entschuldung der Bundesbahn herangezogen werden.

STERN: Und die Automobilindustrie klatscht Beifall?
FISCHER: Sie ist ein mächtiger Faktor für Arbeit und Gewinn in diesem Land. Das wird also eine sehr harte, dann auch machtpolitische Auseinandersetzung.

STERN: Die Diskussion läuft derzeit ganz anders: Sie wird bestimmt von Kostenfaktoren und der Standortfrage. Wollen Sie die Industrie aus dem Land treiben?
FISCHER: Es gibt auf Dauer keine Arbeitsplatz- und Standortdiskussion mehr ohne den ökologischen Faktor. Die Alternative ist: Wir machen mit der Verschwendung weiter, bis die Gesetze des Marktes mit ihrem ganzen Schwergewicht wirken und - um beim Auto zu bleiben - die knappen Ressourcen so teuer machen, daß Individualverkehr nicht mehr erschwinglich ist. Oder sauberes Wasser so teuer wird, daß die Bürger ihr Geld dafür ausgeben und zwangsläufig auf Benzin verzichten müssen. Unbelastete Luft, unbelastete Böden - all das wird in Zukunft bei der Standortfrage entscheidende Bedeutung haben. Ich kenne nicht ein einziges Beispiel, wo ein Zuviel an Umweltschutz zu einem ökonomischen Nachteil geführt hätte.

STERN: Joschka Fischer redet wie Graf Lambsdorff: Der Markt regelt alles?
FISCHER: Völlig falsch. Ich sage, das ist die schlimme Alternative. Politik muß entscheiden, national und global. Ich bin der festen Überzeugung, man käme mit dem reinen Marktmodell gar nicht so weit, daß die beschriebenen Faktoren wirken könnten. Die Menschen würden es lange vorher nicht mehr aushalten, allerdings mit höchst fatalen politischen Folgen.

STERN: Der Philosoph Hans Jonas bezweifelt, ob die Demokratien westlichen Zuschnitts mit ihren kurzen Wahlperioden dazu in der Lage sind, die Umweltprobleme zu meistern. Droht über kurz oder lang eine Ökodiktatur?
FISCHER: Wie man angesichts der Erfahrungen mit dem Stalinismus glauben kann, daß eine demokratisch nicht legitimierte Bürokratie es besser machen konnte, vermag ich nicht zu begreifen. Unsere Industriegesellschaft muß mit demokratischen Mitteln umgesteuert werden.

STERN: Machen das die Menschen mit? Verzicht ist nicht besonders populär.
FISCHER: Sie würden es mitmachen - da bin ich mir ganz sicher -, wenn man sie nicht dazu zwingt. Jeder weiß doch im Innersten: immer schneller, immer mehr, das kann so nicht weitergehen. Warum empfinden moderne Menschen eine Beschleunigung von Null auf Hundert in fünf Sekunden als Statussymbol, für das sie viel Geld ausgeben? Das ist doch nicht gottgegeben. Das ist auch nicht eine anthropologische Konstante, sondern das sind bestimmte Werteentscheidungen, die dann zu ökonomischem Verhalten und Wachstum in die falsche Richtung führen. Ich könnte mir eine Gesellschaft vorstellen, die das als genauso vorsintflutlich definiert wie manch anderes, was wir hinter uns gelassen haben.

STERN: Viel Vertrauen in die Menschheit. Glauben Sie nicht, daß die reichen Länder und ihre Bürger mit dem Nord-Süd-Wohlstandsgefälle bisher ganz gut gelebt haben und schon deshalb der Wille zur Umkehr fehlt?
FISCHER: Dann werden Erste und Dritte Welt ein globales Desaster erleben. Wenn ich mir die regionalen Umweltkatastrophen vorstelle, die zu riesigen Flüchtlingsbewegungen führen werden, wenn ich mir vorstelle, daß so elementare biblische Geißeln wie Dürre, Wasserknappheit und Hungersnot in weiten Teilen unserer Erde eine zunehmende Rolle spielen werden, dann kann ich nur sagen, wir werden sehr harte Nord-Süd-Auseinandersetzungen bekommen, gegen die sich der derzeitige Asylstreit bescheiden ausnehmen wird. Auch der frühere Ost-West-Konflikt wird in diesem Licht dann äußerst rational erscheinen.

STERN: Wird es Kriege um knapper werdende Ressourcen geben?
FISCHER: Es hat ja schon einen gegeben, und nicht immer wird man es mit einem so schlecht gerüsteten Gegner wie Saddam Hussein zu tun haben.

STERN: Ist ein Kampf um die letzten Überlebensinseln vorstellbar?
FISCHER: Das werden nicht einmal Überlebensinseln sein. Das könnten sehr große, fast kontinentale Lebensinseln sein. Es gibt ein wunderbares Foto: Die Erde bei Nacht. Zusammenmontiert, aus dem Weltraum aufgenommen. Sie sehen nur in Europa, in den Golfstaaten, in Japan, in den USA und in einigen Drittwelt-Monopolen Leuchtpunkte. Das ist alles. Besser kann man die ungerechte Verteilung des Weltenergieverbrauchs nicht demonstrieren.

STERN: Dorthin wird sich der lange Marsch bewegen, in die Welt des Lichts?
FISCHER: Ja. Er wird sich dahin bewegen, wenn es nicht zu einem Ausgleich kommt. Davon bin ich fest überzeugt. Eine finstere Zukunftsvision wäre dann realistisch: Dieser Zustand läßt sich auf Dauer nur durch Gewalt und autoritäre Strukturen aufrechterhalten. Verursacht durch Umweltkatastrophen und daraus resultierende politisch induzierte Gewalt droht eine neue brutale Klassengesellschaft.

STERN: Militärisch abgesichert?
FISCHER: Ja sicher, jede Klassengesellschaft wird letztlich militärisch abgesichert. Und daher nochmals: Es muß den reichen Ländern gelingen, ihre Vorbildfunktion wahrzunehmen und unsere Wirtschaft zu einer ressourcenschonenden, umweltverträglichen, mit sozialer Verantwortung umzugestalten. Wir brauchen eine globale Verantwortungs-Gemeinschaft für Umwelt, soziale Gerechtigkeit und Demokratie auf marktwirtschaftlicher Grundlage. Wenn das nicht klappt, werden die Pessimisten recht bekommen.

STERN: Was ist wahrscheinlicher, die positive Aussicht oder die negative?
FISCHER: Die positive.

STERN: Sagen Sie das auch Ihren Kindern, wenn sie danach fragen, ob die Welt noch zu retten ist?
FISCHER: Sonst hätte ich keine. Ich bin an dem Punkt Optimist, und nur so funktioniert das Leben.

Verzichten lernen

NACH DEM LESEN

TEXTARBEIT

A. Beantworten Sie bitte die folgenden Fragen.

1. Gleich zu Beginn des Interviews nennt Herr Fischer die zwei wichtigsten Faktoren, die sich im Verhältnis zwischen den Industrienationen und der Dritten Welt ändern müssen, um eine Umweltkatastrophe zu vermeiden. Welche sind das?

2. Auf welche Weise sind, laut Herrn Fischer, die Umwelt- und Entwicklungsprobleme miteinander verbunden?

3. Zwei Parteien sind seiner Meinung nach am „Öko-Desaster" schuld. Welche?

4. Die Schwellenländer sind auf dem Weg, wirtschaftlich so stark wie die Industrienationen zu werden. Welchen Preis müssen sie jedoch dafür bezahlen?

5. Was wird im Interview als „Doppelmoral der Industriestaaten" bezeichnet?

6. Herr Fischer schlägt vor, ein neues Steuersystem einzuführen, um zu verhindern, daß die Umwelt weiterhin so stark ausgebeutet wird wie bisher. Wie soll das funktionieren?

7. Wie könnte unsere Marktwirtschaft für eine gesunde, ökologische Zukunft genutzt werden?

8. Welches politische System hält Herr Fischer für das beste, um unsere ökologischen Probleme zu lösen?

9. Was hat Saddam Hussein mit der ökologischen Frage zu tun?

10. Was sieht Joschka Fischer auf uns zukommen, wenn wir unsere Probleme (Nord-Süd-Gefälle, Umweltverschmutzung usw.) nicht lösen?

B. Lesen Sie den Text jetzt noch einmal durch, und fassen Sie ihn dann kurz zusammen. (Das Schema, das Sie zu Beginn des Kapitels kennengelernt haben – nach dem Kernsatz in jedem Absatz zu suchen – funktioniert hier nicht immer, da es sich um eine andere Textart handelt: nämlich um ein Interview, das nicht so logisch wie ein Artikel aufgebaut sein kann.) Sie können Ihre Antworten aus dem Teil „Vorbereitung auf das Lesen" und aus der letzten Übung verwenden.

IN DER GRUPPE

A. Sehen Sie sich die Karikatur an. Was zeigt sie, und was bedeutet sie?

B. Sehen auch Sie einen Zusammenhang zwischen dem Nord-Süd-Gefälle und unseren ökologischen Problemen? Begründen Sie Ihre Meinung.

C. Schauen Sie sich die nächsten beiden Karten an. Sie bringen einen neuen Aspekt in die Diskussion: den Kinderreichtum der Entwicklungsländer. Analysieren Sie die beiden Karten: Was zeigen sie, was sagt uns das, und wie interpretieren Sie diese Zahlen?

D. Würden Sie persönlich auf Luxus verzichten? Worauf könnten Sie leicht verzichten, worauf nicht?

E. Ist unser persönlicher Verzicht genug, oder was muß sonst noch geschehen, um die Welt vor der ökologischen Katastrophe zu bewahren?

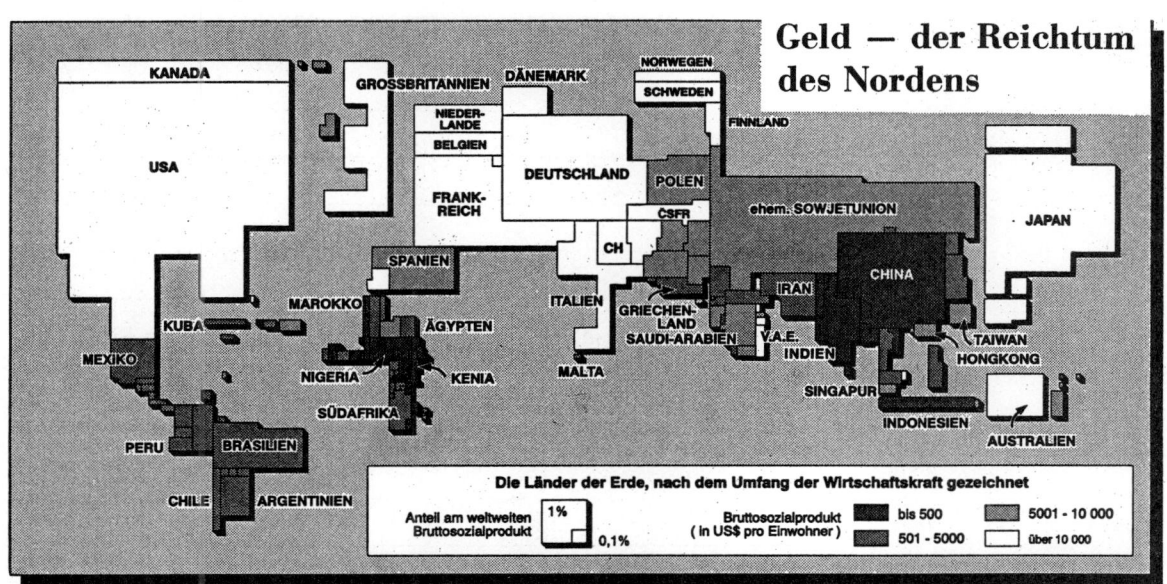

Geld — der Reichtum des Nordens

Die Länder der Erde, nach dem Umfang der Wirtschaftskraft gezeichnet

Anteil am weltweiten Bruttosozialprodukt: 1% / 0,1%

Bruttosozialprodukt (in US$ pro Einwohner): bis 500 / 501 - 5000 / 5001 - 10 000 / über 10 000

Quellen: M. Kidron u. R. Segal, The State of the World Atlas; Encyclopædia Britannica

Verzichten lernen

Kinder — der Reichtum des Südens

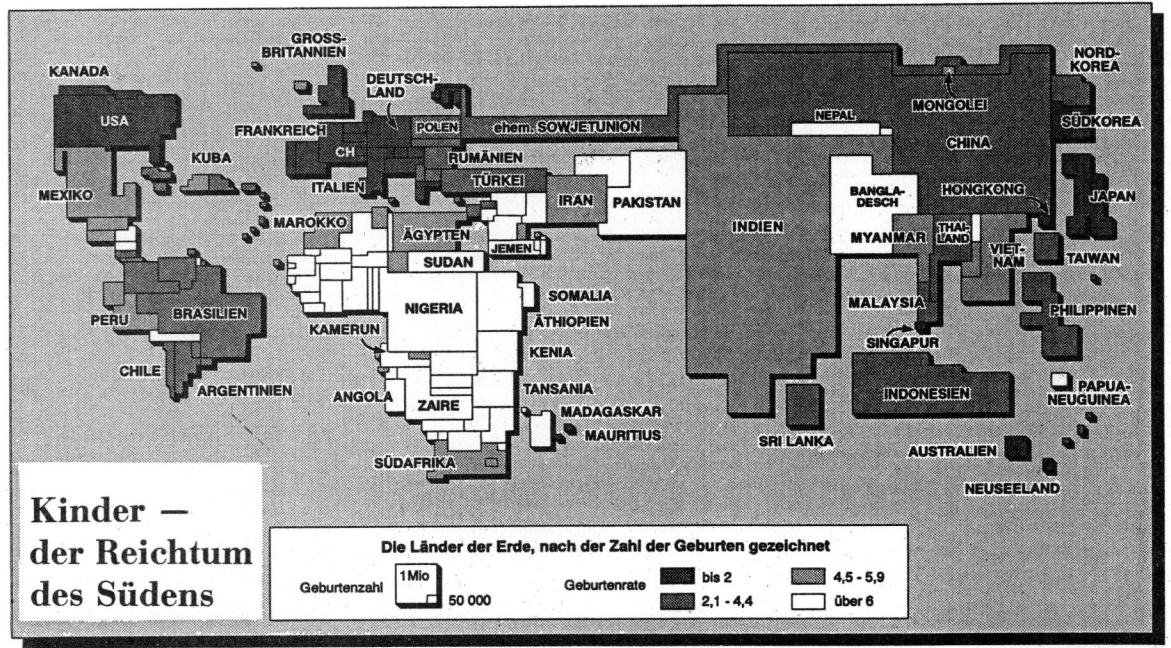

Die Länder der Erde, nach der Zahl der Geburten gezeichnet

Geburtenzahl: 1 Mio / 50 000
Geburtenrate: bis 2 / 2,1 - 4,4 / 4,5 - 5,9 / über 6

Quelle: World Development Report   Karten: GEO-Graphik / ZEIT-Graphik

SCHREIBEN LEICHT GEMACHT

Schreiben Sie einen Aufsatz mit dem Titel „Globale ökologische Probleme, der Nord-Süd-Konflikt und wie es mich betrifft". Gehen Sie beim Schreiben so vor wie bei Text Nr. 2. Beginnen Sie mit einem Brainstorming.

_____
_____
_____
_____
_____

Ordnen Sie jetzt bitte diese Gedanken nach Kategorien. Bringen Sie neue Ideen ein, und streichen Sie alles, was Sie nicht gebrauchen können oder wollen.

_____
_____
_____
_____
_____

Thema 1

Stellen Sie eine These auf.

_____

Schreiben Sie die Gliederung.

_____

_____

_____

_____

_____

_____

_____

Schreiben Sie jetzt den Aufsatz. Arbeiten Sie dann an den Grob- und Feinrevisionen, und lesen Sie zum Schluß Korrektur.

Futuristische Magnetbahn – eine Alternative zum Auto und zum Flugzeug?

Verzichten lernen 33

THEMA 2

SCHULE UND HOCHSCHULE IN DER KRISE

DIE PROBLEME

Obwohl das deutsche Schul- und Bildungssystem ganz anders strukturiert ist als das amerikanische, scheint es doch mit ähnlichen Problemen konfrontiert zu sein. Wie jedes Land hat auch Deutschland Probleme mit seinem Bildungssystem. Obwohl es im Ausland einen ausgezeichneten Ruf hat, gibt es Schwierigkeiten.

In den letzten Jahren haben die Fälle von Gewalt in den Schulen zugenommen; immer mehr junge Menschen gehen aufs Gymnasium und ändern dadurch die Verteilung auf das dreigliedrige Schulsystem radikal; Schüler aus der ehemaligen DDR müssen sich im für sie neuen System zurechtfinden; die Universitäten sind überlaufen; die Studenten bleiben sehr lange an

Nur *ein* Problem deutscher Universitäten: total überfüllte Seminare.

DEN UNIS UND WERDEN ERST SPÄT IN DIE ARBEITSWELT INTEGRIERT. IN DIESEM THEMA WERDEN SIE VIEL ÜBER DIESE PROBLEME LERNEN UND SIE MIT SCHWIERIGKEITEN IN IHREM LAND VERGLEICHEN. KÖNNEN DIE BEIDEN SYSTEME VIELLEICHT VONEINANDER LERNEN? IN DIESEM THEMA LERNEN SIE, PERSÖNLICHE BRIEFE UND LESERBRIEFE AN ZEITUNGEN ZU SCHREIBEN. SIE ÜBEN AUCH, BEITRÄGE, DIE IN DER DIREKTEN REDE ABGEFAßT SIND, IN DER INDIREKTEN REDE WIEDERZUGEBEN, UND SIE BEGINNEN DAMIT, DIAGRAMME ZU BESCHREIBEN UND ZU INTERPRETIEREN.

WIE SIND SIE DAVON BETROFFEN?
Bevor Sie die Texte lesen, beantworten Sie bitte die folgenden Fragen.

1. Gibt es in Ihrem Land auch Fälle* von Gewalt in der Schule? Tragen Sie Beispiele zusammen. *incidents
2. Was sind für Sie – neben Gewalt – die größten Probleme, mit denen die amerikanischen High Schools konfrontiert sind?
3. Was sind einige Probleme, mit denen amerikanische Universitäten zu kämpfen haben?

Handwritten notes:
- ausgezeichneten Ruf – excellent reputation
- Bombendrohungen – bomb threats
- Schwangerschaft – pregnancy
- der Drogenhandel
- der Kindesmisbrauch – child abuse
- Satellitenstätte – projects
- Gangs

TEXT 1

GEWALT IST SCHULISCHER ALLTAG

VOR DEM LESEN

Erinnern Sie sich daran, was Sie in vergangenen Kursen über das deutsche Schulsystem gelernt haben? Beantworten Sie dazu die folgenden Fragen. Besprechen Sie es in der Klasse, wenn Sie Hilfe brauchen.

1. Was versteht man unter dem „dreigliedrigen Schulsystem"?

2. Was sind die Unterschiede zwischen Hauptschule, Realschule und Gymnasium?

3. Was ist eine Gesamtschule?

4. Wenn Sie das deutsche Schulsystem mit dem amerikanischen vergleichen, welche Vor- und Nachteile kommen Ihnen in den Sinn?

DEUTSCHES SCHULSYSTEM

Vorteile

_____

_____

_____

Nachteile

_____

_____

_____

5. In der öffentlichen Diskussion werden die amerikanischen High Schools stark kritisiert. Welche Kritikpunkte fallen Ihnen ein?

_____

_____

_____

6. Ein großes Problem an amerikanischen Schulen sind die Gewalttätigkeiten. Von welchen Formen der Gewalt haben Sie gehört, oder welche Formen haben Sie selbst gesehen?

_____

_____

_____

7. Wie erklären Sie sich das Phänomen der Gewalt an Schulen? (Schreiben Sie nur Stichpunkte auf.)

_____

_____

_____

8. Der folgende Artikel spricht vom Schulalltag als „Spiegel der Gesellschaft". Was ist damit gemeint?

_____

_____

_____

Gewalt ist schulischer Alltag

Aus einer Umfrage an den 158 Frankfurter Schulen ergibt sich ein erschreckendes Bild

Gewalt ist schulischer Alltag

„Spiegel der Gesellschaft"

Von unserem Redaktionsmitglied
Lutz Fischer

Die Vorbilder haben sie täglich vor Augen, rund um die Uhr liefern die elektronischen Medien die Bilder der Gewalt ins Wohnzimmer. Längst zeigt die Wohlstandsgesellschaft ihr „häßliches Gesicht" (Schuldezernentin Jutta Ebeling) nicht mehr nur auf dem Bildschirm. Drohungen und die Angst vor Gewalt gehören bereits zu den geläufigen Erfahrungen in der Schule. Schon in den ersten Klassen hauen die Kinder oft hemmungslos zu, in Profi-Manier erpressen Jugendliche Hunderte von Mark von ihren Mitschülern oder rauben ihnen wertvolle Jacken vom Leib. Alle 158 Frankfurter Schulen hatte das Staatliche Schulamt vor einem Jahr nach Erfahrungen mit Gewalt befragt - nahezu alle hatten etwas zu berichten. Jetzt wollen Stadt und Staatliches Schulamt eine Beratungsstelle zur Gewalt an Schulen für Lehrer, Eltern und Schüler einrichten.

Auf dem Hof einer Grundschule in Frankfurt legen drei Jungen einem Mädchen einen Strick um den Hals, und dann ziehen sie zu, bis das Kind im Gesicht blau wird. Als ein Lehrer eingreift, wissen die Schüler gar nicht, warum sie das überhaupt gemacht hatten.

Immer jünger werden die gewaltbereiten Kinder und Jugendlichen, häufig wissen sie gar nicht, was sie tun, und vor allem fehlt ihnen jedes Unrechtsbewußtsein. Das hob Werner Rothenberger, beim Staatlichen Schulamt zuständig für Drogen- und Suchtprävention, als ein besonders erschreckendes Ergebnis der Umfrage bei den Frankfurter Schulen hervor.

Eine „besorgniserregende Zunahme der Gewalt an den Frankfurter Schulen", bilanzierte der Leiter des Staatlichen Schulamtes, Fritz Bleienstein, nach Auswertung der mehr als 150 Antworten aus den Schulen. Gleichwohl hat die Umfrage keine exakte Statistik der Gewalt ergeben. Viele Lehrer schilderten die Probleme anhand eines Beispiels. Weil viele Schüler und Eltern solche Taten aus Angst vor Racheakten erst gar nicht melden, ist die Dunkelziffer groß.

Dennoch kamen bei der Umfrage des Schulamtes 130 eingehende Gewaltdarstellungen zusammen, die ein erschreckendes Bild von der Situation an vielen Schulen geben. Das reicht von Fällen „verbaler Gewalt" gegenüber Mitschülern und Lehrern bis zu massiven körperlichen Verletzungen, die das „Maß der kindlichen Auseinandersetzung bei weitem überschreiten", sagte Rothenberger. „Diese Gewalt hat eine neue Qualität." Schüler werden auf dem Heimweg überfallen, verprügelt oder „fast profihaft" erpreßt. Rothenberger schilderte den Fall einer alleinstehenden Mutter, die nachts immer wieder Drohungen am Telefon erhalten hatte. Wenn sie nicht ein paar hundert Mark bezahle, werde es ihrem Sohn ergehen wie einem Jungen aus der Nachbarschaft. Der war ein paar Tage zuvor brutal zusammengeschlagen worden.

Daß das Ausmaß solcher Fälle den Behörden noch gar nicht bekannt ist, schließt Rothenberger aus einem anderen Beispiel. Als ein ähnlicher Fall beim Elternabend in einer neunten Klasse zur Sprache kam, wußten auf einmal mehr als ein Dutzend Eltern von massiven Bedrohungen ihrer Kinder zu berichten. Die Schule hatte davon nie etwas erfahren.

Viele Gründe für die dramatische Zunahme der Gewalt an den Schulen liegen für die Experten auf der Hand. Angesichts der Perspektivlosigkeit vieler Jugendlicher, der sozialen Probleme in den Stadtteilen und einer Gesellschaft, die von Schlägereien in den Fußballstadien, Mißhandlungen in den Familien bis zur Hatz auf den Autobahnen jeden Tag Gewaltbereitschaft demonstriert, sei die Situation an den Schulen nur ein „Spiegel unserer Gesellschaft", sagte Schuldezernentin Ebeling: „Die Jugendlichen erfinden nicht die Gewalt, sondern machen nach, was sie täglich sehen und erleben. Die Gewalt ist ein Ausdruck innerer Not."

Bei der Umfrage stellte das Staatliche Schulamt aber auch einen eindeutigen Zusammenhang zwischen der Größe der Schule und häufigen Gewalttaten her. Je größer und anonymer der Komplex, desto mehr passierte. „An der Grundschule, an der die Rektorin jeden Schüler beim Vornamen kennt, geht es noch friedlich zu", sagte Bleienstein. Und natürlich bleiben die Schulen nicht unbelastet von den Problemen in ihrem Stadtteil.

Der alarmierende „Mangel an Rechtsbewußtsein" zeige auch, daß „die Normbildung im Kindesalter nicht mehr so zu gelingen scheint, wie das in früheren Jahren der Fall war", sagte Werner Rothenberger. Die Lehrer stehen dem oft machtlos gegenüber. Wenn Kinder bis tief in die Nacht Gewaltfilme und Horrorvideos anschauen, können sie am nächsten Morgen nicht mehr zwischen Realität und Film unterscheiden, berichtete Ebeling aus ihren Schulerfahrungen.

Thema 2

NACH DEM LESEN

TEXTARBEIT

A. Beantworten Sie bitte die folgenden Fragen.

1. Wie führt der Text in das Thema ein?
   _____
   _____

2. Welche Beispiele von Gewalt in den Schulen führt der Text an?
   Drohungen
   massiven körperlichen Verletzungen
   verbaler Gewalt

3. Worin sieht der Text die Ursachen für die Gewalt in Schulen?
   der Größe der Schule   Probleme der
   Gewaltfilme und Horrorvideos   Gesellschaft
   keine Lehrer eingreifen
   Unrechtsbewußtsein

4. Diese Ursachen können zwei Kategorien zugeordnet werden, nämlich den gesamtgesellschaftlichen und den schulinternen Problemen. Machen Sie zwei Listen.

Gesamtgesellschaftliche Ursachen	Schulinterne Ursachen
_____	_____
_____	_____
_____	_____
_____	_____

B. Lesen Sie die folgenden Leserbriefe. Welchen halten Sie für den besten? Warum? (Vorsicht: Diese Leserbriefe beziehen sich nicht direkt auf den Artikel, den Sie gerade gelesen haben!)
_____
_____
_____

Gewalt ist schulischer Alltag

BRIEFE

Hosen stramm, Ohren lang!

(Nr. 15/1988, SPIEGEL-Titel: Tollhaus Schule)

Mir sind aufmüpfige Schüler lieber als Duckmäuser und Angepaßte!
Wiesbaden ROSEMARIE FRITZE

Für diese verzogenen Schönlinge ist es mal an der Zeit, etwas für die Zukunft zu tun, statt denkfaul und apathisch zwischen „Boss" und „Fiorucci" hin- und herzupendeln. Wenn ich solche Weicheier sehe, die sich Schüler nennen, kann man ja straußengleich den Kopf in den Sand stecken.
Geesthacht (Schlesw.-Holst.) RALF WYRWINSKI

Als altgedienter Gymnasial-Pauker muß ich nach Lektüre Ihrer ausgezeichnet recherchierten und aufgemachten Geschichte eine

Vorwärts

„Es ist euch doch klar, daß ich mich jetzt in einer Notwehrsituation befinde!"

Anmerkung loswerden. Das habe ich als Studiker noch vor 40 Jahren gelernt, drei Dinge braucht der Lehrer:
▷ unbestrittene Fachkompetenz,
▷ Das „Feuer", auch mal ordentlich „hinzulangen", und
▷ die menschliche Größe, sich vor der Klasse entschuldigen zu können, wenn er mal versehentlich den Falschen erwischt hat.
Egghead mit Power und Feeling, würde man heute formulieren.
Randersacker (Bayern) GERD BERNAU
Oberstudienrat a.D.

Ein herzerfrischender Artikel, wie er nur noch durch die Wirklichkeit übertroffen wird! Bereichert wird die Situation an den Schulen durch laufend neue Gesetze, Erlasse und Verordnungen, die Schule an sich formalisieren und die pädagogische Arbeit dadurch paralysieren. Wenn man sich dann noch bewußt macht, daß die Lehrer seit 1954 an keiner Arbeitszeitverkürzung mehr teilgenommen haben, die Besoldungssituation seit 1980 gegenüber der Wirtschaft stark zurückgeblieben ist (ein Studienratsgehalt entspricht heute dem eines Industriekaufmannes oder ähnlichen) und seit Jahren Beförderungen für junge Kollegen nicht mehr stattfinden, dann wird Ihre Schilderung so richtig prall! Wenn Sie mir jetzt mit den „vielen Ferien" kommen, halte ich Sie für Ignoranten. Und trotzdem gehe ich morgen wieder gern zum Dienst.
Bonn DIPL.-ING. J. GRAUMANN
Studienrat an einer Berufsschule

Tja, ohne Erziehung geht es eben nicht. Vom Fernseher weg - aber eben auch zum Fernsehen. Autonomie kann nicht herbeigezappt werden.
Köln GERT K. MÜNTEFERING
WDR Fernsehen, Familienprogramm

Irre. Die Horrorstory des Jahres 1988: Wiedereinführung der Prügelstrafe, dieses Mal zuungunsten des Lehrkörpers. Extremer Wahrheitsgehalt: Scheiß-Lernfabrik, Bildungskultur als Zeitvertreib. Bliebe eine Möglichkeit: Lehrer unterrichten Lehrer, Schüler unterrichten Schüler, mehrzügig, whow!
Siegen HANS BASEKOW

Das Problem, chaotische Verhaltensweisen zerstörter Schüler in den Griff zu bekommen, ist doch auf einfache Weise zu lösen: Wir brauchen in den Schulen eben eine größere Zahl professoraler Klugscheißer, die sich „Leben in der Bude" wünschen und sich durch ständige Sabotage des Unterrichts gar inspiriert fühlen. Ich bin sofort bereit, meinen Arbeitsplatz gegen einen bequemen Sessel in einer schulentrückten Oase zu tauschen.
Hamburg PETER KRÖNCKE
Lehrer

Ich sehe das Problem in der Konzeption des Unterrichts vieler Lehrer. Schlechte Vorbereitung und mangelnde Erklärungskünste provozieren in vielen Fällen geradezu Unaufmerksamkeit. Nach

einiger Zeit schaltet auch ein interessierter Schüler „auf Durchzug". Dies soll nicht heißen, daß Lehrer dumm sind, nur liegen zwischen Wissen haben und Wissen vermitteln können manchmal Welten.
Melle (Nieders.) UWE ELLINGHAUS
Schüler

> David Wedepohl
> Helmer 18
> 2800 Bremen 33
> ☏ 04 21 / 23 61 00
>
> Liebe Redaktion!
> Die Geschichte „Tollhaus Schule" war wirklich realistisch. Schule macht den Schülern keinen Spaß mehr, weil sie den Lehrern keinen Spaß mehr macht. Dauernd andere Fachlehrer. Wer Lehrer wird, sollte wirklich Kinder mögen.
> David (12 J.)

Ja, lieber SPIEGEL, so ist es. Aber was t(n)un? Das Titelbild ist Wasser auf die Mühlen jener, die zurück wollen in die Zwangsanstalt mit Hosen stramm- und Ohren langziehen.
Worms EDGAR GRAS

Das Titelblatt ist phantastisch. Bravo, Marie Marcks, sie hat's wieder einmal haarscharf getroffen! Genial.
Berlin ANGELIKA SCHOLZ

Was wurde über zehn Jahre lang ganzen Schülergenerationen eingeblasen als erste dringende staatsbürgerliche Pflicht? Agieren, debattieren, diskutieren, demonstrieren, emanzipieren, liberalisieren, opponieren, onanieren, protestieren, randalieren und so weiter, kurz: „Erziehung zum Widerstand". Und wer waren die unbekannten verantwortlichen Pädagogen der Nation? Die Ideologen und Schreibtischtäter, mit ihren Gesinnungsgenossen, Freunden und Förderern in den Massenmedien, Parlamenten, Regierungen und Verwaltung! Allen betroffenen Beteiligten herzlichen Glückwunsch zu dem vollen Erfolg.
Krefeld WOLFGANG STEVES

Ich lehre in einer in tradierten Normen erstarrten, fast anachronistisch anmutenden Institution und stehe (als ehemaliger Student der Flower-Power- und 68er-Generation) längst vor dem Trümmerhaufen meiner einstigen Referendar-Ideale. But - the show must go on!
Dorsten (Nrdrh.-Westf.) PETER KASCHEL

Die „linken Lehrer" und „Reformprofessoren" haben nicht begriffen, daß Schüler und Lehrer nun einmal in der Schule verschiedene Aufgaben/Rollen haben. Schüler erwarten geradezu von ihren Lehrern Führung und nicht Anbiederung und Kumpanei. Wenn wir Lehrer uns nicht durchsetzen, die Eltern tun es ja schon lange nicht mehr, erleben die Schüler in der Arbeitswelt ein totales Fiasko. Dort sind Tugenden wie Fleiß, Disziplin, Ordnung (oh, wie altmodisch, höre ich viele Kollegen stöhnen) noch gefragt und wichtig. Oder wollen Sie vom Friseurlehrling, nur weil er eben Bock darauf hat, eine Glatze statt eine adrette Frisur verpaßt bekommen? Wenn mehr Lehrer wüßten, was in Unternehmen wirklich verlangt wird, würden sie vielleicht über das Gesagte nachdenken.
Bad Driburg (Nrdrh.-Westf.) REINHARD HOFFMANN
Oberstudienrat

Was wollen Sie gegen die Konservativen machen, die eher ihre Kinder umbringen, als daß sie auf ihre „Autorität" verzichteten! Sie sehen ja: „Team-Teaching"? - „No!" - Ist ja auch alles viel zu teuer, kostet zuviel! Das Geld braucht man anderweitig!
Heiligenstadt (Bayern) INGRID BORMANN

Standpunkt meiner 14jährigen Tochter: Was kann schon passieren, wenn ich mich danebenbenehme; ein Eintrag ins Klassenbuch, auch mal ein Anbrüller, höchstens fliegt mal eine Blumenvase vom entnervten Lehrer geschleudert in meine Richtung. Mehr läuft da nicht. Also auf, ihr lahm gewordenen 68er Pädagogen! Bewaffnet euch mit Wasserwerfern und Tränengas und werft zurück, bevor ihr endgültig als geschlagene Generation in die Geschichte zurückschleichen müßt.
Kaiserslautern EVA HÖPEL

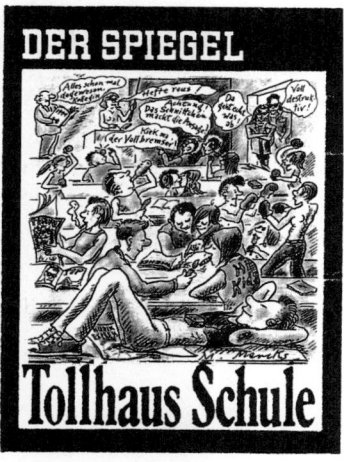

SPIEGEL-Titel 15/1988

Gewalt ist schulischer Alltag

C. Schreiben Sie nun eine Inhaltsangabe des Artikels.

_____
_____
_____
_____
_____
_____
_____
_____
_____

IN DER GRUPPE

A. Stimmen Sie zu, daß die obengenannten Gründe für das Gewaltproblem verantwortlich sind? Welche halten Sie für die wichtigsten? Hat der Text Gründe, die Sie wichtig finden, nicht genannt?

B. Das Problem der Gewalt unter Jugendlichen ist vielschichtig und kann nicht über Nacht gelöst werden. Machen Sie trotzdem Vorschläge, die als Lösungsansätze dienen könnten.

C. Diskutieren Sie in der Gruppe, wem welcher Leserbrief am besten gefällt und warum.

SCHREIBEN LEICHT GEMACHT

Jetzt sind Sie an der Reihe. Schreiben Sie einen Leserbrief an die *Frankfurter Rundschau*. Stimmen Sie dem Text zu? Sind Sie anderer Meinung? Möchten Sie ein anderes Beispiel von Gewalt in der Schule beschreiben? Machen Sie einen Vorschlag zur Lösung des Problems.

Denken Sie daran, daß Sie in einem Leserbrief die Leser mit wenigen Worten von Ihrer Meinung überzeugen wollen.

TEXT 2

EIN NEUES SYSTEM, DIE ALTEN LEHRER

VOR DEM LESEN

A. Bevor Sie den nächsten Text lesen, beantworten Sie für sich die folgenden Fragen.

1. Die Vereinigung der beiden Teile Deutschlands bedeutet auch die Zusammenführung von zwei völlig unterschiedlichen Schulsystemen. Welche Unterschiede hat es wohl vor der Vereinigung in den Schulen im Osten und im Westen gegeben? Machen Sie eine Liste.

   Im Westen   **Im Osten**

   _____   _____
   _____   _____
   _____   _____
   _____   _____

2. Nach allem, was Sie über die Vereinigung aus der Presse oder aus Deutschkursen wissen, welches Schulsystem hat sich wohl durchgesetzt? Das frühere westliche oder das frühere östliche? Warum?

   _____
   _____
   _____

3. Was könnte sich durch diese Vereinigung im Schulalltag für Schüler und Lehrer geändert haben? Spekulieren Sie darüber, und machen Sie eine Liste.

   Für Schüler   **Für Lehrer**

   _____   _____
   _____   _____
   _____   _____
   _____   _____
   _____   _____

B. Lesen Sie jetzt die Umfrage. Sieben jungen Leuten aus der früheren DDR wurde die Frage gestellt, was sich in ihrem Unterricht verändert habe. Schreiben Sie während des Lesens Stichpunkte auf, was die Schüler zu sagen haben. Formulieren Sie keine kompletten Sätze.

Birgit: _____

_____

_____

_____

Christiane: _____

_____

_____

_____

Jens: _____

_____

_____

_____

Vivien: _____

_____

_____

_____

Sebastian: _____

_____

_____

_____

Martin: _____

_____

_____

_____

Beatrix: _____

_____

_____

_____

Ein neues System, die alten Lehrer
Schule in der alten DDR

In der alten DDR regierte die Sozialistische Einheitspartei Deutschlands, SED. Sie bestimmte das gesellschaftliche Leben. Die Schulen gehörten dazu. Man wollte dort gute sozialistische Bürger erziehen. Viele Schulleiter und Lehrer in Geschichte und Staatsbürgerkunde waren in der Partei. Jetzt gibt es die DDR nicht mehr, doch viele alte Lehrer sind noch da. Wendehälse? (So nennt man Leute, die sich angepaßt haben). Was hat sich im Unterricht geändert? JUMA hat nachgefragt.

„Früher haben wir oft über Themen geredet, die nicht zum Unterricht gehörten. Viele Lehrer wollen das jetzt nicht mehr. Die neue Hausordnung kommt nicht mehr vom Direktor, sondern von uns. Später sollen die Lehrer sagen, ob sie damit zufrieden sind."
Birgit, 17 Jahre

„In unserem Geschichtsunterricht halten wir Schüler kurze Vorträge. Der Lehrer sagt kaum etwas dazu. Jeder weiß, wie er vorher gedacht hat."
Christiane, 18 Jahre

„Früher mußten die Schüler die Meinung der Partei lernen. Jetzt diskutieren wir über Themen wie das Wahlsystem, die soziale Entwicklung oder Rechte und Pflichten der Medien."
Jens, 17 Jahre

„Ich finde, der Unterricht ist gleich geblieben. Wir waren schon immer recht kritisch. Unsere Lehrer haben die Partei nie großartig unterstützt und gelobt. Und in Fächern wie Mathematik oder Physik merkt man nicht, welche politische Meinung der Lehrer hat."
Martin, 18 Jahre

„Wir können im Unterricht etwas freier reden. Eine totale Offenheit ist aber noch nicht da. Wir haben jetzt neue Schulbücher bekommen. Der Lehrer in Gesellschaftskunde konnte damit aber nichts anfangen. Er war der gleiche wie vor der Wende. Wir haben Mißtrauensanträge gegen einige Lehrer gestellt. Die haben dann nicht mehr unterrichtet. Im Moment fällt Gesellschaftskunde aus, bis ein neuer Lehrer da ist. Der soll aus dem Westen kommen."
Vivien, 18 Jahre

„Viele Lehrer haben früher die Sozialistische Partei unterstützt. Sie sind aber ganz still und versuchen nicht, uns zu beeinflussen. Sie sind mir lieber als die Wendehälse. Die tun so, als ob sie immer schon gegen die Regierung waren. Eine Lehrerin an unserer Schule macht das. Sie war früher stellvertretende Schulleiterin und mußte dieses Amt aufgeben."
Sebastian, 17 Jahre

„Unser Geschichtslehrer war SED-Parteisekretär. Jetzt tut er so, als ob er sich nicht mehr für Politik interessiert. Aber jeder weiß, welche Meinung er hat. Im Unterricht lernen wir nicht mehr die Geschichte der SED. Nach der Wende haben wir beim Altertum angefangen. Jetzt ist das Mittelalter dran. Auch Musik- und Sportunterricht haben sich verändert. Wir müssen nicht mehr die alten politischen Kampflieder singen; beim Sport ist alles viel lockerer."
Beatrix, 18 Jahre

NACH DEM LESEN

TEXTARBEIT

A. Beantworten Sie bitte die folgenden Fragen.

1. Glauben alle sieben Schüler, daß sich in den Schulen sehr viel verändert hat? Wer? Wer nicht?
2. Was sind neue Lehrstoffe, über die die Schüler im alten System nichts gelernt haben?

B. Die meisten der Befragten geben an, daß sich ideologisch einiges geändert habe. Schreiben Sie eine Zusammenfassung der Änderungen, die als ideologisch bezeichnet werden können.

IN DER GRUPPE

A. Berichten Sie Ihrer Gruppe, was die einzelnen Befragten gesagt haben. Sie können dabei Ihre Stichwortliste von Frage 2 im Teil „Vorbereitung auf das Lesen" zu Hilfe nehmen. Benutzen Sie die indirekte Rede. (Sie brauchen dazu den Konjunktiv!)

BEISPIEL:
Christiane sagt, in ihrem Geschichtskurs hielten die Schüler kurze Vorträge.

> **Hier einige einleitende Ausdrücke, die sie in ihrem Bericht benutzen können:**
>
> Er/sie sagt, ...
>
> Er/sie meint, ...
>
> Er/sie behauptet, ...
>
> Er/sie betont, ...
>
> Er/sie unterstreicht, ...
>
> Er/sie fügt hinzu, ...
>
> Er/sie beginnt (schließt) mit der Behauptung, ...
>
> Er/sie bezweifelt, daß ...
>
> Er/sie bestreitet, daß ...

B. Glauben Sie, daß Ihr Unterricht an den High Schools ideologiefrei war? Begründen Sie Ihre Meinung. Wie ist das an den Universitäten in Ihrem Land? Wie ist es speziell an Ihrer Uni?

Ein neues System, die alten Lehrer

SCHREIBEN LEICHT GEMACHT

Schreiben Sie einem/einer wirklichen oder imaginären Bekannten in der früheren DDR einen Brief. Schreiben Sie ihm/ihr, was Sie über die Veränderungen in den deutschen Schulen nach der Vereinigung erfahren haben, und bitten Sie ihn/sie um eine Stellungnahme, d.h. um einen Kommentar.

Erinnern Sie sich daran, wie man im Deutschen einen persönlichen Brief aufbaut? Hier ein Muster:

```
                                              (Ort), den (Datum)
   Liebe(r) _____!
   _____
   _____
   _____
   _____
   _____
   _____
   _____
   _____
   _____
   _____
   _____
   _____
                      Dein(e) _____
                                         (Ihr Name)
```

48   *Thema 2*

TEXT 3

PLANZIEL VERFEHLT

VOR DEM LESEN

A. Lesen Sie zuerst nur die Überschrift. Sie kennen sowohl das Wort „Plan" als auch den Begriff „Ziel". Was könnte dann „Planziel" bedeuten, wenn Sie bedenken, daß dieses Thema von Schulen und Unis handelt?

_____

_____

_____

B. Lesen Sie jetzt bitte den Text, und beantworten Sie die folgenden Fragen.

1. Was sagen einige westdeutsche Jugendliche über die Ossis, also die Leute in der ehemaligen DDR, und was sagen die Ossis über die Wessis, also die Westdeutschen?

   „Die Wessis sind ..."   „Die Ossis sind ..."

   _____   _____

   _____   _____

   _____   _____

2. Mit welcher Frage beschäftigt sich Frau Ursula Hoffmann-Lange vom Deutschen Jugendinstitut?

   _____

   _____

3. Was ist das überraschende Resultat des Forschungsprojekts?

   _____

   _____

4. Was sind die wichtigsten Lebensziele deutscher Jugendlicher, egal ob aus West oder Ost?

   _____

   _____

Planziel verfehlt   **49**

5. Welche Jugendlichen sehen die Vereinigung positiver? Die Wessis oder die Ossis?

_____

_____

6. Wovor haben die Jugendlichen in der ehemaligen DDR am meisten Angst?

_____

_____

7. Obwohl die meisten Jugendlichen aus der ehemaligen DDR und die aus der früheren BRD ähnlicher denken, als man angenommen hatte, unterscheiden sie sich in zwei Bereichen stark voneinander. Welche sind das?

_____

_____

Planziel verfehlt

Was bleibt in den Köpfen der DDR-Schüler von der sozialistischen Erziehung übrig? Wenig, wie ein wissenschaftlicher Ost-West-Vergleich zeigt.

Conny, 15, Punk aus Kassel, hat ihre Heimatstadt gründlich satt: „Viel zu nah an der Zone." Sie will „nichts zu tun haben mit den Typen, danke, nee", sie glaubt zu wissen, wie die Altersgenossen von drüben sind: „miefig", „spießig" und „konsumgeil" dazu.

Als „hektisch und aufgeblasen" hat die 17jährige Katrin aus Rostock die Wessis erlebt - anders und „ziemlich blöde eben". Und Lasse, Hamburger Gymnasiast, kommt mit „den Leuten" überhaupt nicht klar: Die Ossis, sagt er, sind ihm „fremder als andere Völker".

Welten, so scheint es, trennen die Kinder des DDR-Sozialismus von denen des westlichen Kapitalismus. Sie haben Biographien hinter sich, die unterschiedlicher kaum sein könnten, wie die 16jährige Britta aus Magdeburg mit Verbitterung bemerkt: „Während wir Strammstehen gelernt haben, waren die auf Klassenreise in Paris".

Teenager wie Britta, DDR-Bürger zweiter Generation, werden plötzlich zu Objekten eines ungeplanten Experiments: Was bleibt übrig von der Erziehung zum Sozialismus, wenn der Sozialismus selbst sich in Nichts auflöst? „Ungeheuer spannend" findet die Münchner Sozialforscherin Ursula Hoffman-Lange diese Frage, mit der sie sich derzeit am Deutschen Jungendinstitut (DJI) befaßt.

Erste Antworten liegen nun vor. Verblüffende Erkenntnis der Forscher: In ungeahntem Maße stimmen die Ansichten der ostdeutschen Kinder mit denen der Wessis überein. Die DDR-Pädagogen haben ihr Planziel vollständig verfehlt - die Erziehung zum neuen sozialistischen Menschen hat keine erkennbaren Spuren in den Köpfen hinterlassen.

Im Juni dieses Jahres hatten Wissenschaftler deutsche Schüler befragt, erstmals in einer Vergleichsstudie zwischen Ost und West. Insgesamt 2280 Neuntkläßler aller Schularten aus Köln, München und Berlin, aus Leipzig und

Magdeburg äußerten sich zur Weltlage, Lebensgefühl und Zukunftsentwürfen. Links der Elbe ermittelte das DJI, rechts davon das Leipziger Zentralinstitut für Jugendforschung, eine Einrichtung, die in Zukunft als Dependance des Münchner Instituts weiterexistieren wird.

In der Köpfen der 15- bis 16jährigen, haben die Forscher erfahren, ist der Anschluß offenbar lange schon vollzogen. Beispiel Lebensziele: Unisono streben Ost-und Westjugendliche, ob weiblich oder männlich, in erster Linie eine „interessante Arbeit" an, „die mir etwas bedeutet". Krisenfest soll der Job sein, nicht auf Kosten der Familie gehen, aber gleichzeitig möglichst viel Freizeit lassen.

Leistung ja, aber nur mit Spaß; Reisen, Abenteuer, Lebensgenuß sind den Kindern des SED-Staats so wichtig wie denen der Marktwirtschaft. Für alte sozialistische Tugenden wie soziales Engagement können sie sich weit weniger erwärmen, und von Politik haben beide Seiten die Nase voll: Lediglich jeder siebte Ost- und nicht einmal jeder zehnte Westjugendliche ist bereit, sich für eine Sache politisch einzusetzen.

Gründlich abgeschüttelt haben die Heranwachsenden des ehemaligen Honecker-Staates den „Klassenstandpunkt" und die „Parteinahme für das sozialistische Vaterland". Mit satter Mehrheit sprechen sie sich, ganz wie ihre im Kapitalismus geborenen Altersgenossen, für das „freie Unternehmertum" aus und fordern kategorisch, daß sich des Menschen Lohn nach seiner Leistung zu bemessen habe. Was nach Sozialismus riecht, ist verpönt.

Das Gros scheint überzeugend zu finden, was ein junger Leipziger als Überlebensdevise formuliert: „Entweder du wirst Wessi oder fällst hinten runter." Nur logisch, daß drei Viertel der Ostdeutschen die deutsche Vereinigung enthusiastisch begrüßen, während weit weniger Wessis davon begeistert sind - nicht einmal die Hälfte.

Ostdeutsche Schüler, hat Ursula Hoffmann-Lange bei der Auswertung festgestellt, überschätzen die Bundesrepublik: „ Der Westen wird verklärt." Ob es um Bildungschancen geht oder Meinungsfreiheit, um Gleichberechtigung der Frauen oder Umweltschutz: Durchweg kommt die Bonner Republik bei denen, die nicht dort geboren sind, besser weg als bei denen, die ihre - oft enttäuschenden - Erfahrungen mit diesem Staat bereits hinter sich haben.

Daß der Alltag nach der Wende nicht viel weniger trist ist als zuvor, bekommt deutlich zu spüren, wer in Leipzig oder in Magdeburg lebt. Die Jugendlichen dort zeigen ein altersuntypisches Interesse an Wirtschaft; was sich dahinter verbirgt, ist klar: 81 Prozent haben Angst vor Arbeitslosigkeit. Und als Schreckensvision sieht mehr als die Hälfte den Vormarsch des Rechtsextremismus voraus.

Die Furcht ist begründet. Auch in der Erziehung zum Antifaschismus, Paradebeispiel sozialistischer Identität, hat der SED-Staat gründlich versagt. Mehr als 40 Prozent der DDR-Schüler - gegenüber 26 Prozent der BRD-Kollegen - geben an, sich durch die „vielen Ausländer" in ihrem Land gestört zu fühlen - obwohl dort der Anteil der Fremden, auch in den Schulklassen, drastisch weniger ist. Und ein bedenklich hoher Anteil von 16 Prozent der Ostdeutschen - doppelt so viele wie im Westen - rufen rechtsradikal nach einem „Führer" mit „starker Hand".

Durchgesetzt hat sich die sozialistische Erziehung bei der Religion. Die Mehrheit im Westen ist gottesgläubig, die im Osten nicht. Und eine typische Eigenschaft haben die ostdeutschen Schüler offenbar über die Wende gerettet: die sozialistische Disziplin. Während unter den Kölner und Berliner Schülern 30 Prozent keine Lust hatten, den Fragebogen auszufüllen, und in München, wo die Forscher die Schüler unmittelbar vor den Ferien erwischten, gar 70 Prozent, bestachen die Leipziger und Magdeburger durch absolute Planerfüllung: Die Verweigerungsquote betrug null Prozent.

NACH DEM LESEN

TEXTARBEIT

A. Unterteilen Sie den Text bitte in logische Abschnitte, und markieren Sie sie im Buch. Welche Absätze bilden eine logische Einheit? Wieviele Einheiten glauben Sie zu erkennen?

_____
_____
_____

B. Geben Sie jeder logischen Einheit, die Sie gefunden haben, eine knappe Überschrift, die den Inhalt der Einheit vorwegnimmt.

_____
_____
_____
_____
_____

C. Versuchen Sie an Hand der Überschriften die Gliederung, die der Autor/die Autorin sich vor dem Schreiben dieses Artikels gemacht hat, zu rekonstruieren.

_____
_____
_____
_____
_____
_____

D. Schreiben Sie jetzt nur an Hand der Gliederung eine Zusammenfassung des Artikels. (Schauen Sie nicht in den Artikel!)

IN DER GRUPPE

A. Vergleichen Sie Ihre Sinneinheiten des Textes und Ihre Überschriften mit denen der anderen Leute in der Gruppe. Diskutieren Sie eventuelle Unterschiede.

B. Sehen Sie sich noch einmal die Lebensziele der deutschen Jugendlichen an. Welche Ziele haben sie? Sind das auch Ihre? Wo stimmen Sie überein, wo nicht?

C. Die jungen Deutschen machen sich Gedanken über Themen wie Bildungschancen, Meinungsfreiheit, Gleichberechtigung der Frauen, Umweltschutz. Sind das auch für Sie persönlich wichtige Themen? Warum oder warum nicht? Werden diese Themen in Seminaren an Ihrer Uni besprochen?

TEXT 4

VERGESSENE BILDUNG

VOR DEM LESEN

A. Bevor Sie den nächsten Text lesen, sehen Sie sich das folgende Diagramm an, und beantworten Sie die Fragen auf der nächsten Seite.

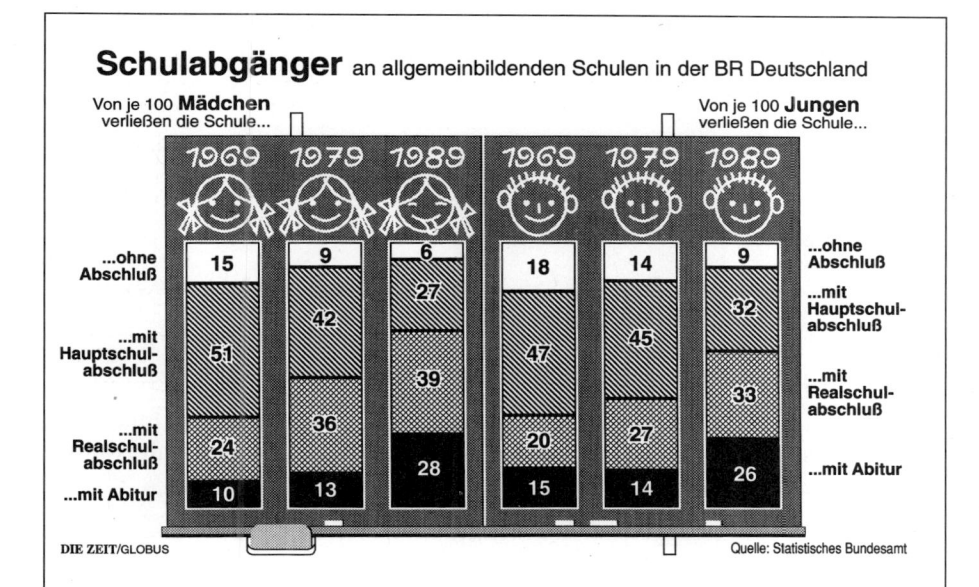

Schulabgänger an allgemeinbildenden Schulen in der BR Deutschland

Von je 100 **Mädchen** verließen die Schule...

	1969	1979	1989
...ohne Abschluß	15	9	6
...mit Hauptschulabschluß	51	42	27
...mit Realschulabschluß	24	36	39
...mit Abitur	10	13	28

Von je 100 **Jungen** verließen die Schule...

	1969	1979	1989
...ohne Abschluß	18	14	9
...mit Hauptschulabschluß	47	45	32
...mit Realschulabschluß	20	27	33
...mit Abitur	15	14	26

DIE ZEIT/GLOBUS Quelle: Statistisches Bundesamt

Der Trend zur höheren Schulbildung hält ungebrochen an. Während 1969 in den alten Bundesländern nur jedes zehnte Mädchen und jeder siebte Junge ihr Abitur ablegten, verließ zwanzig Jahre später schon fast jeder dritte Jugendliche die Schule erst nach bestandener Reifeprüfung. Aufholen konnten insbesondere Mädchen, deren Domäne die Realschule ist, ein Sprungbrett vor allem in die kaufmännischen Berufe. Daß ein Gros der bundesdeutschen Schüler inzwischen mehr als zehn Jahre auf der Schulbank sitzt, ist der Bonner Koalition seit langem ein Dorn im Auge. Sie befürchtet, daß zu viel kostbare Zeit für die berufliche Qualifikation wegen langen Allgemeinbildungszeiten verlorengeht. In Bonn plant man deshalb, die Schulzeit auf zwölf Jahre zu begrenzen. SPD-regierte Länder und Bayern wollen freilich nicht mitziehen. Doch die Kultusministerkonferenz hält noch für dieses Jahr eine Übereinkunft für möglich.

Vergessene Bildung 53

1. Formulieren Sie, welche Informationen dieses Diagramm gibt.

   _____
   _____

2. Wie hat sich die Zahl der bundesdeutschen Schüler ohne Abschluß von 1969 bis 1989 verändert? War diese Entwicklung bei Jungen und Mädchen gleich?

   _____
   _____

3. Wie war die Entwicklung bei Schülern mit Hauptschulabschluß? Gibt es hier einen Unterschied zwischen Jungen und Mädchen?

   _____
   _____

4. Und wie ist das bei Schülern mit Realschulabschluß?

   _____
   _____

5. Besonders dramatisch ist die Entwicklung der Zahl der SchülerInnen (das ist die neue Schreibweise für: Schüler und Schülerinnen) mit Abitur. Beschreiben Sie!

   _____
   _____

6. Welche Bedeutung haben diese Daten für:

   – die Chancengleichheit für Frauen in Deutschland?

   – die Qualität der Schulen in Deutschland, insbesondere der Gymnasien?

   – die Universitäten?

   – die Qualität der Universitätsausbildung?

   _____
   _____
   _____

B. Und jetzt zum Text. Beantworten Sie die folgenden Fragen, während Sie „Die Uni für alle" lesen. Schreiben Sie nur Stichwörter auf.

1. Welche Einstellung zum deutschen Universitätssystem schließen Sie aus dem Titel? Welche Wörter oder Ausdrücke verraten diese Einstellung?

   _____

   _____

   _____

2. Gleich im ersten Absatz übt der Autor massive Kritik am deutschen Universitätssystem. Was sind seine wichtigsten Kritikpunkte?

   _____

   _____

   _____

3. Was schreibt der Autor über den „Numerus clausus"? Was versteht man darunter?

   _____

   _____

   _____

4. Was sagt der Artikel über das Gymnasium und das Abitur?

   _____

   _____

   _____

5. Warum hält der Autor die rigorose akademische Ausbildung an den deutschen Universitäten für nicht mehr zeitgemäß?

   _____

   _____

   _____

6. Der Text spricht von einer Zwischenstufe. Was soll man darunter verstehen?

   _____

   _____

   _____

7. Gibt es Länder, die eine solche Zwischenstufe haben? Welche? Wie nennen diese Länder eine solche Stufe?

   _____

   _____

   _____

Vergessene Bildung

Steven Muller
Vergessene Bildung

Sind die deutschen Hochschulen noch zu retten? Ein
Amerikaner sorgt sich um unsere Universitäten

Die gegenwärtige Situation an den deutschen Universitäten kann ohne Übertreibung die Achillesferse der Bundesrepublik Deutschland genannt werden. Der akademische Nachwuchs sieht sich einem veralteten Hochschulsystem ausgeliefert, das ursprünglich nur für eine Elite gedacht war. Heute ist dieses System nicht bloß hoffnungslos überfordert - es funktioniert einfach nicht mehr, so daß das Unbehagen daran nicht nur nach Reformen verlangt, sondern buchstäblich danach schreit. Die Talente der deutschen Jugend sind angesichts der zukünftigen Herausforderungen nicht ausreichend gefördert worden. Hunderttausende deutscher Studenten - kostbarstes Kapital der Nation - haben im wahrsten Sinne des Wortes nichts Besseres zu tun, als ihre Zeit zu verplempern.

Derzeit wird von einem neunzehnjährigen jungen Menschen ein klares Studienziel erwartet. Ist er endlich zugelassen, zwingt ihn die bestehende Ordnung in vorgeschriebene Bahnen, denen er nur schwer entkommen kann. Zudem kompliziert der Numerus clausus die Sachlage, da dem/der Bewerber(in) unter Umständen die erste Wahl versagt wird und nur eine ungeliebte Alternative zum Studieren bleibt. Das System ignoriert, daß der Wert des Abiturs gesunken ist, der Zugang zum Universitätsstudium nicht mehr zwangsläufig über das Gymnasium führt und dieses auch nicht mehr ist, was es einmal war.

Auf der Universität werden die Studenten dann eher belehrt als unterrichtet. Die Hochschulerziehung beruht vornehmlich auf passivem Zuhören zu vieler Teilnehmer in überfüllten, stickigen Hörsälen. Ein Ende dieser frustrierenden und abschreckenden Erfahrung ist nicht abzusehen. Im günstigsten Fall sind deutsche Hochschulabsolventen einige Jahre älter als ihre Kommilitonen in anderen Ländern. Im schlimmsten Fall „studieren" sie jahrelang, ohne je einen Abschluß zu machen. Ein Zyniker könnte unterstellen, der eigentliche Sinn dieses Systems sei, einen wachsenden Anteil eines jeden Jahrgangs vom Arbeitsmarkt fernzuhalten. Das aber ist keinesfalls so; denn die meisten arbeiten während ihres Studiums aus wirtschaftlichen oder psychologischen Gründen.

Der Aberwitz der jetzigen Situation an den deutschen Universitäten ist das Festhalten an dem starren Reglement der akademischen Ausbildung, einer Ausbildung, die substantiell längst nicht mehr den Ansprüchen der Studierenden gerecht wird. In einer technisch hochentwickelten Gesellschaft verlangen ständig mehr junge Menschen eine weiterführende Ausbildung und nicht nur einen Schulabschluß. Allerdings brauchen die meisten von ihnen nicht die rigorose akademische Hochschulausbildung, die vor vielen Jahren in Deutschland mit dem vorrangigen Ziel entstand, eine relativ kleine Elite von Staatsbeamten,

Physikern, Juristen und anderen Experten heranzubilden. Die begabten jungen Deutschen unserer Tage verdienen eine Ausbildung, die sie für die Aufgaben in Industrie und Wirtschaft vorbereitet, auf einer Stufe zwischen dem „Zuwenig" der Schule und dem „Zuviel" der traditionellen Universität.

Die Einführung einer solchen Zwischenstufe in der deutschen Universitätsausbildung würde auch einem anderen Notstand abhelfen: der Vernachlässigung der klassischen Allgemeinbildung, die im spezialisierten deutschen Hochschulsystem kaum noch eine Rolle spielt. Früher wäre das kein Anlaß zur Sorge gewesen, weil das Gymnasium für diese Bildung garantierte. Aber solcher „Grundsteinlegung" fühlen sich Schulen und Gymnasien nicht mehr verpflichtet. Versäumt nun auch die Universität, dieses Fundament zu legen, droht es allmählich in Vergessenheit zu geraten. Die Hochschule wäre schließlich nichts anderes als eine Vermittlerin höherer Fachkenntnisse - ohne geistige Tradition.

Ein ausländischer Beobachter, wenngleich freundschaftlich gesonnen und gut informiert, sollte besser keine Ratschläge erteilen, wie dieses Übel der deutschen Universität zu heilen sei. Doch vermag er aus neutraler Sicht unbefangener als die Deutschen, die es angeht, das Problem zu benennen. Jetzt helfen nur noch radikale Reformen. Herummurksen und Verpflastern offener Wunden bringt nichts mehr. Ein untaugliches System aufrechtzuerhalten käme einem Verrat an der deutschen Jugend gleich. Sie würde für weitere Jahrzehnte einem unzeitgemäßen Bildungsweg überantwortet, von dem schwerlich ein Fortschritt zu erhoffen wäre. Das mobilisierte Engagement für Reformen könnte sich in armseligen Nachbesserungen erschöpfen, und viel Zeit dürfte ins Land gehen, ehe sich Einsicht und Energie erneut zu einer Universitätsreform verbinden.

Offen gesagt, gibt es für die notwendige radikale Erneuerung nur zwei Optionen: Entweder sinkt die deutsche Hochschulausbildung weiter auf den kleinsten gemeinsamen Nenner ab, und es entstehen daneben - ähnlich den Grandes Ecoles in Frankreich - Institute, die eine Elite heranziehen, oder man übernimmt das britisch-amerikanische System mit dem Bakkalaureat - zweifellos die bessere Lösung -, um das anerkannt hohe Niveau von früher zurückzugewinnen. Das Bakkalaureat, der erste akademische Grad, wird den meisten Studenten genügen, wie sich in England und Amerika gezeigt hat. Die Universitäten wären dann wieder imstande, ihren ursprünglichen akademischen Auftrag für eine ausgewählte Gruppe Studierender zu erfüllen.

Vielleicht eröffnet sich eine unvorhergesehene Hoffnung: In den fünf neuen Ländern sind einige neue Universitäten geplant. Würde ihnen das dahinsiechende System aufgezwungen, hieße das, dem erlittenen Unrecht eine Kränkung hinzuzufügen. Neue Universitäten haben die einmalige Chance, nicht nur vom Namen, sondern auch vom Konzept her radikal neu sein zu können. Im 19. Jahrhundert. diente die deutsche Universität in der Neuen Welt als Vorbild. Sie wurde zum Modell für die gesamte amerikanische Hochschulausbildung. Könnte sie jetzt nicht - vice versa - ein Modell für die deutsche Universität sein?

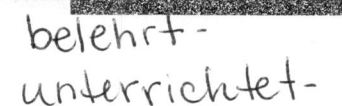

Steven Muller stand von 1972 bis 1990 an der Spitze der Johns-Hopkins-Universität in Baltimore/USA und gehörte, als Nachfolger von Milton Eisenhower (dem Bruder von Dwight D. Eisenhower), zu den großen Präsidentenfiguren, die für den Ruf des amerikanischen Hochschulsystems bürgten. Geboren wurde er 1927 in Hamburg-Altona. 1940 erzwangen die Nazis die Emigration der Familie. Muller ließ die Verbindungen in die alte Heimat nicht abreißen. Das Bild zeigt ihn 1976 bei der Verleihung der Ehrendoktorwürde an den damaligen Bundeskanzler Helmut Schmidt.

NACH DEM LESEN

TEXTARBEIT

A. Machen Sie eine Liste der Schwächen und Probleme, die deutsche Universitäten Mullers Meinung nach haben.

B. Welches Universitätssystem sieht der Autor als potentielles Modell für ein zukünftiges, verbessertes deutsches System?

C. Wer ist der Autor dieses Artikels? Wie könnten sein ethnischer Hintergrund und seine Berufserfahrungen seine Meinung geprägt haben?

IN DER GRUPPE

A. Welche Probleme sehen Sie in Ihrer Universität? Machen Sie in Gruppenarbeit eine Liste.

B. Welche dieser Probleme sind typisch für Ihre Uni, und was sind Probleme des gesamten Universitätssystems in Ihrem Land? Machen Sie bitte zwei Listen.

Unsere Uni speziell	Probleme im System
_____	_____
_____	_____
_____	_____
_____	_____
_____	_____

C. Haben Sie Lösungsvorschläge für diese Probleme?

   1. Speziell für Ihre Universität:

   2. Für das System allgemein:

D. Vergleichen Sie die Probleme amerikanischer Universitäten mit denen von deutschen Unis.

SCHREIBEN LEICHT GEMACHT

A. Schreiben Sie einen Aufsatz zum Thema „Vergessene Bildung. Sind die amerikanischen Hochschulen noch zu retten?" Nehmen Sie den Aufbau des Textes von Steven Muller als Modell.

B. Vergleichen Sie die beiden Universitätssysteme miteinander, im speziellen die Qualität der Ausbildung. Sie können es auf zwei Arten machen. Sie können nach der Einleitung zuerst das eine System mit allen Vor- und Nachteilen abhandeln und danach das andere. Oder Sie betrachten beide Systeme unter jeweils einem Aspekt (z.B. Größe der Kurse), bevor Sie zum nächsten Punkt weitergehen. Welche Vor- und Nachteile haben diese beiden Vorgehensweisen jeweils? Für welche werden Sie sich entscheiden? Warum?

Vergessene Bildung

TEXT 5

BALLAST ÜBER BORD WERFEN

VOR DEM LESEN

A. Beantworten Sie bitte die folgenden Fragen, bevor Sie den Text lesen.

1. Was könnte in der Überschrift mit „Ballast" gemeint sein?

   _____
   _____

2. Wie lang sind die Schul- und Studienzeiten normalerweise in Ihrem Land?

   _____
   _____
   _____
   _____

3. Auch in den USA beenden nicht alle Studenten in vier Jahren ihr Studium. Was sind die Gründe dafür?

   _____
   _____
   _____
   _____

B. Versuchen Sie während des Lesens die folgenden Fragen zu beantworten.

1. Am Anfang des Textes werden zwei junge Männer gegenübergestellt – als entgegengesetzte Typen von Studenten im deutschen Universitätssystem. Machen Sie eine Liste ihrer Charakteristika.

   Udo Jung   **Markus Juza**

   _____   _____
   _____   _____
   _____   _____
   _____   _____

60   *Thema 2*

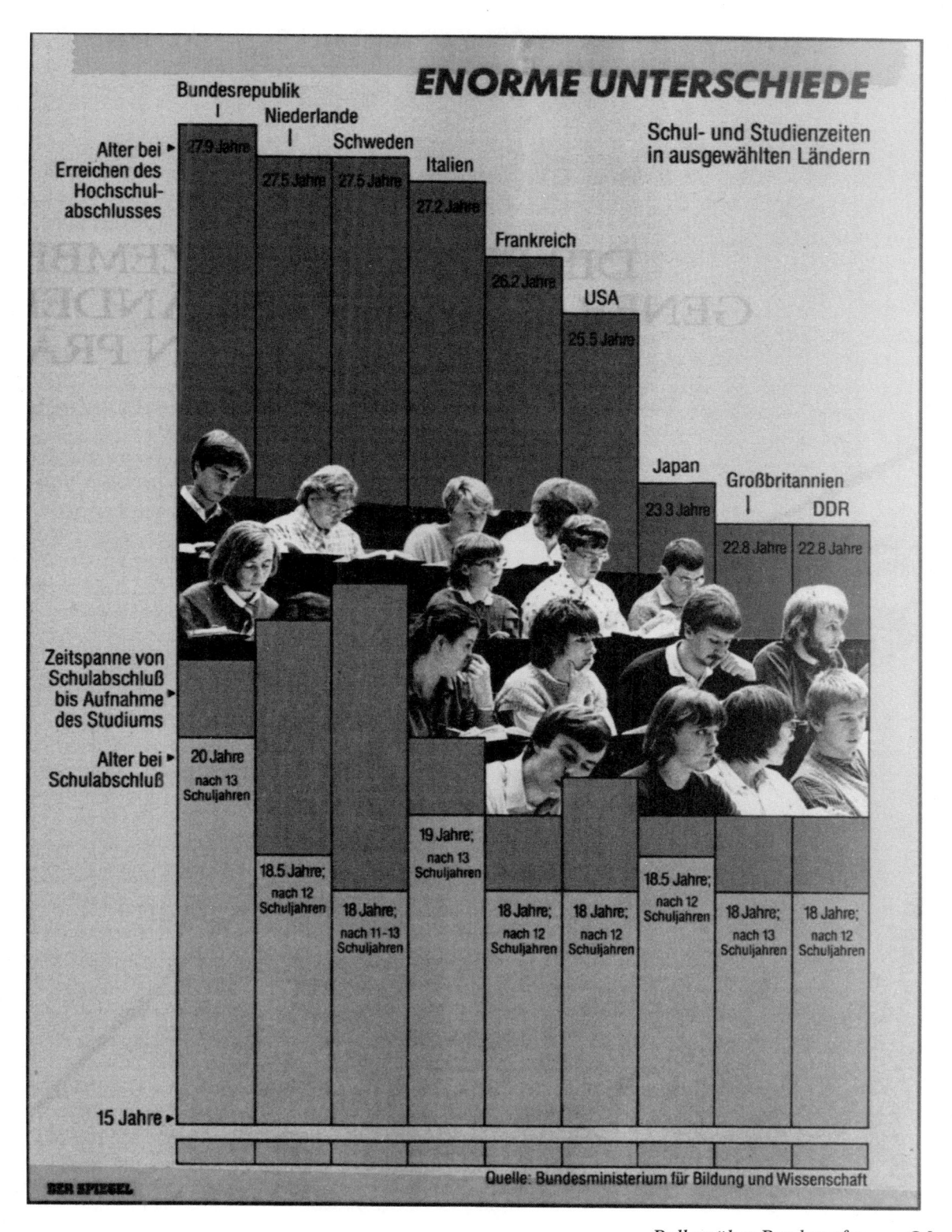

ENORME UNTERSCHIEDE

Schul- und Studienzeiten in ausgewählten Ländern

Alter bei Erreichen des Hochschulabschlusses:
- Bundesrepublik: 27,9 Jahre
- Niederlande: 27,5 Jahre
- Schweden: 27,5 Jahre
- Italien: 27,2 Jahre
- Frankreich: 26,2 Jahre
- USA: 25,5 Jahre
- Japan: 23,3 Jahre
- Großbritannien: 22,8 Jahre
- DDR: 22,8 Jahre

Zeitspanne von Schulabschluß bis Aufnahme des Studiums

Alter bei Schulabschluß:
- Bundesrepublik: 20 Jahre; nach 13 Schuljahren
- Niederlande: 18,5 Jahre; nach 12 Schuljahren
- Schweden: 18 Jahre; nach 11–13 Schuljahren
- Italien: 19 Jahre; nach 13 Schuljahren
- Frankreich: 18 Jahre; nach 12 Schuljahren
- USA: 18 Jahre; nach 12 Schuljahren
- Japan: 18,5 Jahre; nach 12 Schuljahren
- Großbritannien: 18 Jahre; nach 13 Schuljahren
- DDR: 18 Jahre; nach 12 Schuljahren

15 Jahre

Quelle: Bundesministerium für Bildung und Wissenschaft

DER SPIEGEL

Ballast über Bord werfen

2. Wie alt sind Studenten in Deutschland im Durchschnitt, wenn sie mit dem Studium fertig sind?

3. Was trägt (zumindest teilweise) zur längeren Studiendauer in Deutschland bei?

4. Welches Bildungssystem wird als positives Beispiel für eine verkürzte Studienzeit genannt?

5. Goethe wurde mit 16 Jahren Student, Hegel bekam seinen Magistertitel mit 20 Jahren. Heißt das, daß die Studenten heute weniger intelligent sind?

6. Was ist mit „Entrümpelung der Schul- und Studienpläne" gemeint?

7. Was sind in den Augen von IBM-Chef Henkel die Schlüsselqualifikationen für das heutige Berufsleben?

8. Warum braucht die Industrie Leute zwischen 25 und 30? Was ist oft das Problem mit Leuten über 30?

9. Was hält der Artikel von dem Argument, man könne kritisches Denken nur in einem langen Studium erlernen?

   _____
   _____
   _____

10. Nicht der Wunsch nach einem kritischen Studium ist für die langen Studienzeiten verantwortlich, sondern meist ganz praktische Gründe. Welche sind das?

    _____
    _____
    _____

11. Was machen viele Abiturienten, bevor sie mit dem Studium beginnen?

    _____
    _____

12. Studenten lassen sich oft Zeit mit dem Abschluß, weil sie das freie Leben ohne große Sorgen ganz gut finden, man sagt auch sie „bummeln". Der Text nennt aber vier weitere Faktoren, für die die Studenten nicht verantwortlich sind. Formulieren Sie diese Gründe in eigenen Worten.

    _____
    _____
    _____
    _____

13. Was versteht man unter dem Modell „Vier plus"?

    _____
    _____
    _____

Ballast über Bord werfen

„Ballast über Bord werfen"
Im Vorfeld der europäischen Einigung verschärft sich der Streit um überlange Schul- und Studienzeiten

Dem Alter nach sind deutsche Uni-Absolventen weltweit Spitze: Nirgends wird länger gepaukt und mehr gebummelt. Die Klagen aus Wirtschaft und Politik über das Schneckentempo in Schule und Hochschule häufen sich. In dieser Woche diskutiert der Deutsche Juristentag in München Vorschläge zur Verkürzung der Studiums.

Udo Jung, 28, ist von der schnellen Truppe. Mit 19 Jahren und einem Super-Abitur ging er zur Bundeswehr; nach zwei Jahren verließ er sie, standesgemäß, als Offiziersanwärter.

Knappe acht Semester nur studierte der strebsame Student Betriebswirtschaftslehre (BWL) in Marburg, dazu noch zwölf Monate in den USA. Sein Examen, Jung war gerade 26 Jahre alt, gilt als das bisher beste BWL-Diplom in Marburg überhaupt.

Wiederum in Rekordzeit, nämlich nach nur zwei Jahren, wurde Jung jetzt promoviert - mit einer „tollen Arbeit", wie sein Doktorvater Wolfgang Lück, 52, beteuert.

Jung, der „doch nur zügig fertig werden" wollte, wird von den Kommilitonen nun als „Vorzeigestudent" belächelt. Dafür darf er in seiner Studierstube über lukrativen Jobangeboten brüten, die ihm zuhauf ins Haus flattern.

230 Kilometer weiter südlich sitzt Markus Juza im Chemie-Fachschaftszimmer der Uni Stuttgart und tippt Flugblätter. Juza, ebenfalls 28, studiert im 13. Semester Chemie und ist noch lange nicht fertig mit seinem Diplom: „Unter 17 Semestern", sagt er, „wird es wohl nicht abgehen."

Juza wurde während des Grundstudiums zum Bund einberufen, der Neuanfang danach hat ihn „mindestens ein Semester gekostet". Das Engagement für die studentische Fachschaft, sagt der Stuttgarter Student, habe „sich auch nicht gerade studienzeitverkürzend ausgewirkt".

Mit den 17 Semestern wird es nicht getan sein: Wie fast alle Diplomchemiker wird Juza auch noch promovieren: weitere drei Jahre werden also ins Land gehen, bis er mit 33 Lebensjahren die Uni verlassen kann - 32 Jahre vor der Rente, höchstens.

Die Studiosi Jung und Juza stehen für zwei Extreme. Der bundesdeutsche Durchschnittsstudent braucht stolze 14 Semester bis zum ersten Uni-Abschluß - und befindet sich damit auf einem Mittelweg, der alles andere als golden ist.

Westdeutsche Hochschulabsolventen werden von Jahrgang zu Jahrgang älter. In jedem Jahrzehnt verlängert sich die durchschnittliche Studienzeit an Fachhochschulen und Universitäten um mehr als ein Semester. Schon jetzt, klagt Bundesbildungsminister Jürgen Möllemann (FDP), habe die Nation „europaweit die jüngsten Rentner und die ältesten Studenten".

Nirgendwo müssen Pennäler länger die Schulbank drücken als in der Bundesrepublik; auch der obligatorische Wehr- und Zivildienst ist international nicht die Regel. Mit im Schnitt 28 Jahren sind studierte Berufsanfänger in Westdeutschland so alt wie in keinem anderen Land der Welt. Weder Russen noch Japaner, weder Amerikaner noch Franzosen entlassen ihren akademischen Nachwuchs so spät ins Arbeitsleben.

„Äußerst besorgt" zeigt sich Klaus Liesen, 59, Vorstandsvorsitzender der Essener Ruhrgas AG, über dieses „Mißverhältnis zwischen Ausbildungs- und Lebensarbeitszeit". Der Industrielle warnt vor einer dramatischen „Fehlleitung der kreativen Kräfte".

„Massive Entfremdungserscheinungen" bescheinigte der SPD-Hochschulexperte Peter Glotz, 51, den westdeutschen Uni-Absolventen, die „bis an die Schwelle des 30. Lebensjahres in Abhängigkeit, ohne eigenes Einkommen, ohne eigene Verantwortung" gehalten würden.

Von Mal zu Mal schärfer wird die Kritik aus Wirtschaft und Politik am Schneckentempo des Bildungswesens.

„Zwei Jahre Luft" seien im westdeutschen System „mindestens drin", gesteht Hinrich Seidel, Ex-Präsident der Westdeutschen Rektorenkonferenz (WRK). Seidels Vorschlag zur Güte: „Alle Bereiche müssen abspecken, von der Schule bis zur Universität."

„Im Ausland", weiß IBM-Geschäftsführer Hans-Olaf Henkel, 50, habe sich eine vergleichbare Verlängerung der Ausbildungszeiten nämlich „nicht abgezeichnet." Es gebe dort vielmehr „eine Fülle von Beispielen" dafür, daß Studenten „auch in fünf Jahren ein anspruchsvolles Studium bewältigen" könnten.

Noch bilden die mangelhaften Deutsch-Kenntnisse der Konkurrenten aus Frankreich oder England eine wirksame

Barriere vor dem Inlandsarbeitsmarkt. Doch in den ausländischen Niederlassungen deutscher Unternehmen haben junge einheimische Bewerber bereits beste Chancen.

Henkel empfielt daher eine Anpassung an das angelsächsische Bildungssystem: die Anerkennung des Vordiploms als „berufsqualifizierenden Abschluß".

Amerikaner und Engländer, aber auch viele Franzosen verdanken ihren frühzeitigen Einstieg in den akademischen Beruf einem zumeist stark verschulten Kurzstudium von etwa vier Jahren. An dessen Ende steht mit dem „Bachelor" ein akademischer Grad, den bundesdeutsche Universitäten gar nicht verleihen dürfen.

Nur Fachhochschulen bieten ähnlich kurze Studiengänge. Eine von Jahr zu Jahr wachsende Zahl deutscher Studenten entscheidet sich denn auch für diesen Hochschultyp. International allerdings sind dessen Abschlüsse nicht so anerkannt wie der „Bachelor" angelsächsischer Hochschulen.

Die Aufwertung von Uni-Vordiplom und Zwischenprüfung zum „Bachelor" oder der Aufbau ähnlicher Kurzstudiengänge würde die Studienzeiten auch an deutschen Universitäten erheblich senken. Entsprechende Modelle hat der Wissenschaftsrat schon in den siebziger Jahren entwickelt, freilich ohne Erfolg: Alle Betroffenen, ob Professoren oder Politiker, erinnert sich der Vorsitzende des Kölner Expertengremiums Dieter Simon, hätten damals „gleich abgewinkt".

Die seit Jahrhunderten gepflegte Idee einer gegenseitigen Befruchtung von Forschung und Lehre wäre mit einem solchen Expreßstudium tatsächlich aufgegeben worden. Nur: Schon jetzt hat sich dieser akademische Geist - bis auf letzte Spuren in den Diplomarbeiten - weitgehend verflüchtigt. „Wenn Humboldt sehen könnte, was an deutschen Hochschulen heute geschieht", stichelt der Marburger BWL-Professor Lück, „dann würde er sich in Grabe umdrehen."

In den Zeiten des preußischen Hochschulreformers Wilhelm von Humboldt (1767 bis 1835) waren allerdings die Wissensgebiete noch überschaubar klein. Ein gewisser Johann Wolfgang Goethe wurde schon mit 16 Jahren an die Universität Leipzig geschickt, Georg Friedrich Hegel, der Philosoph des Weltgeistes, absolvierte den Magister mit 20.

Mit dem Wachstum des Wissens wuchsen aber schon im 19. Jahrhundert die Lern- und Studienzeiten. Der Nationalökonom Max Weber promovierte 1889 im Alter von immerhin 25 Jahren - für damalige Verhältnisse nicht eben früh, heute gelingt das nur noch Überfliegern.

Gesetze der Weimarer Republik erklärten schließlich die 13 Schuljahre bis zum Abitur zum Regelfall. Daß es am Ende nicht 12 oder auch 14 Jahre wurden, sei schlicht „historisch gewachsene Willkür", argumentiert die Bildungsforscherin Katharina Rutschky. Schwerlich nur könne bewiesen werden, „daß 13 Schuljahre als quasi natürliche Reifezeit des deutschen Kindes zum Studenten anzusehen" seien.

Doch in die 13 Schuljahre wird - ebenso wie in die formal zumeist auf acht, neun oder zehn Semester begrenzten Regelstudienzeiten - immer mehr Wissensstoff hineingestopft. Mag Bildungsminister Möllemann noch so oft den „Mut zur Lücke predigen, mag auch Kultusminister Gölter über den typisch „deutschen enzyklopädischen Perfektionismus" schimpfen: Die vielfach geforderte „Entrümpelung" der Schul- und Studienpläne findet bisher kaum statt.

Bei den „allzu langen Schul- und Studienzeiten" in der Bundesrepublik, mahnt IBM-Chef Henkel, sei sogar „ein großer Teil des erworbenen Wissens bereits überholt, wenn die Absolventen in die Praxis kommen". Der Computermanager lehnt deswegen ein stupides „Auswendiglernen von Detailwissen" grundsätzlich ab.

„Wir brauchen Schlüsselqualifikationen", so Henkel, „also Fähigkeiten, die das Erlernen von wechselndem Spezialwissen erleichtern." Dazu zähle natürlich ein Grundwissen, vor allem aber die „Fähigkeit zum logischen, systematischen Denken" sowie zum „sprachlichen Ausdruck und Verstehen".

Die Ausbildung in Lehre und Studium reicht heute für ein Menschenalter nicht mehr aus. Lebenslanges Lernen wird zum unausweichlichen Schicksal der jetzt heranwachsenden Generationen. Weiterbildung im Beruf scheint damit zwingend notwendig. Etwa 1500 der 31000 IBM-Mitarbeiter, zum Beispiel, sitzen ständig auf der Schulbank - betriebsintern, versteht sich.

Das Weiterbildungsangebot der Universitäten kann mit den Anforderungen der Wirtschaft weder in Qualität noch Umfang Schritt halten. Die überlasteten Hochschulen widmen sich noch ihrer klassischen Klientel: den Studenten.

Eben dabei aber tun sie „des Guten zuviel", meint der Siemens-Direktor Friedrich Ohmann, 65. „Jeder Lehrstuhl" sei von seiner „einzigartigen Wichtigkeit völlig überzeugt", kritisiert der früher für Uni-Kontakte zuständige Siemens-Manager aus München. Folge: Die zu paukende Stoffmasse wächst und wächst.

„Die Hochschulen sind nicht bereit, überflüssigen Ballast über Bord zu werfen", klagt Horst Hilpert, Leiter der Wissenschaftlichen Abteilung bei der Deutschen Unilever in Hamburg. „Wenn die Leute mit 30 Jahren erst von der Uni zu uns kommen", so Hilpert, „dann sind sie eigentlich schon viel zu alt."

„Wir brauchen die Jahre zwischen 25 und 30", erklärt auch Siemens-Direktor Ohmann. Nur in diesem Alter seien die „jungen Leute noch intensiv zu prägen". Danach sinke die Lernbereitschaft und stiegen die Ansprüche. Ohmann: „30jährige werden immobil, sie kaufen Häuser - und heiraten womöglich Lehrerinnen, die nicht von einem Bundesland in andere versetzt werden können."

„Flexibilität" und „Dynamik" lauten die Zauberworte der Personalchefs. Jugendlichkeit wird damit auch im Beruf zum Idealwert verklärt, Erfahrung und Abgeklärtheit zählen dagegen wenig. Dieser Wertewandel hat handfeste

Ballast über Bord werfen

Gründe: Die anhaltende Hochkonjunktur verstärkt in der Wirtschaft den Bedarf an Jungakademikern.

Aus den Universitäten dringen denn auch zornige Stimmen, die an jene Zeiten erinnern, etwa zu Beginn der achtziger Jahre, als die Hochschulen noch als willkommene Wartezonen für überschüssige Akademiker angesehen wurden. Erst „seit Beginn unserer jetzigen Konjunkturwelle", beobachtet der Duisburger Maschinenbau-Professor Dietrich Elbracht, 56, hätten sich „namhafte Köpfe der Industrie" in jenen Chor eingereiht, „der mit zunehmender Kraft das Lied von den zu langen Studienzeiten" singe.

Das Wechselbad der Anforderungen ruft schließlich jene auf den Plan, die in der engen Bindung von Bildung und Industrie grundsätzlich Übles wittern. So warnt die Erziehungswissenschaftlerin Rutschky vor einer „rücksichtslosen Funktionalisierung des Ausbildungswesens" für die „Ökonomie". Offenbar gehe es darum, „daß der junge Mensch im noch 'bildbaren' Alter das Unternehmen erreicht, ohne allzu viele politische, ökologische, feministische und andere Flausen erworben zu haben".

„Sind längere Studienzeiten wirklich ein Übel?" fragt auch Jörg Albrecht, 46, Ingenieur an der Fakultät für Elektrotechnik in Bochum. Viel wichtiger seien doch der „Blick über den Zaun" des eigenen Fachs oder auch ein paar Semester im Ausland. Was, fragt Albrecht weiter, spreche eigentlich dagegen, wenn ein Student den Eintritt ins Erwerbsleben hinausschiebe, „um bewußt in bescheidenerem Rahmen, aber intensiver seine Jugend zu erleben"?

In der Tat sind solche Formen einer nicht unmittelbar berufsbezogenen Bildung immer mehr in Verruf geraten. Persönliche Qualifikationen, die sich nicht in barer Münze auszahlen, gelten wenig in einer auf sichtbaren Erfolg getrimmten Leistungsgesellschaft. Wenn schon verächtlich von der Käseglocke der Bildungseinrichtungen" (Frankfurter Allgemeine) geschrieben wird, dann muß wohl Bildung an sich kaum minder anrüchig sein.

Andererseits versteckt sich hinter den wohlklingenden Worten vom zweckfreien Lernen oft nur Schönrednerei. Für Heinz Becker, den Rektor der Fachhochschule Bochum, ist zum Beispiel der „Hinweis auf den gesellschaftlich notwendigen Erwerb" einer „Charakterbildung in Muße" nichts als „verbrämter, elitärer Egoismus".

Auch das unter Studenten vielfach verbreitete Argument, wer schnell studieren müsse, könne am Ende nicht kritisch denken, scheint schwer belegbar. „Wie viele denken denn kritisch?" fragt der Bochumer Historiker Wolfgang Helbich – und gibt selbst die Antwort: „Die zehn Prozent, die es ohnehin tun, die können das auch, wenn sie schnell studieren."

Vor allem bleibt die Frage nach dem Sinn und Zweck jener Wartezeiten offen, die tatsächlich die Ausbildung verlängern: Dient es der Persönlichkeitsentwicklung des Schülers, daß er im 13. Schuljahr eine über Monate verzögerte Abiturprüfung über sich ergehen lassen muß? Was hat der angehende Student von ein oder zwei Semestern Parkstudium im ungeliebten Fach, nur weil ihm die begehrte Medizin verwehrt blieb? Was hat er davon, daß er wochenlang auf Seminare, Bücher und Praktika warten muß, was von der Jobberei in der Kneipe, nur weil das Bafög nicht reicht?

Diese und viele andere Phasen des Leerlaufs enthält der normale Bildungsgang des westdeutschen Jungakademikers. Sie sind es, die für das immer höhere Abschlußalter verantwortlich sind – und weniger der edle Drang nach individueller Vervollkommnung.

Beginnen muß die Suche nach der verbummelten Zeit schon in der Schule. Daß die Bundesrepublik – zusammen mit Italien, England und Wales – mit 13 Schuljahren weltweit die Spitze hält, gefällt nämlich allenfalls den um ihre Arbeitsplätze besorgten Lehrerverbänden.

Ansonsten herrscht unter den großen Parteien eigentlich Konsens: Der damalige Bundeskanzler Willy Brandt (SPD) meinte 1973 in seiner Regierungserklärung, eine Verkürzung auf zwölf Schuljahre erscheine „vernünftig und notwendig".

Das allerdings setzt voraus, daß bundesdeutsche Abiturienten diese Chance zum schnelleren Einstieg ins Studium auch wirklich nutzen. Schon jetzt absolviert jeder dritte von ihnen zwischen Schule und Studium erst mal eine Berufsausbildung. Empfohlen hatten dies einst die Politiker selbst: In den frühen achtziger Jahren galt der erfolgreiche Abschluß einer Lehre als sicheres Fundament für den Start in eine ungewisse akademische Zukunft.

Solche Vorsorge scheint heute indes nicht mehr notwendig – und dennoch entscheiden sich viele für eine Etappe zwischen Schule und Studium. Gerade die Abirurientinnen, die ja von Wehr-und Zivildienst verschont bleiben, nutzen diese Phase immer mehr zur Erkundung des gewünschten Berufsfelds.

Diese Zeitspanne ist politisch kaum steuerbar, weil hier individuelle Entscheidungen das Tempo bestimmen. Eine eher skeptische, abwartende Haltung in der Phase nach dem Abitur setzt sich zudem häufig im Studium fort; dadurch wird erneut der Fortgang der Ausbildung gebremst.

Studentische Bummelei gehört gewiß zu den Ursachen überlanger Studienzeiten. Hinzukommen jedoch vier wichtige Faktoren, für die ausschließlich Politiker und Professoren verantwortlich sind:
▷ Unfreiwillige Parksemester und unklare Vorinformationen führen zu Fachwechseln im Studium und damit zu Zeitverlusten von durchschnittlich fast zwei Semestern;
▷ knappe Bafög-Sätze und steigende Lebenshaltungskosten drängen immer mehr Studenten in Teilzeit-Jobs – Zeitverlust: etwa ein Semester;
▷ überfüllte Hörsäle, Seminare, Praktika und Bibliotheken lassen weitere Wartezeiten entstehen, ebenso wie
▷ überhöhte Anforderungen, fehlende Studienpläne und schlecht vorbereitete Lehrveranstaltungen.

Bildungsminister Möllemann zählt den Kampf gegen die steigenden Studienzeiten zu seinen „wichtigsten Aufgaben". Tatsächlich hat er mit der am 1. Juli in Kraft getretenen Baföq-Reform zwar den Kreis der geförderten Studenten erweitert und auch mit den von ihm angeregten Hochschulsonderprogrammen etwas zur Entlastung der überfüllten Unis beigetragen.

Weitere Hilfen für die Hochschulen machen Politiker aus Bund und Ländern aber davon abhängig, ob nun auch die Professoren ihren Teil beisteuern und sich erkennbar um eine Senkung der Ausbildungsdauer bemühen: ein dezenter Erpressungsversuch.

Wie diese Bemühungen aussehen könnten, haben diverse Expertengremien schon ausgemalt. Der Wissenschaftsrat legte 1986 sein Modell „Vier plus" vor: Die Hochschulen sollen demnach die Voraussetzungen dafür schaffen, daß alle Fächer grundsätzlich in vier Jahren und drei weiteren Prüfungsmonaten studierbar sind. Die schöne Idee fand wenig Freunde, vor allem naturwissenschaftliche Fakultäten erklärten die gewünschte Frist schlicht für zu kurz.

1988 stellte die Kultusministerkonferenz der Länder einen 23-Punkte-Katalog auf, von der Reduzierung des Stoffpensums bis zum Vermerk der Studienzeit im Abschlußzeugnis. Viele Hochschulen entwickelten seither neue Studienordnungen. Erfolge aber dürften sich - wenn überhaupt - nur langfristig bemerkbar machen.

Schließlich hat der Stifterverband für die deutsche Wissenschaft in diesem Frühjahr einen Fonds eingerichtet, aus dem einerseits Uni-Absolventen belohnt werden, die in kurzer Zeit und mit besonders gutem Erfolg studiert haben, und mit dem andererseits solche Fakultäten prämiert werden, die „modellhafte Initiativen" zur Studienverkürzung geschaffen haben.

Dieses Anreizsystem des Stifterverbands folgt aus der Beobachtung, „daß sich die Studienzeiten an den einzelnen Universitäten zum Teil erheblich unterscheiden". Wenn nämlich Marburger Betriebswirte knapp neun Semester bis zum Diplom brauchen, ihre Kommilitonen in München aber zwölf, oder wenn Konstanzer Chemiker fünf Semester weniger benötigen als die Fachgenossen in Stuttgart - dann, so meint auch der Ex-WRK-Präsident Seidel, „muß doch aus diesen Unterschieden zu lernen sein".

Die Hochschulexpertin Christiane Konegen-Grenier hat errechnet, daß bundesdeutsche Uni-Absolventen im Schnitt etwa drei Semester kürzer studieren könnten, wenn überall jene Verhältnisse geschaffen würden, wie es sie in den jeweils schnellsten Fakultäten schon gibt. Das allein würde jedem Studentenjahrgang Studienkosten in Höhe von einer halben Milliarde Mark ersparen.

Immerhin hat die öffentliche Diskussion das Verhalten von Studenten und Professoren schon in Ansätzen beeinflußt. In einer kleinen Zahl von Fächern, die seit Jahren nur steigende Studienzeiten aufweisen, scheint der Trend endlich gestoppt. Elektrotechniker des Diplomjahrgangs 1986 zum Beispiel hatten im Durchschnitt 12,9 Semester studiert, ihre Kommilitonen aus der 88er Prüfung nur noch 12,3 Semester.

Hochschul-Karikatur: „Das Gehirn ist kein Computer"

Ballast über Bord werfen

NACH DEM LESEN

TEXTARBEIT

A. Der Artikel kritisiert die langen Studienzeiten an deutschen Universitäten. Welche Gründe gibt er dafür an? Nennen Sie alle, die Sie in diesem Artikel finden. Schreiben Sie nur Stichwörter auf.

_____

_____

_____

_____

B. Schauen Sie sich alle Gründe an, die das Studium in Deutschland verlängern (Frage A.). Sie werden auf drei Ursachen zurückgeführt: die Studenten, die Universität und die Gesellschaft. Ordnen Sie die Gründe den Kategorien zu. (Manche Gründe passen zu mehreren Kategorien.)

Studenten	Unis	Gesellschaft
_____	_____	_____
_____	_____	_____
_____	_____	_____
_____	_____	_____

C. Könnte die Einführung des amerikanischen Universitätssystems an der Misere des deutschen Bildungswesens etwas ändern?

_____

_____

_____

IN DER GRUPPE

A. Diskutieren Sie in der Gruppe alle Gründe, die zur langen Studiendauer an deutschen Universitäten beitragen.

B. Welche gesellschaftlichen Einrichtungen oder Personen sind dafür verantwortlich?

C. Kann man die Probleme in Deutschland mit denen in den USA vergleichen?

D. Sehen Sie sich die Karikatur auf Seite 64 an. Beschreiben und interpretieren Sie sie. Was hat sie mit dem Text zu tun, den Sie gerade gelesen haben?

E. Auf Seite 61 finden Sie ein Diagramm über die durchschnittliche Studiendauer in verschiedenen Ländern. Vergleichen Sie dieses Diagramm mit den Aussagen des Textes.

SCHREIBEN LEICHT GEMACHT

Sie sind Austauschstudent/-studentin in Deutschland und arbeiten als Redakteur/in für eine Studentenzeitung. Schreiben Sie einen Kommentar über das Thema: Die langen Studienzeiten in Deutschland, und was man dagegen machen könnte oder sollte. Denken Sie daran, daß Sie Ihre Leser von Ihrer Meinung überzeugen wollen. Auch hier ist eine sorgfältige Gliederung wichtig.

Welche Probleme mögen diese jungen Leute wohl bewegen?

Ballast über Bord werfen

THEMA 3

WAS WÄRE DEUTSCHLAND OHNE SEINE AUSLÄNDER?

DIE PROBLEME

Diese Frage beschäftigt Deutschland, besonders die Bundesrepublik, schon seit Mitte der 50er Jahre. Damals wurde die erste Gruppe ausländischer Arbeiter ins Land eingeladen, um beim Wiederaufbau nach dem Krieg zu helfen. Heute leben fast fünf Millionen Gastarbeiter mit ihren Familien in Deutschland. Aber die Gastarbeiter, von denen die meisten aus dem Mittelmeerraum stammen, sind nur EINE Gruppe unter den Ausländern, die heute in Deutschland leben. Daneben gibt es eine große Anzahl von Aussiedlern – ethnische Deutsche, oft auch „Volksdeutsche" genannt. Sie kommen größtenteils aus dem Osten und Südosten Europas, aus Polen, Rußland, der Ukraine, Rumänien und Ungarn und wollen wieder in die Heimat ihrer Vorväter umsiedeln.

Die dritte Gruppe sind die sogenannten „Asylanten", Menschen, die ihre Heimat aus politischen Gründen verlassen haben. Diese Gruppe

„Laß meinen Kumpel in Ruhe!"

hat in den letzten Jahren geradezu explosionsartig zugenommen und erreichte ihren vorläufigen Höhepunkt im Jahre 1992, als fast eine halbe Million Menschen in Deutschland Asyl beantragten. Die meisten Asylanten kommen in den letzten Jahren aus den Kriegsgebieten der Welt, besonders aus dem früheren Jugoslawien. Die Asylanten stellen nicht nur die größte Gruppe der Ausländer dar, die heute nach Deutschland kommt, sondern ihre Position ist auch die kontroverseste. Viele Deutsche bezeichnen sie nicht als politische, sondern als ökonomische Flüchtlinge. Eine Kombination aus einer anwachsenden Zahl von Ausländern, einer sich verschlechternden Wirtschaftslage und einem wiedererwachten Nationalismus unter den Deutschen führte zu einer Welle von Gewalttaten gegen Ausländer, auf die die Regierung mit einer Verschärfung der Einwanderungsgesetze reagierte.

Dieses Thema beschäftigt sich mit der Ausländerproblematik, darüber hinaus aber auch mit der wachsenden Gefahr durch rechtsradikale Gruppen, die besonders auf Jugendliche eine große Anziehungskraft zu haben scheinen. Außerdem lernen Sie, eine Rede vorzubereiten und die Unterschiede zwischen informierenden und kommentierenden Texten zu erkennen.

WIE SIND SIE DAVON BETROFFEN?

Bevor Sie die Texte lesen, beantworten Sie bitte die folgenden Fragen.

❶ Auch in Ihrem Land leben natürlich viele Ausländer. Machen Sie eine Liste der wichtigsten Nationalitäten. Teilen Sie sie in Gruppen ein. Wie Sie diese Gruppen definieren, bleibt Ihnen überlassen.

❷ Sie haben sicher andere Gruppierungen gefunden als die in der Einleitung beschriebenen Kategorien der Ausländer in Deutschland. Warum ist das Ihrer Meinung nach so?

❸ Sind die Ausländer in Ihrem Land vollkommen in die Gesellschaft integriert, oder haben sie auch Probleme? Welche?

TEXT 1

ALLE SUCHEN EINE HEIMAT

VOR DEM LESEN

Versuchen Sie die folgenden Fragen zu beantworten, während Sie den ersten Text lesen:

1. Wann kamen die ersten Ausländer nach dem Zweiten Weltkrieg nach Deutschland? Woher kamen sie?

   _____
   _____

2. Warum hat die Bundesrepublik diese Leute ins Land geholt?

   _____
   _____
   _____

3. Aus welchen anderen Ländern wurden in den 50er und 60er Jahren Arbeiter angeworben?

   _____
   _____

4. Das Jahr 1973 ist ein wichtiges Datum für die ausländischen Arbeiter in Deutschland. Warum?

   _____
   _____

5. Trotz des Anwerbestopps für Gastarbeiter stieg die Zahl der ausländischen Bevölkerung nach 1973. Wie erklären Sie sich das?

   _____
   _____

6. Gastarbeiter haben oft große Probleme, in ihre Heimatländer zurückzukehren. Erklären Sie, warum.

   _____

   _____

   _____

   _____

7. Welche möglichen Konzepte zur Integration der Ausländer in die deutsche Gesellschaft wurden von Politikern diskutiert?

   _____

   _____

   _____

   _____

8. Was meint David Cohn-Bendit mit dem englischen Terminus *double bind*?

   _____

   _____

   _____

9. Was versteht man unter einer „multikulturellen" oder „interkulturellen" Gesellschaft?

   _____

   _____

   _____

   _____

10. Um die Ursachen und nicht nur die Symptome des Ausländerproblems in Deutschland zu bekämpfen, müssen laut der Ausländerbeauftragten Liselotte Funke vier Bedingungen erfüllt werden. Formulieren Sie diese in Ihren eigenen Worten.

    _____

    _____

    _____

    _____

    _____

Alle suchen eine Heimat

Elisabeth Wehrmann
Alle suchen eine Heimat
Das Hin und Her der deutschen Ausländerpolitik

Gibt es eine Ausländerpolitik in der Bundesrepublik? Manfred Rommel, CDU-Oberbürgermeister von Stuttgart, ist ein ehrlicher Mann und gibt zu, es nicht zu wissen. „Es ist so hingeworden", erklärt er. „Man hatte nach dem Krieg einen Bedarf an Arbeitskräften, man hat Ausländer eingeladen. Man hat ihnen gesagt, kommt her, und hat gedacht, die gehen ja nachher wieder weg. Sie werden ja kaum Wohnraum beanspruchen, weil sie sparsam leben und mit einem Plätzlein in der Baracke zufrieden sind ... Und auf einmal sind sie doch dageblieben und haben Wurzeln geschlagen." Ein Mißverständnis mit Langzeitwirkung.

Als 1955 die ersten dreihundert italienischen Gäste in Stuttgart ankamen, gab das Landesarbeitsamt den Bauern der Umgebung Empfehlungen für den Umgang mit den neuen Arbeitskräften: ein Rezept für Spaghetti mit Tomatensauce und ein paar Tips, die so klingen, als handle es sich um die Wartung einfacher Maschinen. „Der Italiener", hieß es in einer Pressemitteilung, „ist nicht gewohnt, Obstsäfte oder Most zu trinken. Zum Essen trinkt er - mit Vorliebe - Wein und Wasser. Während des Tages - und abends auch - Milch."

Die Bundesregierung folgte den Interessen von Landwirtschaft und Industrie und traf Anwerbevereinbarungen mit Italien (1956), Spanien, Griechenland (1960), mit der Türkei (1961), mit Portugal (1964), Tunesien, Marokko (1965) und Jugoslawien (1968).

Als 1964 Armando Rodriguez aus Portugal in Köln ankam, wurde er als der millionste Gastarbeiter gefeiert. Er bekam ein Moped und einen Job bei einer Holzfabrik in Süddeutschland. Nach einem Arbeitsunfall riet ihm ein deutscher Arzt, doch nach Portugal zurückzukehren. Zu Hause verbrauchte Rodriguez sein erspartes Geld für Arztrechnungen und Medikamente. Daß er in Deutschland Anspruch auf Krankengeld gehabt hätte, wußte er nicht - niemand hatte es ihm gesagt.

Anfang der siebziger Jahre stieg die Zahl der ausländischen Arbeitnehmer auf 2,6 Millionen und, da Frauen und Kinder folgten, die der ausländischen Wohnbevölkerung auf 3,98 Millionen. Als die Ölkrise den wirtschaftlichen Aufschwung bremste, reagierte die Bundesregierung im November 1973 mit einem Anwerbestopp für Gastarbeiter. Doch der Zuzug der Familien ließ sich nicht so einfach stoppen.

Erst damals, sagt Manfred Rommel heute, hätten die Politiker bemerkt, daß sie die ausländischen Gäste nicht behandeln können wie irgendwelche dressierten Bären: „Die Menschen konnten ja nicht mehr nach Hause, sie waren ja auch Fremde im eigenen Land geworden."

Eine Eingliederungspolitik für die ausländischen Familien, die in der Bundesrepublik lebten, wurde zwar angekündigt. Doch als Heinz Kühn (SPD), der erste Ausländerbeauftragte der Bundesregierung, 1979 die Anerkennung der faktischen Einwanderung, ein kommunales Wahlrecht für Ausländer und Erleichterungen bei der Einbürgerung ausländischer Jugendlicher forderte, lehnte die SPD/FDP-Bundesregierung ab. Statt nach möglichen Konzepten zur Integration zu suchen, lieferten sich die Parteien seither einen Showdown in der „Begrenzungspolitik": Gesetzentwürfe zur Konsolidierung des Zuzugs, Prämien zur Förderung der Rückkehrbereitschaft von Ausländern, Vorschläge zur Herabsetzung des Nachzugsalters von Ausländerkindern von achtzehn auf sechzehn, auf sechs Jahre und schließlich die „Ausländerfrage" als Wahlkampfthema.

„Es hat bis heute keine Ausländerpolitik gegeben", konstatiert Daniel Cohn-Bendit, grüner Dezernent für Multikulturelles in Frankfurt am Main, „wohl aber eine Politik mit der Angst des deutschen Bürgers vor dem Fremden. Was es gab, was es gibt, ist eine restriktive Gesetzgebung, die angeblich ‚unsere' Gesellschaft schützt - in Wirklichkeit aber einen gefährlichen *double bind* provoziert: Wir sind praktisch ein Einwanderungsland, aber wir tun so, als seien wir es nicht. Es gibt kein Geld, keine Haushaltstitel, keine demokratischen Rechte für die notwendige Eingliederung. Wenn sie ausbleibt, sind die Fremden schuld."

Manfred Rommel in Stuttgart plädiert, ähnlich wie Daniel Cohn-Bendit, für ein politisches Konzept, das von den gegebenen Tatsachen ausgeht, und fordert eine doppelte Staatsbürgerschaft auf europäischer Ebene. Die multikulturelle Gesellschaft, argumentiert Cohn-Bendit, sei nicht etwa ein neues linkes Paradies, sondern ein Lernprozeß, zu dem die Deutschen verurteilt sind, ob sie es wollen oder nicht.

So ähnlich sieht es auch Liselotte Funcke, FDP, bis zu ihrem Rücktritt vor wenigen Wochen Bundesausländerbeauftragte: „Wir sind eine Gesellschaft mit einer Vielfalt von Kulturen; wenn wir das nicht gewollt hätten, hätten wir schon die EG nicht einrichten können. Was wir brauchen, ist eine interkulturelle Gesellschaft, in der man miteinander leben lernt, den anderen gelten läßt, Gemeinschaft sucht oder zumindest einander nicht feindlich gegenübersteht."

Alle suchen eine Heimat

Fast alle Politiker nehmen an, daß die Bundesrepublik auch in Zukunft, schon allein aus demographischen Gründen, Einwanderer brauchen wird. Doch nur ein kleiner Kreis nachdenklicher Politiker und Politikerinnen in CDU, SPD, FDP und Grünen Parteien hat erkannt, daß man die Dinge nicht länger „vor sich hindümpeln" lassen darf, daß man die Bürger mit ihren Ängsten nicht alleinlassen darf oder, schlimmer, in berechnender Rhetorik dumpfe Emotionen weckt, die in Aggression umschlagen.

Liselotte Funcke hatte noch in ihrer Funktion als Ausländerbeauftragte vor wachsendem Haß und möglichen Gewaltausbrüchen in den neuen und den alten Bundesländern gewarnt. Wenn man nicht nur mit Polizeiaktionen an Symptomen kurieren, sondern die Ursachen des Problems erreichen will, muß, so sagt Frau Funcke, viererlei geschehen: 1. eine substantielle Hilfe für Entwicklungsländer und Osteuropa; 2. eine Beschleunigung des Asylverfahrens; 3. eine Festlegung von Quoten für die jährliche Zuwanderung und 4. eine konkrete Aufklärung der Bevölkerung.

Die Heimat, die alle suchen, müsse man sich selber schaffen, erklärt Manfred Rommel: „Wenn man gegen die Realität denkt und fühlt, dann macht man sich die Heimat unheimlich … Deutschland nur für Deutsche, da kann man nicht leben. Deshalb muß man sich in dem Deutschland, das es geben wird, heimisch machen."

NACH DEM LESEN

TEXTARBEIT

A. Beginnen wir mit einer Analyse des Artikels. Ein guter Aufsatz besteht aus drei Teilen: Einleitung, Hauptteil, Schluß. Erinnern Sie sich, welche Aufgaben diese Textteile haben?

Einleitung: _____

_____

Hauptteil: _____

_____

Schluß: _____

_____

B. Lesen Sie sich den vorangegangenen Artikel nochmal durch, und markieren Sie Einleitung, Hauptteil und Schluß. Fassen Sie die Einleitung in einem Satz zusammen.

_____

_____

_____

Machen Sie das gleiche mit dem Schluß.

_____

_____

_____

C. Schauen Sie sich jetzt den Hauptteil an. Suchen Sie logische Einheiten, und markieren Sie sie im Text. Stimmen diese Einheiten mit den Absätzen, die die Autorin gemacht hat, überein? Fassen Sie jetzt jede logische Einheit in jeweils einem Satz zusammen, und formulieren Sie aus diesen Teilen eine Gliederung des Artikels (einschließlich Einleitung und Schluß).

_____

_____

_____

_____

_____

_____

_____

_____

D. Schreiben Sie an Hand der Gliederung eine Zusammenfassung des Artikels. (Schauen Sie dabei nicht in den Text.)

_____

_____

_____

_____

_____

_____

IN DER GRUPPE

A. Diskutieren Sie, was Sie unter einer „multikulturellen Gesellschaft" verstehen. Ist Ihre Gesellschaft multikulturell?

B. Integration oder Assimilation? In der Soziologie versteht man unter Assimilation eine Angleichung (d.h. Ausländer passen sich den Einheimischen an), wohingegen Integration bedeutet, daß alle kulturellen Gruppen ihre Sprache, Kultur, Traditionen, Kleidung usw. beibehalten und relativ konfliktfrei nebeneinander leben. Welches Konzept finden Sie besser?

C. Viele Amerikaner glauben, alle Leute, die in den USA leben, müßten Englisch sprechen können – so z.B. die Bewegung *English Only*! Was halten Sie von dieser Aussage? Machen Sie in der Gruppe eine Liste der Argumente dafür und dagegen, Pro und Kontra.

Pro	Kontra
_____	_____
_____	_____
_____	_____
_____	_____
_____	_____

D. Was halten Sie von den vier Vorschlägen, die Ursachen des Hasses gegen Ausländer zu bekämpfen? Glauben Sie, sie wären wirksam?

E. Sehen Sie sich die folgende Karikatur an. Beschreiben und interpretieren Sie sie. Wen stellt dieser Mann dar? Was symbolisieren die beiden Hände?

F. Schauen Sie sich die folgende Statistik an. In welchen Bereichen sind Gastarbeiter in Deutschland beschäftigt? Vergleichen Sie die Gastarbeiter und ihre Arbeit mit Gruppen in den USA, die ähnliche Jobs haben. Sehen Sie Parallelen?

EBM-
Eisen
Blech
metal

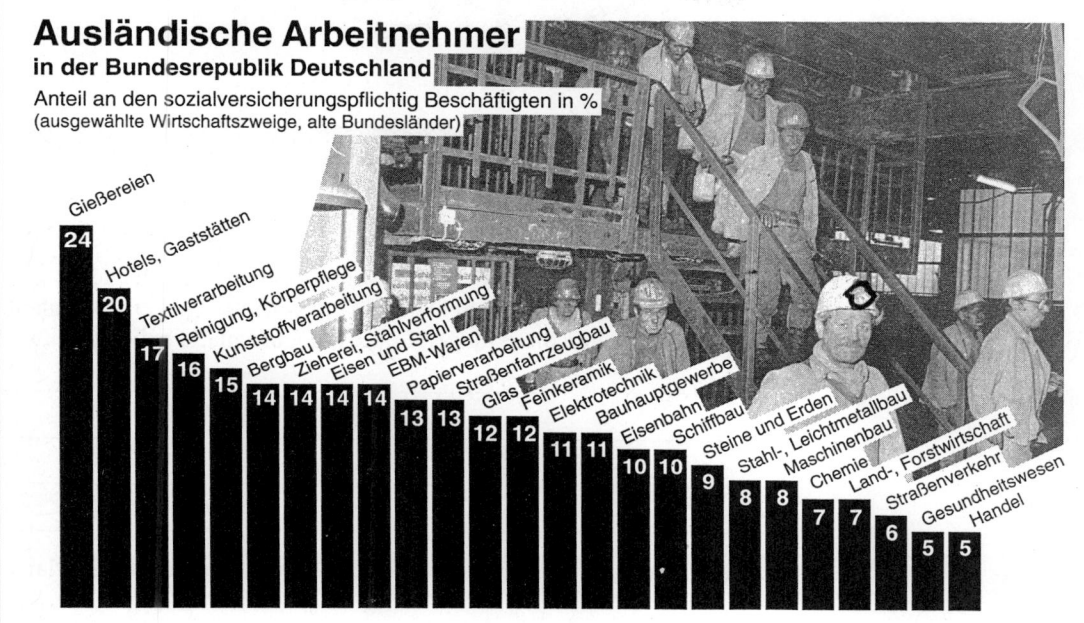

Ausländische Arbeitnehmer
in der Bundesrepublik Deutschland
Anteil an den sozialversicherungspflichtig Beschäftigten in %
(ausgewählte Wirtschaftszweige, alte Bundesländer)

Bereich	%
Gießereien	24
Hotels, Gaststätten	20
Textilverarbeitung	17
Reinigung, Körperpflege	16
Kunststoffverarbeitung	15
Bergbau	14
Zieherei, Stahlverformung	14
Eisen und Stahl	14
EBM-Waren	14
Papierverarbeitung	13
Straßenfahrzeugbau	13
Glas	12
Feinkeramik	12
Elektrotechnik	11
Bauhauptgewerbe	11
Eisenbahn	10
Schiffbau	10
Steine und Erden	9
Stahl-, Leichtmetallbau	8
Maschinenbau	8
Chemie	7
Land-, Forstwirtschaft	7
Straßenverkehr	6
Gesundheitswesen	5
Handel	5

DIE ZEIT/GLOBUS   Stand Ende 1990   Quelle: Bundesanstalt für Arbeit

Ausländische Arbeitnehmer tragen in erheblichem Maße zum bundesdeutschen Wohlstand bei: als Konsumenten, Arbeitnehmer und auch als Steuer- und Beitragszahler für die Sozialversicherungen. Einige Branchen wären aus Mangel an bundesdeutschen Arbeitskräften gezwungen, ihre Produktion kräftig einzuschränken, wenn sie diese Lücke nicht mit ausländischen Arbeitnehmern schliessen könnten. Denn trotz noch immer hoher Arbeitslosigkeit sind viele Deutsche nicht mehr bereit, jeden Job anzunehmen. Immer mehr Ausländer machen sich aber inzwischen auch selbständig und schaffen so Arbeitsplätze für Deutsche. Während Politiker noch über das Für und Wider einer multikulturellen Gesellschaft diskutieren, ist sie im Wirtschaftsleben schon ein gutes Stück weit realisiert.

gezwungen → zwingen → to force
selbstständig → business owner

SCHREIBEN LEICHT GEMACHT

Integration oder Assimilation – welches Konzept halten Sie für besser? Schreiben Sie einen Aufsatz zu diesem Thema. Denken Sie daran, daß Ihr Artikel eine Einleitung, einen Hauptteil (mit mehreren logischen Einheiten) und einen Schluß haben muß. Achten Sie auf den Aufbau des Aufsatzes.

Alle suchen eine Heimat

TEXT 2

FREMD IN DEUTSCHLAND

VOR DEM LESEN

Beantworten Sie für sich die folgenden Fragen, bevor Sie den nächsten Text lesen.

1. Die folgenden Aufsätze wurden von zwei türkischen Jugendlichen geschrieben, die längere Zeit in Deutschland verbracht haben. Was glauben Sie, welche Probleme diese jungen Leute in Deutschland haben könnten?

   _____
   _____
   _____

2. Welche Probleme würden Sie vielleicht haben, wenn Sie eine Zeitlang im Ausland leben würden?

   _____
   _____
   _____

Murtat Pileuncli ist türkischer Staatsangehöriger. Im folgenden Aufsatz erzählt er von einem wichtigen Ereignis in seinem Leben.
Schon als ich klein war, machte es mir Spaß, Basketballspiele von den Profis aus Amerika anzuschauen. Dann meldete ich mich in einem Basketballverein an. Damals war ich erst 12 Jahre alt, aber schon 1,75 m groß. Nach 2 Jahren in unserer Liga wurde ich sogar Wurfkönig. Eines Tages, als ich nach Hause kam, lag auf meinem Schreibtisch ein Brief vom Bayerischen Basketball-Verband. Im Brief stand: „Es wird ein Lehrgang für die Nordbayerische Auswahl veranstaltet. 30 Basketballspieler sind eingeladen. Davon werden nur 12 Spieler angenommen." Ich war begeistert. Es war schon immer mein Traum, in einer Auswahlmannschaft zu spielen. Nun gab es nur noch eins für mich: Basketball. Fast jeden Tag trainierte ich. Ich konnte mich kaum noch im Schulunterricht konzentrieren. Die Tage vergingen schnell. Dann kam der wichtige Tag. Früh um 5 Uhr stand ich auf, machte mein Frühstück, und um 6.30 Uhr ging ich aus dem Haus. Ich war sehr nervös, als ob ein Frosch in meinem Magen herumhüpfen würde. Mit diesen Gefühlen betrat ich die Turnhalle.

Obwohl sich die meisten Spieler kannten, waren sie jetzt fremd miteinander. Sie waren Konkurrenten. In der Turnhalle wärmten sich die Spieler auf. Plötzlich schrillte ein Pfeifenlaut durch die Halle. Alle schauten auf die Trainer. Wir mußten uns sofort in einer Reihe aufstellen, und das Training begann. Obwohl das Training ziemlich schwer war, wurde ich überhaupt nicht müde. Mein Ehrgeiz, in die Auswahlmannschaft zu kommen, steigerte sich immer mehr. Das Training dauerte sechs Stunden. Dann warfen wir uns erschöpft auf den Boden. Mindestens eine halbe Stunde saßen wir so da. Endlich kamen die Trainer in die Halle und nannten die Spieler, die in der Mannschaft mitspielen durften. Unter den 12 Namen wurde auch meiner vorgelesen. Ich konnte es kaum fassen, ich hatte es geschafft. Ich war glücklich, denn meine Träume hatten sich erfüllt. Nun wurden die Geburtsdaten, Adressen, Telefonnummern usw. aufgeschrieben. Jetzt war ich an der Reihe. Ich beantwortete die Fragen des Trainers. Als ich jedoch sagte, daß ich die türkische Staatsangehörigkeit hätte, hörte der Trainer auf zu schreiben. Er sagte: „Es tut mir leid. Wir nehmen keine Ausländer." Das war ein großer Schock für mich. Ich wußte nicht, was ich sagen sollte. Meine Träume waren auf einmal weggewischt. Plötzlich wurde mir bewußt, daß Aussehen, Sprache und Kultur nicht wichtig sind. Ich hatte mich bisher noch nie wie ein Ausländer gefühlt. Für mich war Deutschland immer meine Heimat, denn ich war hier geboren. Aber jetzt fühlte ich mich wie ein Ausländer, und das wird so bleiben.

Seving Ginar studiert heute in Ankara (Türkei). Mit ihren Eltern hat sie lange in Köln gelebt.

Als mein Bruder und ich noch Babys waren, gingen meine Eltern nach Deutschland. Sie wollten dort Geld verdienen und ein besseres Leben haben. Meine Kindheit habe ich in der Türkei bei meinen Großeltern verbracht, getrennt von meinen Eltern. Aber das alles veränderte sich im Jahre 1980. Meine Eltern kamen in die Türkei. Dieses Mal wollten sie mich mitnehmen. Ich freute mich und sagte sofort „ja". Ich hatte aber auch viel Angst. Eine neue Sprache, neue Freunde, ganz verschiedene Menschen, also: eine neue Welt!

Dann war es soweit. Ich mußte meine Großeltern und meinen Bruder, die ich sehr liebte, in der Türkei lassen. Nach drei Tagen mit dem Auto waren wir in Köln. Mein Bruder wollte lieber in der Türkei bleiben.

Die ersten Tage in Deutschland vergingen sehr schnell. Das Einkaufen machte mir viel Spaß. Die Geschäfte verkauften viele verschiedene Lebensmittel. Besonders die Süßigkeiten kann ich nicht vergessen. Am Wochenende gingen wir spazieren oder ins Kino. Nach zwei Wochen sollte ich eine Hauptschule besuchen. Ich kam in eine Vorbereitungsklasse. Dort waren alle Schüler Türken. In einem Jahr schaffte ich es, Deutsch zu lernen. Natürlich nicht so gut wie ein Deutscher. Aber ich konnte etwas verstehen und schreiben. Meine Eltern gingen morgens früh zum Arbeiten. Bis um 18 Uhr mußte ich allein im Haus bleiben. Manchmal ging ich allein spazieren. Ich fürchtete mich aber etwas auf der Straße. Die Menschen und die Straßen waren mir noch fremd. Das änderte sich nach einer Zeit natürlich. Nach einem Jahr besuchte ich die sechste Klasse. Da waren viele deutsche Schüler. Ich mußte doppelt soviel arbeiten wie deutsche Kinder. Bei den Hausaufgaben konnte ich das Wörterbuch nicht aus der Hand lassen. Meine Klassenkameraden waren sehr nett zu mir. Sie sagten keine schlechten Wörter zu mir wie die Kinder von der Straße. Nur die Beziehungen zwischen Jungen und Mädchen waren anders als bei uns in der Türkei. Die deutschen Jugendlichen sind freier. In den Familien gab es eine Arbeitsteilung. Jeder war verpflichtet, seine Arbeit (putzen, kochen, einkaufen) fertig zu machen. Das gefiel mir auch.

So gingen die Jahre vorbei. Wir fuhren jeden Sommer in die Türkei. Wenn wir nach Deutschland zurückfuhren, waren wir sehr traurig. Obwohl das Leben in der Türkei nicht so gemütlich ist wie in Deutschland, liebten wir unsere Heimat. Darum dachten meine Eltern an Rückkehr. Sie hatten 15 Jahre in Köln gelebt. Im Jahr 1984 wurde mein Vater arbeitslos. Die Fabrik machte bankrott und mußte alle Arbeiter entlassen. Da beschlossen meine Eltern, in die Türkei zurückzukehren. Für meine Eltern war es nicht schwierig. Aber mir tat das sehr weh. Ich mußte mich von meiner Lehrerin und meinen Freunden verabschieden. Ich konnte sie vielleicht nie mehr sehen. Ich tauschte mit meinen Freunden Adressen aus. Sie schenkten mir ein Buch, in dem alle unterschrieben hatten. Darüber war ich sehr glücklich. Nach fast einem Monat waren wir in der Türkei. Meine Großeltern und mein Bruder freuten sich sehr. Aber ich war wieder in derselben Situation wie im Jahre 1980: Ich hatte keinen Freund, keine Schule. Alles war mir fremd. Zum Glück hatte ich meine Muttersprache nicht vergessen. Aber auch in der Türkei konnte ich mich einleben und ging wieder in die Schule. Danach bestand ich die Prüfung für die Universität Ankara.

Fremd in Deutschland

NACH DEM LESEN

TEXTARBEIT

A. Schreiben Sie eine kurze Zusammenfassung von Murtats Bericht.

B. Haben Sie sich schon einmal wie ein(e) Ausländer(in) oder wie ein(e) Außenseiter(in) gefühlt, also wie jemand, der nicht dazugehört und der von einer Gruppe ausgeschlossen wird? Schreiben Sie in Stichworten auf, wann und wo das so war. Wie haben Sie sich dabei gefühlt?

C. Fassen Sie Sevings Bericht kurz zusammen.

D. Machen Sie eine Liste von Dingen, die Seving in Deutschland gut fand, und Sachen, die ihr nicht gefielen.

Positiv   **Negativ**

E. Sie haben sicher schon einmal ein anderes Land besucht oder vielleicht sogar schon einmal in einem anderen Kulturkreis gewohnt. Machen Sie eine Liste von den positiven und negativen Eindrücken, die Sie da bekommen haben.

Positiv   **Negativ**

_____   _____
_____   _____
_____   _____
_____   _____

IN DER GRUPPE

A. Erzählen Sie der Gruppe Ihr Erlebnis, als Sie sich wie ein(e) Außenseiter(in) gefühlt haben. Benutzen Sie die Notizen der vorangehenden Übung.

Da Sie in der folgenden Diskussion mit Gegenüberstellungen und Vergleichen arbeiten werden, lernen Sie jetzt ein paar Ausdrücke, die dabei behilflich sind.

> **einerseits ... andererseits**:
>   Beispiel:
>   Einerseits muß ich meine Hausaufgaben machen, aber andererseits möchte ich lieber draußen in der Sonne sitzen und faulenzen.
>
> **auf der einen Seite ... auf der anderen (Seite)**:
>   Beispiel:
>   Auf der einen Seite sagt er, er habe kein Geld, aber auf der anderen (Seite) kauft er jedes Jahr ein neues Auto.
>
> **zwar ..., aber**:
>   Beispiel:
>   Zwar hat der Redner 20 Minuten gesprochen, aber wirklich gesagt hat er eigentlich nichts.

B. Tragen Sie in der Gruppe zusammen, welche positiven und negativen Eindrücke Seving von Deutschland hat. Benutzen Sie die Listen der vorangehenden Übung.

C. Erzählen Sie der Gruppe von den positiven und negativen Eindrücken, die Sie in einem anderen Land hatten. Benutzen Sie die Liste, die Sie bereits aufgestellt haben.

D. Vergleichen Sie Ihre Eindrücke mit denen der anderen Leute in der Klasse. Sind sie ähnlich oder unterschiedlich?

E. Zwei Ausländer, die die USA besucht haben, können mit völlig unterschiedlichen Meinungen von diesem Land in ihre Heimat zurückkommen. Was kann den Eindruck, den man von einem Land bekommt, beeinflussen? Machen Sie in der Gruppe eine Liste aller Variablen der Bedingungen. Denken Sie an Dinge wie Alter, sozialer Status, politische Einstellung des Besuchers, an die Region, die besucht wurde, an verschiedene Gründe für den USA–Besuch usw.

F. Sehen Sie sich noch einmal die Frage in **D.** an. Können Sie jetzt erklären, warum Leute in Ihrer Gruppe vielleicht unterschiedliche Erfahrungen gemacht haben?

SCHREIBEN LEICHT GEMACHT

Eine Gruppe von Leuten aus Ihrer Stadt plant, in ein Land zu fahren, das Sie schon besucht haben. Die Gruppe lädt Sie ein, einen Vortrag über Ihre Erfahrungen dort zu halten. Die Gruppe umfaßt alle Altersstufen von 18 bis 80, die aus allen Schichten und Berufssparten kommen. Der Hauptteil Ihrer Rede soll aus drei Teilen bestehen:

- Zusammenfassung Ihrer Eindrücke
- Kulturelle Unterschiede zwischen Ihrem Land und dem Reiseland
- Dinge, die man als Tourist in dem Land auf jeden Fall sehen, machen, erleben sollte

Mit der Einleitung und dem Schluß sind es dann fünf Teile, die Sie vorbereiten müssen.

In einer Rede ist es noch wichtiger als in einer schriftlichen Arbeit, daß Sie eine gute Gliederung haben, denn Leser können im Gegensatz zu Zuhörern Passagen ein zweites Mal lesen, wenn sie den Zusammenhang verloren haben.

Ein Brainstorming für diese Rede ist natürlich etwas anderes als für einen Aufsatz, da die Struktur der Rede schon vorgegeben ist. Sie können also Ihre Gedankenfetzen gleich in die Struktur einordnen. Machen Sie das jetzt bitte.

Einleitung

Hauptteil

   a. Meine Eindrücke:

_____

_____

_____

_____

   b. Kulturelle Unterschiede:

_____

_____

_____

_____

   c. Sehenswertes und mögliche Unternehmungen:

_____

_____

_____

_____

Schluß

_____

_____

_____

Hier noch zwei Tips, die Sie beachten sollten, wenn Sie eine Rede vorbereiten:

1. Noch wichtiger als in einem Aufsatz ist es in einer Rede, das Publikum gleich zu Beginn, d.h. in der Einleitung zu fesseln. Es gibt zwar kein Patentrezept, wie man das machen kann, aber vielleicht können Sie mit einem Witz oder einer Anekdote beginnen, die in das Thema einführt. Sie können auch mit einer rhetorischen Frage oder einer schockierenden Statistik anfangen ... der Phantasie sind hier keine Grenzen gesetzt.

2. Neben einem klaren Aufbau sind einfache Sätze für das Verstehen der Rede wichtig. Bemühen Sie sich um kurze und einfache Satzkonstruktionen.

Bevor Sie Ihre Rede vortragen, sollten Sie sie einüben. Machen Sie sich Notizen auf kleinen Karteikarten, und benutzen Sie diese beim Vortrag. Nichts ist langweiliger als eine vorgelesene Rede. Nehmen Sie sich selbst auf Kassette auf. Wie hört es sich an?

TEXT 3

JETZT TRAUEN SIE SICH WIEDER

VOR DEM LESEN

A. Bitte beantworten Sie die folgenden Fragen, bevor Sie den nächsten Text lesen.

1. Die Juden und die Deutschen – ein tragisches, ein verbrecherisches Kapitel der deutschen Geschichte. Schreiben Sie ohne langes Überlegen auf, was Ihnen dazu einfällt.

2. Gibt es auch in Ihrem Land Formen von Antisemitismus? Nennen Sie Beispiele.

3. Auch heute noch leben Juden, wenn auch nur sehr wenige, in Deutschland und in Österreich. Können Sie sich vorstellen, welche Gefühle sie wohl bewegen?

B. Beginnen Sie jetzt bitte mit dem Lesen, und beantworten Sie dabei die folgenden Fragen.

1. Dieser Artikel beruht auf einer Diplomarbeit. Wie ist der Titel dieser Arbeit, und wie viele Personen wurden für das Projekt befragt?
   _____50_____

2. Wie viele der Befragten glauben, daß sich die Einstellung der Österreicher zu den Juden in den letzten Jahren verschlechtert hat?
   _____74_____

3. Worin zeigt sich die Angst der Juden konkret?
   _____U-Bahn_____

4. Halten die Juden eine zweite „Endlösung" für möglich oder wahrscheinlich? Wie viele können sie sich vorstellen?
   ____68____-____44____24_____

5. Sind die Juden bereit, Österreich zu verlassen, wenn die Zahl antisemitischer Ausschreitungen zunehmen würde?
   ____Ja-____66_____12_____

„Jetzt trauen sie sich wieder!"
Umfrage unter Wiener Juden über Pogromangst in Österreich

Am Institut für Publizistik- und Kommunikationswissenschaft der Universität Wien entstand eine 157seitige Diplomarbeit unter dem Titel „Antisemitismus in Wien – 50 Jahre nach dem Anschluß. Eine qualitative Analyse des antisemitischen Vorurteils aus jüdischer Sicht". Angeregt und wissenschaftlich betreut wurde die Arbeit von Professor Maximilian Gottschlich. Die Autorin Rolanda Walloch-Cherbes befragte 50 Personen, die repräsentativ aus den insgesamt 5954 bei der Wiener Kultusgemeinde registrierten Juden ausgewählt wurden. Auszüge der bislang unveröffentlichten Untersuchung:

Grundlage für den Aufbau von Angstgefühlen bei der jüdischen Minderheit in Wien sind in erster Linie Umwelt- und Medien-Wahrnehmungen, die als bedrohliche Hinweise für eine bevorstehende „Klimaverschärfung" gewertet werden.

Eine Frage bezieht sich darauf, ob die Befragten glauben, daß – ausgelöst durch die Ereignisse der letzten Jahre – die Bereitschaft der Österreicher zu „massiven Ausschreitungen

Jüdische Familie in Wien: „Unsere Sache ist verloren"

gegen Juden" eher gestiegen oder geschwunden ist.

Das Ergebnis: Drei Viertel der Befragten gehen davon aus, daß das Aggressionspotential der Österreicher gegenüber dem „Sündenbock Jude" gestiegen ist, wobei 44 Prozent meinen, daß „massive Maßnahmen" gegen Juden drohen, und 30 Prozent, daß „weniger massive Maßnahmen" der Österreicher bevorstehen. Nur 20 Prozent der Interviewten glauben, daß sich die „Aktionsbereitschaft" der Österreicher nicht gesteigert hat.

Dazu typische Zitate:

> Eine große Illusion der Kultusgemeinde, nämlich, daß die Österreicher ausgetauscht worden sind und wir seien dieselben geblieben, hat sich ja jetzt als Illusion rausgestellt. Ja, es ist genau umgekehrt: Unsere Sache ist verloren, und die Österreicher sind die gleichen geblieben! Es gibt nur deswegen kein neues Pogrom, weil dazu zu wenig Juden da sind! Ich möchte jetzt nicht in den Wirtshäusern am Land sitzen, als Jude erkannt!

> Ja, diese (Bereitschaft, gegen Juden etwas zu unternehmen) ist eindeutig gestiegen ... früher hätten sie (die Österreicher) es vielleicht gerne getan, trauten sich aber nicht. Jetzt trauen sie sich wieder!

Die Gruppe der befragten Wiener Juden, die eine Zunahme massiver antisemitischer Maßnahmen in nächster Zukunft erwartet, vermutet auch eindeutig negativere österreichische Assoziationen zum Schlagwort „Jude".

Geht man diesem Ergebnis weiter nach, so zeigen die Antworten der Befragten, daß sich die Ängste der Wiener Juden nicht nur auf eine ungewisse Zukunft beziehen, sondern im Gegenteil schon jetzt zum jüdischen Alltag zu rechnen sind. Ein Beispiel: Nur 10 Prozent der befragten Wiener Juden haben keine Angst, U-Bahn zu fahren, unter der Voraussetzung, daß sie als Jude „erkennbar" wären! 64 Prozent aller Interviewten haben „grundsätzlich" Angst, in Wien U-Bahn zu fahren, 26 Prozent geben an, es würde von „den Umständen abhängen", ob sie Angst hätten oder nicht, als Jude U-Bahn zu fahren!

Die aus jüdischer Sicht wohl ausgeprägteste und extremste Form der Angst stellt die Vorstellung eines nochmaligen Versuches einer „Endlösung" dar. Inwiefern diese Vorstellung als vollkommen unrealistisch angesehen werden kann oder aber als denkbare, mögliche oder gar wahrscheinliche Zukunftsentwicklung betrachtet wird, zeigen die Antworten auf die Frage: „Könnte es Ihrer Meinung nach noch einmal den Versuch zu einer ‚Endlösung' der ‚Judenfrage' geben, oder schließen Sie eine solche Möglichkeit aus?"

Die Antworten: 44 Prozent aller Befragten geben an, daß sie den neuerlichen Versuch zu einer systematischen Vernichtung des Judentums für „gewiß" oder „wahrscheinlich" halten, weitere 24 Prozent halten einen zweiten Holocaust für „zumindest möglich", und nur 30 Prozent sind der Ansicht, daß es sich bei der nationalsozialistischen Judenvernichtung um eine historisch „einmalige" Menschheitskatastrophe gehandelt hat.

Die Angst vor einer „neuen" Endlösung, das heißt die Angst, von der Vergangenheit auch in Zukunft eingeholt zu werden, haben in erster Linie die Angehörigen der jüngeren Generation, das heißt die nach 1945 Geborenen.

Nur mehr ein logischer Schritt weiter in dieser Situation ist aus jüdischer Sicht der Entschluß, Österreich zu verlassen.

Frage: „Würden Sie – zum Beispiel im Fall der Zunahme antisemitischer Ausschreitungen – Österreich verlassen, oder schließen Sie eine solche Entscheidung eher aus?" Das Ergebnis: 66 Prozent aller Befragten würden Österreich ohne jedes Zögern verlassen, weitere 12 Prozent halten diesen Schritt für „zumindest möglich"!

Dazu zwei typische Stellungnahmen:

> Ich bin die ganze Zeit am Überlegen, wann ich Österreich verlassen soll, ob ich quasi den richtigen Zeitpunkt erwische!

> (Österreich verlassen?) Ja, natürlich ... denn wir hätten unter diesen Umständen in Wien schon gestern gehen müssen. Gestern war früher und nicht zu spät.

NACH DEM LESEN

TEXTARBEIT

A. Unterstreichen Sie alle Passagen im Text, die die Gefühle der Juden in Österreich ausdrücken.

B. Wie fühlen sich die Juden in Österreich? Benutzen Sie die unterstrichenen Textteile, um diese Frage zu beantworten.

_____

_____

_____

_____

C. In diesem Text ist von dem „Sündenbock Jude" die Rede. Was versteht man unter einem „Sündenbock"?

_____

_____

_____

Jetzt trauen sie sich wieder

D. Gibt es in Ihrem Land auch „Sündenböcke" für irgendwelche Probleme? Welche Leute oder Gruppen von Leuten sind das?

_____

_____

_____

IN DER GRUPPE

A. Manche denken jetzt vielleicht, daß die befragten Juden zu extrem reagieren. Was könnte man diesem Argument entgegenhalten?

B. Die „Endlösung" war ein Genozid, der in der Geschichte beispiellos war und ist. Doch Genozide hat es auch in anderen Ländern und zu anderen Zeiten gegeben. In Ihrem Land auch? Diskutieren Sie.

C. Gab oder gibt es in Ihrem Land auch Situationen, in denen man Sündenböcke für alle Probleme suchte oder sucht? Wer waren oder sind diese Leute?

D. Nicht immer werden diese Sündenböcke so drastisch verfolgt wie die Juden in Deutschland – auch im täglichen Leben kann man in eine solche Situation geraten. Waren Sie schon einmal in der mißlichen Lage, daß man Sie für etwas verantwortlich machte? Erzählen Sie.

SCHREIBEN LEICHT GEMACHT

Schreiben Sie einen Leserbrief an Ihre Lokalzeitung. Sie haben bemerkt, daß Leute in Ihrer Stadt für Dinge verantwortlich gemacht werden, mit denen sie nichts zu tun haben. Sie finden das nicht richtig und wollen die Öffentlichkeit darauf aufmerksam machen. (Denken Sie daran, was Sie schon über das Schreiben von Leserbriefen gelernt haben.)

_____

_____

_____

_____

_____

_____

_____

_____

TEXT 4

PRAKTISCH LEERGEFEGT

VOR DEM LESEN

A. Sehen Sie sich das Foto und den fettgedruckten Vorspann des nächsten Textes an.

1. Wie stellen Sie sich das Leben dieser Aussiedler vor?

   _____
   _____
   _____

2. Denken Sie, daß es in Ihrem Land Bevölkerungsgruppen gibt, die unter ähnlichen Bedingungen leben? Wer könnte das sein?

   _____
   _____
   _____

B. Lesen Sie jetzt bitte den Text, und beantworten Sie die folgenden Fragen.

1. Warum kamen plötzlich Ende der 80er Jahre so viele Aussiedler aus der Sowjetunion nach Deutschland?

   _____
   _____
   _____

2. Aus welchen anderen Ländern kamen und kommen Aussiedler?

   _____
   _____
   _____

3. Was ist das größte Problem für Aussiedler in Deutschland?

   _____
   _____
   _____

Praktisch leergefegt

4. Mit welchen weiteren Problemen werden sie konfrontiert?

_____

_____

_____

5. Wie reagieren viele Deutsche auf Aussiedler?

_____

_____

_____

6. Wie könnte man das größte Problem der Aussiedler lösen?

_____

_____

_____

7. Glauben Sie, daß dieses Problem schnell gelöst werden wird? Geben Sie eine Begründung für Ihre Meinung aus dem Text.

_____

_____

_____

AUSSIEDLER

Praktisch leergefegt

Der Zustrom deutschstämmiger Aussiedler aus dem Osten bricht derzeit alle Rekorde. Städte und Gemeinden können kaum noch Unterkünfte anbieten.

Der sowjetische Parteichef Michail Gorbatschow ist schuld, daß der Möglinger Heimleiter Johann Jung zur Zeit regelmäßig Überstunden machen muß. Bis zu elf Stunden täglich ackert der Exilrumäne in der Flüchtingssiedlung nahe dem schwäbischen Städtchen Ludwigsburg, auch am Wochenende steht er für seine knapp 600 Schützlinge bereit. „Manchmal", gesteht er, „bin ich ganz schön geschafft."

Wie Jung ergeht es gegenwärtig den meisten Managern von Aussiedlerunterkünften im Bundesgebiet. Weil die sowjetischen Landesgrenzen im Zeichen der Perestroika für deutsche Auswanderer plötzlich weit geöffnet sind, herrscht in den Aufnahmelagern für Ostflüchtinge drangvolle Enge.

Bereits im vergangenen Jahr strömten knapp 15 000 Rußlanddeutsche in die Bundesrepublik, 19mal soviel wie 1986. Bis Mai dieses Jahres trafen noch einmal rund 12 000 Spätheimkehrer aus der Sowjet-Union ein, mehr als je zuvor in einem solchen Zeitraum.

Auch die Zahl der Zuwanderer aus Polen und Rumänien ist, wegen der schlechten Wirtschaftslage in diesen Ländern, sprunghaft angestiegen. Fast 80 000 Aussiedler meldeten sich im vergangenen Jahr bei den Grenzdurchgangslagern in Friedland und Nürnberg, ein Drittel mehr als 1986. Zum Ende dieses Jahres rechnet die Bundesregierung mit einem neuen Rekord: Bis zu 160 000 Aussiedler aus dem Ostblock werden erwartet.

Schon jetzt sind die Unterkünfte in Städten und Gemeinden überfüllt. In Düsseldorf zum Beispiel wurde eine ehemalige Schule notdürftig mit Hartfaserplatten unterteilt und als Ausweichquartier hergerichtet. Andere Aussiedler nächtigen auf ausgedienten Kirmesplätzen in Containern.

Thema 3

Düsseldorfer Container-Unterkunft: „Mit dem Rücken zur Wand"

„Wir stehen mit dem Rücken zur Wand", klagt Reinhold Spaniel vom Düsseldorfer Sozialdezernat.

In Freiburg sollen demnächst 170 Asylbewerber aus Nicht-Ostblock-Ländern der Konkurrenz weichen und in andere Unterkünfte verlegt werden. Im Berliner Durchgangslager Marienfelde wurden Aufenthaltsräume mit Notbetten vollgestellt. Der Senat erwägt, das ehemalige AEG-Firmengebäude am Hohenzollerndamm in ein Aussiedlerheim umzuwandeln.

Baden-Württembergs Innenminister Dietmar Schlee (CDU) würde für die Ostheimkehrer am liebsten eine neue Stadt, ähnlich wie die nach dem Krieg entstandene nordrhein-westfälische Vertriebenengemeinde Espelkamp, aus dem Boden stampfen. „Es muß ja nicht in Boxberg sein", ulkt der Ressortchef, wo Daimler-Benz und das Land mit dem Großprojekt einer Teststrecke gescheitert waren.

Viele Kommunen behelfen sich mit Notquartieren in Hotels und Pensionen. Allein in Baden-Württemberg sind gegenwärtig rund 3000 Aussiedler in Fremdenzimmern untergebracht. Für Kost und Logis bezahlt die Landesregierung jeden Monat fast drei Millionen Mark.

Dennoch sind die Behörden froh über jeden Gastwirt, der bereit ist, Aussiedler aufzunehmen. „Das ist uns immer noch lieber", meint Wolfgang Stemmler vom Stuttgarter Innenministerium, „als die Leute in Container zu stecken."

Nicht nur die Unterbringung der Immigranten stellt die Behörden vor ungeahnte Probleme. Nur wenige Zuwanderer – fast die Hälfte der Aussiedler ist nicht älter als 25 – sprechen deutsch, sie müssen intensiv betreut werden. Dafür aber fehlt den Gemeinden, die unter den stetig steigenden Ausgaben für die Sozialhilfe leiden, das Geld.

Schon jetzt haben sich in vielen Flüchtlingssiedlungen, im Volksmund verächtlich „Klein-Rußland" oder „Klein-Rumänien" genannt, jugendliche Aussiedlergangs gebildet. Im Pforzheimer Stadtteil Haidach kämpft eine Bürgerinitiative gegen den Zuzug von weiteren rund 1000 Aussiedlern.

Die Anwohner stört nicht nur, daß sich ihre Nachbarn gegen die neue Umgebung abschotten. Viele neiden den Aussiedlern auch Privilegien, die sie, anders als Asylbewerber und viele Einheimische, genießen.

So erhalten zum Beispiel Ostblock-Flüchtlinge mit deutscher Abstammung zinsgünstige Darlehen für Wohnungsbau und Möbel. Wer keinen Job findet, hat sofort Anrecht auf Arbeitslosenunterstützung. Außerdem bekommen ehemalige Häftlinge als Entschädigung bis zu 15 000 Mark.

Praktisch leergefegt

Vor allem polnische Ausreisewillige, die keine deutsche Groß- oder Urgroßmutter vorweisen können, versuchen daher, den begehrten Aussiedlerstatus mit gefälschten Papieren zu ergattern (SPIEGEL 14/1988). Beamte in Hamburg schätzten, daß für solche Zuwanderer allein in der Hansestadt über 200 Millionen Mark ausgegeben werden mußten.

Das schadet auch den tatsächlich Verfolgten, die bei der Wohnungssuche die illegale Konkurrenz zu spüren bekommen. „Da der Wohnungsmarkt in den Ballungsgebieten praktisch leergefegt ist", klagt Norbert Backhausen vom Düsseldorfer Sozialministerium, „ist es fast unmöglich geworden, die Leute auf Dauer unterzubringen."

In Stuttgart etwa stehen derzeit 4000 Wohnungssuchende in der Notfallkartei. Düsseldorf braucht dringend 6000 preisgünstige Wohnungen. Im Großraum München warten sogar 18 000 Bewerber auf eine billige Bleibe. „Was glauben Sie, was los wäre", meint Backhausen, „wenn wir in dieser Situation die Aussiedler bevorzugen würden?"

Langfristige Abhilfe könnten nur zusätzliche, öffentlich finanzierte Wohnungen schaffen. Weil Länder und Gemeinden „die Versorgung der Aussiedler mit Wohnraum nicht mehr allein bewerkstelligen" könnten, forderte Schlee seinen Bonner Kollegen Friedrich Zimmermann (CSU) auf, „die Bundesfinanzhilfen für den Wohnungsbau wesentlich zu verstärken". Hessen und Nordrhein-Westfalen unterstützen den Vorstoß.

Doch die Bonner Regierung ließ die Länder in der Kabinettssitzung am Mittwoch voriger Woche schon zum zweiten Mal abblitzen. Denn Bundesfinanzminister Gerhard Stoltenberg, wegen der geplanten Steuerreform in Finanznöten, will gerade beim öffentlichen Wohnungsbau kräftig sparen.

Um Zeit zu gewinnen, sollen Zimmermann und sein CSU-Kollege Oscar Schneider vom Wohnungsbauministerium zunächst mit den Bundesländern verhandeln. „Die Frage ist viel zu wichtig", vertröstete Bundeskanzler Helmut Kohl die Ministerpräsidenten, „als daß wir schnell entscheiden könnten."

NACH DEM LESEN

TEXTARBEIT

A. Gliedern Sie den Text bitte in seine logischen Einheiten, und suchen Sie passende Überschriften für jede Einheit.

_____

_____

_____

_____

_____

B. Schreiben Sie eine Zusammenfassung des Artikels.

_____

_____

_____

_____

_____

TEXTBESCHREIBUNG

Sie haben bereits Inhaltsangaben zu verschiedenen Texten verfaßt. Zweck einer Inhaltsangabe ist es, sich vom genauen Wortlaut des Textes zu lösen, aber gleichzeitig ein genaues Textverständnis zu entwickeln. Dieses Textverständnis ist der erste Schritt zu einer Textbeschreibung, die mehr ist als eine bloße Wiedergabe des Inhalts.

Eine Textbeschreibung umfaßt mehrere Arbeitsschritte:

1. die Wiedergabe des Inhalts (das haben Sie schon mehrfach geübt)

2. die Analyse der Textstruktur und der Wortwahl

3. das Erkennen der Absicht des Autors

4. die persönliche Auseinandersetzung mit dem Text

In diesem Thema werden Sie diese Schritte anwenden. Sie werden sich dabei mit den folgenden drei Textsorten auseinandersetzen:

- informierende Texte (Nachricht, Bericht)
- kommentierende Texte (Kommentar, Glosse)
- appellierende Texte (Leserbriefe, Aufrufe, Flugblätter, Werbung)

Von informierenden Texten erwarten wir immer ein großes Maß an Sachlichkeit und Objektivität. Allerdings muß man auch mit einer gewissen Parteilichkeit und Subjektivität des Verfassers oder der Verfasserin rechnen.

Um einen Text, auch einen informierenden, erfassen zu können, ist es also notwendig zu prüfen, welche Absicht er verfolgt, und für wen er geschrieben wurde.

C. Untersuchen Sie alle Wörter, die von einer objektiven Beschreibung des Sachverhalts abweichen und die subjektive Meinung des Autors zum Ausdruck bringen. Es kann sich dabei um einzelne Wörter oder um ganze Textpassagen handeln.

_____

_____

_____

D. Sehen Sie sich noch einmal alle unterstrichenen Textstellen an. In welche Richtung will der Autor die Leser lenken?

_____

_____

_____

Praktisch leergefegt

IN DER GRUPPE

A. In Deutschland herrscht Wohnungsnot. Warum dauert es gerade in Deutschland so lange, neuen Wohnraum zu schaffen? (Es gibt viele Faktoren!)

B. Welche Möglichkeiten gibt es generell, die Integration von Ausländern in die Gesellschaft zu beschleunigen? Denken Sie dabei nicht nur an Deutschland, sondern auch an Ihr eigenes Land.

C. Schauen Sie sich die folgende Karikatur an. Beschreiben und interpretieren Sie sie.

Die Tageszeitung

SCHREIBEN LEICHT GEMACHT

Versuchen Sie nun, eine Textbeschreibung zu verfassen. Schreiben Sie eine kurze Version des Artikels „Praktisch leergefegt". Sie soll keinerlei subjektive Untertöne haben, sondern wirklich nur Fakten enthalten.

TEXT 5

DAS SCHANDMAL DES FREMDENHASSES

VOR DEM LESEN

A. Beantworten Sie die folgenden Fragen, bevor Sie den nächsten Text lesen.

1. Die Überschrift des Textes enthält die Begriffe „Fremdenhaß" und „Schandmal". Erklären Sie, was die Kombination der beiden Begriffe bedeuten könnte.

   _____
   _____

2. Schreiben Sie in wenigen Stichwörtern, was Sie von diesem Text erwarten.

   _____
   _____
   _____
   _____

3. Gibt es auch in Ihrem Land Ausländerhaß? Geben Sie Beispiele dafür. (Bedenken Sie, daß der Begriff „Ausländer" in den USA nicht unbedingt das gleiche bedeutet wie in Deutschland. In Deutschland ist es schwieriger, eingebürgert zu werden, d.h. man ist länger Ausländer als in den USA.)

   _____
   _____
   _____
   _____

Das Schandmal des Fremdenhasses

B. Lesen Sie jetzt bitte den Text und versuchen Sie dabei, die folgenden Fragen zu beantworten.

1. Hoyerswerda, Honnef, Hünxe, Brühl und Brandenburg – alles Orte in Deutschland. Welche besondere Bedeutung haben sie im Zusammenhang mit unserem Thema?

   _____
   _____
   _____

2. Was ist die Reaktion von 34% der deutschen Bevölkerung auf „rechtsradikale Tendenzen"?

   _____
   _____
   _____

3. Wie reagieren Obrigkeit, Parteien und Intellektuelle auf die Anschläge?

   _____
   _____
   _____

4. Welche Gruppen haben sich explizit gegen Fremdenfeindlichkeit ausgesprochen?

   _____
   _____
   _____

5. Was war die Reaktion des Bundeskanzlers?

   _____
   _____

6. Auch in anderen europäischen Ländern hat es Ausschreitungen gegen Ausländer gegeben. Warum wird Deutschland dann stärker kritisiert als alle anderen?

   _____
   _____
   _____

7. Wie wird der Fremdenhaß oft entschuldigt?

   Im Osten: _____
   _____
   _____
   _____

   Im Westen: _____
   _____
   _____
   _____

8. Der Autor des Artikels nennt drei Dinge, die in dieser Situation notwendig sind. Welche sind das?

   a. _____
   _____

   b. _____
   _____

   c. _____
   _____

9. Deutschland wird in diesem Artikel als „große Völkermühle" bezeichnet. Was versteht man darunter? Welche Beispiele liefert der Artikel?

   _____
   _____
   _____

10. Der Autor spricht davon, daß es „nicht nur Schande über Deutschland, sondern Verarmung" brächte, wenn wir Ausländer aus Deutschland heraushalten würden. Was meint er damit?

    _____
    _____
    _____

Das Schandmal des Fremdenhasses **99**

THEO SOMMER

Das Schandmal des Fremdenhasses

Scham genügt nicht: Die Ausländer brauchen unseren Schutz

Schande über Deutschland: Die feigen Anschläge auf Ausländerunterkünfte – in diesem Jahr schon über 200 – nehmen kein Ende. Auf Hoyerswerda, wo der Rechtsstaat angesichts der rüden Randalierer schwächlich Kopf und Krallen einzog, folgten Honnef und Hünxe, Empfingen und Eisenhüttenstadt, Brühl und Brandenburg.

Schande über Deutschland: Die Stammtische schwelgen in klammheimlichem Einverständnis – 34 Prozent der Deutschen haben nach einer Emnid-Umfrage „Verständnis für rechtsradikale Tendenzen, die das Ausländerproblem hat aufkommen lassen". In der Redaktionspost mehren sich Briefe: „Wie würden Sie reagieren, wenn neben Ihrer Wohnung eine Asylantenunterkunft für Zigeuner, Afrikaner u. a. m. eingerichtet würde? Wenn Sie den entsetzlichen Lärm, den diese Leute fast rund um die Uhr machen, ertragen müßten? Dazu den Gestank des Mülls, der von ihnen einfach irgendwo hingeworfen wird?"

Schande über Deutschland: Die Obrigkeit windet sich in Verlegenheit. Die Parteien drehen sich in ihrer Diskussion über das Asylrecht tumb im Kreise. Unsere Intellektuellen, sonst immer rasch dabei, ein Panier zu ergreifen und es auf Barrikaden zu pflanzen, verharren zum größten Teil in erschrockener Sprachlosigkeit. Die Leute aber, die das Mitgefühl auf die Straße treibt, wenn ein kleines Mädchen in Hamburg einem Auto-Raser zum Opfer fällt – manifestieren sie etwa für die achtjährige Zeinab Saado, der drei junge Burschen in Hünxe einen Brandsatz ins Bett schleuderten und die nun mit schweren Verbrennungen in einem Hamburger Krankenhaus liegt?

Es hat eine Reihe von Demonstrationen gegen die Fremdenfeindlichkeit gegeben; Gott sei Dank. Einige Verbände und gesellschaftliche Gruppen haben Betroffenheit geäußert, einzelne Kirchenführer und Gewerkschaftler zu mitmenschlicher Solidarität aufgerufen. Hier und dort stehen bekümmerte und beschämte Deutsche Wache vor Ausländerunterkünften. Der Bundespräsident hat zwei Wohnheime besucht, um „klar zu zeigen", daß er „bei den Ausländern ist". Deren Menschenwürde zu achten, hatte er die Deutschen schon in seiner Rede zum 3. Oktober gemahnt.

„Wir wollen ein Zeichen setzen", erklärten die Rohlinge von Hünxe ihren Brandanschlag. Die Regierung, so scheint es, will das schreckliche Zeichen nicht wahrnehmen. Gewiß, Achtung und Toleranz gegenüber den ausländischen Mitbürgern forderte auch der Bundeskanzler am Tag der Einheit. Er tat es freilich nach der Devise, die seine ganze Regierungszeit bestimmt: Red immer Treu und Üblichkeit. „Deutschland ist ein ausländerfreundliches Land und wird es bleiben" – der Satz hätte nach den

Ausschreitungen der jüngsten Zeit dringend der differenzierenden Ergänzung bedurft. So versäumte der Kanzler eine Chance.

Pflicht zur Toleranz

Er machte keinerlei Andeutung, daß etwas faul ist im Staate Deutschland. Auch unternahm er keinen Versuch, den Fremdenhassern ins Gewissen zu reden. „Energisches Handeln unseres Rechtsstaates ist dringend geboten" – der Satz galt mitnichten den Brandstiftern, Messerstechern und Schlägern; er war ausschließlich auf die Absicht gemünzt, „alles in meiner Macht Stehende zu tun, damit dem Mißbrauch des Asylrechts so schnell wie möglich ein Ende gesetzt wird". Wo blieb das Versprechen, alles zu tun, damit auch der Welle der Gewalt ein Ende gesetzt wird? Es unterblieb. Kein Wunder, daß der Friedensnobelpreisträger Elie Wiesel bitter klagen konnte: „Ich habe von Kohl keine Stellungnahme gehört, die klar und menschlich genug wäre, dem Haß gegen Ausländer den Boden zu entziehen."

Elie Wiesel ist nicht der einzige jenseits unserer Grenzen, der sich über den zerstörerischen – und selbstzerstörerischen – Fremdenhaß in Deutschland Sorgen macht. Überall schießt wieder der Verdacht ins Kraut, daß wir unsere Vergangenheit bloß verdrängt haben, aber nicht wirklich verarbeitet; daß uns noch immer das Verlangen nach dem Ariernachweis bis in den großen Zeh der Ururgroßmutter quält; daß der Schoß noch fruchtbar ist, aus dem einst die Mörder von Auschwitz krochen. Viele Nachbarn fragen bang: „Ist ein Rückfall in die Barbarei ganz ausgeschlossen?"

Da mögen wir tausendmal darauf hinweisen, daß es Ausländerfeindlichkeit auch anderswo gibt. Das stimmt gewiß. In England werden immer wieder Wohnungen von Pakistanis oder Jamaikanern in Brand gesteckt; in Frankreich gibt es andauernd Mord und Totschlag an Einwanderern aus dem Maghreb; immer wieder erschüttern Rassenunruhen viele europäische Großstädte. Aber wir Deutsche haben eine Vorgeschichte massenmörderischen Rassendünkels, die jeden Vergleich mit der Lage in anderen Ländern unweigerlich in die Einsicht münden lassen muß, daß wir in weit höherem Maße in der Pflicht zur Toleranz stehen als irgend jemand sonst.

Wir mögen uns auch immer wieder auf die besonderen Umstände hinausreden, in denen sich Deutschland seit seiner Wiedervereinigung befindet. Im Osten: daß die Saat des Fremdenhasses unter dem real existierenden Sozialismus mit seiner verordneten Völkerfreundschaft ausgebracht wurde; daß der Rechtsextremismus die unvermeidliche Reaktion auf die linke Herrschaft ist; daß unter denen, die nach der Wende keine Lebensperspektive für sich sehen, die Ablehnung der Fremden eine erklärliche Folge ist. Im Westen: daß wir mit fünf Millionen Ausländern die Grenze unserer Aufnahmefähigkeit erreicht haben; daß wir mit fünf Milliarden Mark jährlich für Asylbewerber an der Grenze unserer finanziellen Leistungsfähigkeit angelangt sind; daß die herrschende Wohnungsnot uns verbietet, eine ausreichende Zahl von Gästezimmern bereitzustellen. Das sind alles gewichtige Argumente, wo es um die Frage geht, wie viele Ausländer bei uns leben können. Sie entschuldigen aber nie und nimmer die brutalen Übergriffe der vergangenen Wochen.

Schließlich mögen wir auch immer wieder sagen, daß nur eine Minderheit bei uns sich dem Fremdenhaß ergibt – und daß nur eine Minderheit der bei uns lebenden Ausländer zu dessen Zielscheibe geworden ist. Beides ist richtig. Doch hinter den Schlägern steht mit schiefem Blick auf die Ausländer ein Drittel der Deutschen, grienend, grölend und applaudierend, wenn die Steine fliegen. Und wer weiß schon, wo einmal endet, was mit „Neger aufklatschen" beginnt, wie dies in Hoyerswerda hieß? Zum Wesen des Pogroms gehört es, daß aus einer kleinen Zündelei ein Flächenbrand entstehen kann. Da müssen wir allen Pyromanen rechtzeitig das Handwerk legen.

Protest statt Schweigen

„Wir gehen auf sehr dünnem Eis", sagt die designierte Ausländerbeauftragte Cornelia Schmalz-Jacobsen. In dieser Situation tut dreierlei not.

Zum ersten muß der Rechtsstaat sich ermannen. Er muß sich so organisieren, daß die Fremden ohne Angst bei uns leben können. Als es darum ging, Gesetzesbruch an der Hamburger Hafenstraße, in Wackersdorf oder an der Startbahn West in Frankfurt zu verhindern, wurden Tausende von Polizisten und Bundesgrenzschützern durch die ganze Republik gekarrt. Der Staat zeigte Präsenz und Muskel. Jetzt glänzt er zu oft durch Abwesenheit – als seien die Adressen der Ausländerwohnheime den Behörden gänzlich unbekannt. Das muß anders werden. Der Bundesgrenzschutz fände dabei eine nützliche neue Aufgabe.

Zum zweiten muß sich das weitherzige Deutschland gegen das engstirnige mobilisieren. Es gibt mehr anständige Deutsche als unanständige; mehr Leute, die sich ob der jüngsten Übergriffe schämen, als solche, die darüber frohlocken. Sie müssen sich zusammentun: an Runden Tischen gegen die Kneipentische; in Bewegungen wie der französischen „SOS Racisme" mit ihrem zu Herzen gehenden Slogan „*Touche pas à mon pote*" – Laß meinen Kumpel in Ruhe; in Mahnwachen, Protestgruppen, Beratungsstellen. Die Mehrheit darf nicht länger schweigen.

Zum dritten müssen die Politiker aufhören, zumal auf der Rechten, die Asyldebatte so zu führen, daß dabei die Fremdenfeindlichkeit genährt wird. Statt dessen sollten sie daran erinnern, daß wir Ausländer nicht nur dulden müssen, sondern daß wir sie brauchen. Sie leeren längst nicht mehr bloß unsere Mülltonnen: Sie bauen unsere Autos, leisten die „deutsche Wertarbeit", sie sichern unsere Renten (Zahlungen ausländischer Arbeitnehmer

Protestmarsch gegen Ausländerfeindlichkeit.

120 an die Rentenversicherung 1990: 12,8 Milliarden Mark; Bezüge lediglich 3,7 Milliarden). In zehn Jahren werden wir angesichts sinkender Geburtenzahlen schon wieder Anwerbestellen im Ausland eröffnen müssen, um unsere Wirtschaft in Gang zu halten.

Natürlich läßt sich nicht alles Elend dieser Erde beheben, indem wir ein-
125 fach die Einwanderungsschleusen öffnen. Aber abschotten können wir uns auch nicht einfach von dem, was auf unserem Planeten geschieht. Wir dürfen es auch nicht. Immer sind wir die „große Völkermühle", die „Kelter Europas" gewesen. Carl Zuckmayer hat es in „Des Teufels General" hinreißend beschrieben. „Da war ein römischer Feldhauptmann ... Und dann
130 kam ein griechischer Gewürzkaufmann ... Und dann kam ein griechischer Arzt dazu, oder ein keltischer Legionär, ein Graubündner Landsknecht, ein schwedischer Reiter, ein Soldat Napoleons, ein desertierter Kosak ... ein böhmischer Musikant. Und der Goethe, der kam aus demselben Topf, und der Beethoven, und der Gutenberg und der Matthias Grünewald ... Die
135 Besten der Welt! Und warum? Weil sich die Besten dort vermischt haben."

Ein blonder bayerischer Politiker wie Edmund Stoiber mag dies eine „durchrasste Gesellschaft" nennen. Wollten wir uns nach seinen Rezepten richten – wir brächten nicht nur Schande über Deutschland, sondern Verarmung.

Das Schandmal des Fremdenhasses

NACH DEM LESEN

TEXTARBEIT

Beantworten Sie die folgenden Fragen.

1. Handelt es sich bei diesem Artikel um einen objektiven Text, oder hat er subjektive Untertöne?

   _____

2. Woran haben Sie das erkannt?

   _____
   _____

3. Welche Absicht verfolgt der Autor wohl mit diesem Text?

   _____
   _____
   _____

IN DER GRUPPE

A. Die USA sind ein klassisches Einwanderungsland und haben eine lange Tradition der Integration von Ausländern. Lange Zeit sprach man von den USA als einem *melting pot* der Rassen und Nationen. Heute hört man oft den Begriff *tossed salad*, d.h. die USA werden nicht als wirkliche Mischung, sondern mehr als ein Nebeneinander von Gruppen gesehen. Machen Sie als Gruppe zwei Listen, eine mit Argumenten, die die *melting pot* – Theorie unterstützen, eine, die die *tossed salad* - These belegt.

Melting pot	*Tossed salad*
_____	_____
_____	_____
_____	_____
_____	_____
_____	_____

B. Was sollten die USA Ihrer Meinung nach sein – *melting pot* oder *tossed salad*? Begründen Sie Ihre Meinung.

C. Deutschland wird – ob die Deutschen es wollen oder nicht – zum Einwanderungsland. Diskutieren Sie die Vor- und Nachteile.

D. Sehen Sie sich die folgende Karikatur an. Der Witz hat mehrere Ebenen. (Tip: Eine Ebene hat damit zu tun, was man als „Ausländerdeutsch" bezeichnen könnte.) Interpretieren Sie die Karikatur.

[Karikatur: Zwei Figuren — eine weiße Figur sagt „DU SCHWARZ", eine schwarze Figur antwortet „ICH WEISS"]

Zeichnung: Brösel, © Semmel-Verlach

E. Lesen Sie den folgenden Witz. Was ist die Pointe?

> **EIN WITZ**
>
> Eine Frau aus der ehemaligen DDR hatte zum ersten mal die Chance, nach Italien zu reisen. Nach der Rückkehr aus dem Urlaub fragt eine Freundin, wie es ihr gefallen habe. Sie antwortet: „Eigentlich sehr gut. Aber es gibt da leider zu viele Ausländer."

SCHREIBEN LEICHT GEMACHT

Sie sind Austauschstudent(in) in Deutschland und belegen einen Soziologiekurs. Sie als Amerikaner(in) werden gebeten, einen Vortrag zu halten mit dem Thema „Einwanderung in die USA – was die Deutschen aus den amerikanischen Erfahrungen lernen können". (Beachten Sie, was Sie über das Schreiben von Reden gelernt haben.)

Das Schandmal des Fremdenhasses

TEXT 6

NACH RECHTS DAVONGELAUFEN

VOR DEM LESEN

A. Beantworten Sie die folgenden Fragen, bevor Sie den Text lesen.

1. Der folgende Artikel behandelt das Thema „Rechtsradikalismus in Deutschland". Insbesondere beschäftigt er sich mit jungen Neonazis. Was ist ein Neonazi? Was fällt Ihnen spontan zu dem Thema ein? Machen Sie sich Notizen.

   _____
   _____
   _____

2. Haben Sie selbst Erfahrungen mit Neonazis oder Skinheads gehabt? Erzählen Sie!

   _____
   _____
   _____

B. Beantworten Sie die folgenden Fragen, während Sie den Text lesen.

1. Welche unterschiedlichen Wege, mit Neonazis umzugehen, schlagen linke Gruppen und SozialarbeiterInnen vor?

   _____
   _____
   _____

2. Wie viele Jugendliche in Dresden, Berlin und Bremen zeigen rechtsradikale Tendenzen?

   _____
   _____
   _____

3. Warum kritisiert dieser Text die Sozialarbeit in der früheren Bundesrepublik?
   _____
   _____
   _____

4. Warum haben Sozialarbeiter im Westen Probleme, sich mit rechtsgerichteten Jugendlichen auseinanderzusetzen?
   _____
   _____
   _____

5. Neonazis meiden Jugendzentren. Was sind alternative Treffpunkte für sie?
   _____
   _____

6. Welchen Einfluß hat die Presse auf das Anwachsen der rechtsradikalen Szene?
   _____
   _____

7. Welche Meinung hat der Text zum Thema „Neonazis und Ideologie"?
   _____
   _____
   _____

Von Eberhard Seidel-Pielen

Nach rechts davongelaufen

Jugendsozialarbeit in der Krise: ratlos vor den rechten Schmuddelkindern

Zum erstenmal seit 1945 geben rechtsradikale Jugendliche in der deutschen Jugendszene den Ton an. Für die Sozialarbeit ist dies eine Herausforderung. Doch die meisten Pädagogen wenden sich mit Grausen ab.

1   Sozialarbeit ist Quatsch. Neonazis lassen sich nur durch demonstrative Stärke und Gewalt beeindrucken. Deshalb muß die Linke mit den gleichen

Skinheads und Neonazis – haben die nichts aus der Geschichte gelernt?

Mitteln zurückschlagen." Revolutionäre Ungeduld hatte den jungen Kämpfer aus Berlin-Kreuzberg erfaßt angesichts einer Schar räsonierender Pädagogen, Sozialarbeiter und Sozialarbeiterinnen, die sich in Dresden versammelt hatten, um auf einem „antifaschistischen Ratschlag" Strategien gegen rechtsradikale Tendenzen in der Jugend zu diskutieren. Am Eröffnungstag des Treffens demonstrierten dreißig Neonazis ihre „Dialogbereitschaft", indem sie die „Scheune", ein soziokulturelles Zentrum in der Neustadt, stürmten. „Schlagt die Faschisten, wo ihr sie trefft!" forderte der junge antifaschistische Kämpfer als Antwort und als Gegenkonzept zu den „system-stabilisierenden Sozialarbeiterkonzepten".

Eine Dresdener Lehrerin widersprach den Haudrauf-Phantasien. In Dresden sind die Verhältnisse anders als in Kreuzberg: „An unserer Schule", so berichtete sie, „gehören acht von zehn gewählten Klassensprechern zur rechtsradikalen Szene."

Dresden ist kein Sonderfall. Eine Umfrage des Berliner Soziologen Stephan Maßner im Rahmen einer wissenschaftlichen Untersuchung förderte auch an der Spree besorgniserregende Daten aus dem städtischen Untergrund zutage: Bei 35 Prozent von 640 befragten Jugendlichen im Alter von fünfzehn bis fünfundzwanzig Jahren aus den Ostberliner Stadtbezirken Lichtenberg, Prenzlauer Berg und Mahrzahn ließen sich „bedenkliche autoritäre Strukturen" und „rechtsextremistische Dispositionen" nachweisen. Jeder zweite Jugendliche befürwortet die Abschiebung von Ausländern in der Hoffnung, die eigene materielle Situation würde sich dadurch verbessern.

IM KIELWASSER DER RECHTEN

Die Daten bestätigen Befürchtungen: Noch nie seit 1945 hat die rechtsextreme Jugendszene eine so große Anziehungskraft gehabt. Dies gilt besonders für die neuen Bundesländer. Aber auch viele Jugendliche im Westen schwimmen im ideologischen Kielwasser der Rechten. Vor wenigen Wochen wählte jeder fünfte Jungwähler in Bremen die „Deutsche Volksunion".

Der Rechtsruck der Jugend und ihre Bereitschaft zur Gewalt gegenüber ethnischen Minderheiten – beides spiegelt die politische Großwetterlage – schockiert liberale Bürger und linke Aktivisten gleichermaßen. „Ein Herz für Ausländer", bitten die einen, „Nazis raus", fordern die anderen. Doch was tun mit den Tausenden von rechts fühlenden, rechts prügelnden Jugendlichen im vereinten Deutschland?

Einen kläglichen Eindruck macht die Jugendsozialarbeit im Westen. Angesichts der größten Herausforderung für die Demokratie wird ihre konzeptionelle Krise offensichtlich. Eine Pädagogengeneration, die in den frühen Siebzigern antrat, die Gesellschaft mittels engagierter Randgruppenarbeit und Aufklärung zu verändern, geht auf Tauchstation. Keine Hilfe und Anregungen von den Kollegen aus dem Westen erwartet sich Bernd Radloff, verantwortlicher Mitarbeiter des Dresdener Jugendamtes für die Jugendsozialarbeit. Enttäuscht kehrte er kürzlich von einer Fachtagung in Münster zum Thema „Krise und Gewalt" zurück. „Die Streetworker und Sozialarbeiter hatten zwar viele Erfahrungen in der Arbeit mit türkischen Jugendlichen, aber es fehlte an der Bereitschaft, mit rechten Jugendlichen zu arbeiten."

Entrüstet weisen Pädagogen im Westen ihre Mitverantwortung an der Rechtsentwicklung der Jugendszene von sich. Es ist beinahe schon ein Treppenwitz der jüngsten Geschichte, daß gerade Vertreter der 68er-Generation, die heute federführend die Sozialarbeit und Pädagogik prägen, ähnlich reagieren wie das damals von ihnen kritisierte und bekämpfte „Establishment".

Eine ganze Generation von Pädagogen der Altbundesrepublik, die sich die letzten Jahrzehnte allzu selbstgefällig auf der richtigen Seite der Barrikade wähnte, reibt sich verwundert die Augen. Ihnen sind ganze Scharen von Jugendlichen nach rechtsaußen davongelaufen. Dennoch gestehen sich die wenigsten ein, daß nicht nur ihre wenigen Berufskollegen im Osten zu Beginn der neunziger Jahre vor einem Scherbenhaufen stehen.

Dabei fehlte es nicht an Warnungen. Mitarbeiter des Berliner Fan-Projektes der Sportjugend prophezeiten bereits 1986, als Polizisten gewalttätige Fußballanhänger aus den Stadien vertrieben: „Fällt das Stadion als subkultureller und experimenteller Geselltungsraum weg, könnten daraus frei flanierende Straßencliquen werden, die für die traditionelle Sozialarbeit sehr schwer erreichbar sind."

Wertvolle Zeit verstrich. Kaum ein Jugendsozialarbeiter, der sich an den „rechten" und „gewalttätigen" Schmuddelkindern die Finger schmutzig machen wollte. „Da war plötzlich eine Jugend, die wollte Action, körperliche Auseinandersetzung und hatte konservative Weltbilder", beschreibt Helmut Heitmann, Mitarbeiter des Berliner Fan-Projektes, den Wandel in den letzten zehn Jahren. Man scheute den Kontakt mit diesen „anderen", diesen „rechten" Jugendlichen, wollte sein eigenes, mühsam aufgebautes Weltbild nicht in Frage stellen lassen. Typisch der Kommentar eines Kreuzberger Sozialarbeiters: „Wenn mir dann noch einer was von der Auschwitzlüge erzählt, ist bei mir Feierabend." Unbeirrt hielt ein ganzer Berufsstand an seinen „aufklärerischen" und „gesellschaftskritischen" Konzepten fest. Die Folge: Häuser der offenen Tür wurden in mittelschichtsorientierte, soziokulturelle Zentren umgewandelt. Die rechtsradikale Jugend wanderte ab in Spielhallen, Kampfsportschulen und sammelte sich in Straßengruppen.

Begünstigt wurde der Verfall der Jugendsozialarbeit in den achtziger Jahren durch eine Vergreisung des Personals. Ältere Damen und Herren in Turnschuhen und Jeans okkupieren heute die Planstellen der Jugendzentren. Mangels Alternativen ist der berufliche Aus- und Aufstieg versperrt. Fatale Folgen der Mittelkürzungen und des vielerorts gültigen Einstellungsstopps im öffentlichen Dienst.

Allerdings erklären Mittelkürzungen das Versagen nur zum Teil. Ein mitentscheidender Grund liegt in der verbreiteten gesellschaftspolitischen Intoleranz der 68er- und Nach-68er-Generation. Ihnen fehlt die Souveränität des klassischen liberalen Bürgertums, dem es immer wieder gelang, renitenten „linken" Jugendkulturen attraktive Integrationsangebote zu machen. Versuche, mit Freizeitangeboten an den Lebenswelten und Bedürfnissen rechter Jugendlicher anzusetzen, werden schnell als Unterstützung der rechten Bewegung denunziert. Durch solche Bemühungen, so ein beliebtes Argumentationsmuster, würden Rechtsextreme als „Opfer einer Risikogesellschaft" dargestellt, Sozialarbeit diene somit lediglich der Täterentlastung.

CLIQUE DER KAMERADSCHAFT

Konnte man sich den Verzicht auf Sozialarbeit mit rechtsextremen Jugendlichen in der Altbundesrepublik bis Ende der achtziger Jahre aufgrund konkurrierender Jugendkulturen vielleicht noch leisten, ist er in Städten wie Dresden schierer Luxus. „Wir befinden uns im Wettlauf mit der Anziehungskraft rechter ‚Kameradschaften'", skizziert Bernd Radloff die Herausforderung. In den vergangenen zwei Jahren entstanden Dutzende von linken und alternativen Klubs, doch diese, so Radloff, erscheinen rechten Jugendlichen als „zu intellektuell und dekadent".

Vor einigen Wochen gründete sich in Dresden die „Kameradschaft Johannesstadt", eine Clique von rund dreißig Jugendlichen zwischen vierzehn und achtzehn Jahren. Ihre „Vereinssatzung" ist ein einziges Pamphlet gegen die „multikulturelle Gesellschaft". Das Titelblatt würdigt mit einem abgebildeten Wehrmachtssoldaten deutsche Tugenden wie „Disziplin und Unterordnung". Dennoch boten die Mitarbeiter eines der alternativen Klubs den „Kameraden" ihre Räume als Treffpunkt an. Ein Sozialarbeiter half sogar bei der Überarbeitung der Kameradschaftssatzung, machte auf Passagen aufmerksam, die nicht mit dem Grundgesetz vereinbar sind. „Wir müssen mit diesen Jugendlichen leben und jede Möglichkeit nutzen, um mit ihnen im Dialog zu bleiben", erklärt ein Mitarbeiter des Dresdener Jugendamtes die ungewöhnlichen Nachhilfestunden in Demokratie.

Die Bemühungen haben nicht immer Erfolg, und dies wird zum Teil auch der Presse angelastet. „Die Presse beschleunigt die Ideologisierung der rechten Szene", empört sich der Sozialdiakon Thomas Sprung. „Sie überhöht den politischen Gehalt, liefert den Jugendlichen Vorbilder, denen sie dann tatsächlich nacheifern." Vor allem die wenigen Sozialarbeiter, die an der rechten Front arbeiten, kristisieren die Medien. Über die Rückwirkungen der Berichterstattung auf das Selbstbild der Jugendlichen und die Gruppenidentität sagt der Berliner Politologe Thomas Mücke, der langjährige Erfahrung als Straßensozialarbeiter hat: „Die Jugendlichen geben zwar vor, was sie sein möchten, haben aber kaum ein geschlossenes, rechtes Weltbild. Wenn einer sagt, er sei Nazi, und du möchtest von ihm wissen, was denn ein Nazi sei, dann können sie das nicht sagen. Da die Jugendlichen überhaupt irgend etwas sein wollen, nehmen sie die Etikettierungen und Rollenzuweisungen der Presse an."

Nach den Erfahrungen Thomas Sprungs, der lange vor der Wende mit rechten Jugendlichen arbeitete, hat „Rechts- und Linkssein viel damit zu tun, in welchem Stadtteil die Kids aufwachsen". So wechselten viele Jugendliche die Szene, „wenn sie in einen anderen Stadtteil ziehen oder ihnen die angesagten Klamotten nicht mehr gefallen". In einem Nachsatz relativiert Sprung diese freundlichere Beschreibung der rechten Herausforderung allerdings: „Mit unserem Latein sind wir spätestens dann am Ende, wenn die Gewalttätigkeit gegenüber Ausländern bei der Elterngeneration auf breite Akzeptanz stößt."

NACH DEM LESEN

TEXTARBEIT

A. Bearbeiten Sie den Text unter folgenden Gesichtspunkten.

1. Viele Leute sagen, es gäbe nur wenige junge Rechtsradikale, sie seien die Ausnahme. Dieser Text scheint dem zu widersprechen. Belegen Sie das im Text.

   _____

   _____

   _____

   _____

2. Normalerweise sind es Sozialpädagogik und Sozialarbeit, die sich mit solchen „Problemkindern" beschäftigen. Allerdings versagt die Sozialarbeit kläglich im Umgang mit Rechtsradikalen. Wie erklärt sich das der Autor dieses Artikels?

   _____

   _____

   _____

   _____

3. Was sind die Gründe dafür, daß sich Jugendliche rechtsradikalen Gruppen anschließen? Kennen Sie solche Phänomene auch in den USA?

   _____

   _____

   _____

B. Vergleichen Sie den Text mit den folgenden Zeitungsartikeln. Machen Sie zwei Listen mit Parallelen und Unterschieden in bezug auf ihren Inhalt und ihre Intention.

Parallelen	Unterschiede
_____	_____
_____	_____
_____	_____
_____	_____

Festnahme im Mordfall Sonntag

Zugriff in Bangkok / Polizei wird für Neonazi-Marsch verstärkt

DRESDEN, 12. Juni (dpa/AP). Die mutmaßlichen Mörder des Dresdner Neonazi-Führers Rainer Sonntag sind in der thailändischen Hauptstadt Bangkok gefaßt worden, teilte die Dresdner Staatsanwaltschaft am Mittwoch mit. Die beiden Männer — Ronny Matz (25) und Nikolaus Simeonidis (24) — sollen vom Bundeskriminalamt in die sächsische Hauptstadt überführt werden. Sonntag war vor zwölf Tagen in Dresden während einer nächtlichen Straßenschlacht mit einem Kopfschuß getötet worden.

Die Tatverdächtigen waren aus Mannheim ins Dresdner Zuhältergeschäft gewechselt. Obwohl Sonntag in Frankfurt/Main selbst als Leibwächter einer Prostituierten aufgetreten war, hatten er und seine Anhänger dem Rotlichtmilieu den Kampf angesagt.

Seit dem Tod von Sonntag halten Neonazis aus dem gesamten Bundesgebiet am Tatort, den sie mit einer Reichskriegsflagge kennzeichneten, Wache. Sie schworen, für ihren Führer „Blutrache" zu üben. Die sächsische Polizei geht bei dem vorgesehenen Trauermarsch zur Beerdigung Sonntags am kommenden Samstag nur von einigen hundert Teilnehmern aus. Rechtsextremisten hatten 5000 Teilnehmer angekündigt. Insgesamt sollen für ein Fußballspiel in Leipzig und das Neonazi-Treffen in Dresden 1600 Beamte der sächsischen sowie der baden-württembergischen und bayerischen Bereitschaftspolizei und des Bundesgrenzschutzes bereitstehen. Weitere Spezialkräfte der Polizei seien angefordert, hieß es.

Die Polizei sei in der Elbestadt „extrem unterbesetzt", meinte der Oberstaatsanwalt in Dresden, Jörg Schwalmer. Das Argument, eine Stationierung koste viel Geld, sei fehl am Platze. Es sei billiger, jetzt einzuschreiten, als später Strafmaßnahmen zu bezahlen. Die Dresdner Stadtverwaltung hatte auf Empfehlung des sächsischen Innenministeriums den Trauermarsch unter Auflagen genehmigt.

Tumulte bei Neonazi-Prozeß

FAP-Mitglied bestreitet versuchten Totschlag an Asylbewerber

pid GÖTTINGEN, 12. Juni. Unter scharfen Sicherheitsvorkehrungen hat am Mittwoch vor dem Göttinger Landgericht der Prozeß gegen den Neonazi Thorsten Heise begonnen, der sich wegen versuchten Totschlags und sieben weiterer Anklagepunkte verantworten muß. Der 21jährige Skinhead-Führer und Funktionär der „Freiheitlichen Deutschen Arbeiterpartei" (FAP) soll versucht haben, mit seinem Kübelwagen einen libanesischen Asylbewerber zu überfahren.

Nachdem es bereits vor Verhandlungsbeginn vor dem Gerichtsgebäude zu einer Auseinandersetzung zwischen FAP-Anhängern und Autonomen gekommen war, in deren Verlauf ein Skinhead ein Beil zog, wurden alle Zuhörer nach Waffen durchsucht. Während einer Verhandlungspause kam es im Gerichtssaal zu einer Rangelei zwischen Autonomen und dem FAP-Landesvorsitzenden Karl Polacek, als dessen „Kronprinz" Heise gilt.

Ursprünglich sollte der Prozeß im Mai 1990 stattfinden. Heise war wenige Tage vor Beginn des Verfahrens untergetaucht. Nachdem er sich in Nordhausen und später im Raum Dresden aufgehalten haben soll, wurde er im Februar von einem Zielfahndungskommando gefaßt.

Außer dem versuchten Totschlag, den der Angeklagte im Prozeß bestritt, wirft die Staatsanwaltschaft Heise vor, er habe Nachbarn in seinem Heimatort Nörten-Hardenberg (Kreis Northeim) mit dem Luftgewehr beschossen, einen abtrünnigen Gesinnungsgenossen mit einem Knüppel niedergeschlagen und mit den Worten unter Druck gesetzt, eine Kugel könne sich auch einmal verirren. Schließlich hat der einschlägig vorbestrafte Heise nach Überzeugung der Strafverfolger im Dezember 1989 einen Angriff von über 80 Rechtsextremisten auf das autonome Göttinger Jugendzentrum Innenstadt (Juzi) organisiert.

Nach rechts davongelaufen

IN DER GRUPPE

A. Diskutieren Sie Parallelen und Unterschiede zwischen den Phänomenen des Rechtsradikalismus und den amerikanischen *street gangs*. Überlegen Sie sich die Gründe dafür, warum Kinder und Jugendliche sich solchen Banden anschließen, und auch daran, wie diese Gruppen in Erscheinung treten.

B. Kennen Sie amerikanische rechtsradikale Vereinigungen? Berichten Sie darüber.

C. Besprechen Sie in der Gruppe Ihre Listen von Übung **B.** in *Textarbeit*.

D. Sehen Sie sich die folgende Reklame an. Sie ist aus einer deutschen Zeitschrift. Beschreiben Sie sie, und vergleichen Sie ihre Aussage mit denen der Artikel, die Sie in diesem Thema gelesen haben.

Ausländer*freund*lichkeit als Marktstrategie.

> # ZUSAMMEN LEBEN,
> # ZUSAMMEN ARBEITEN –
> # MACHEN SIE MIT!
>
> Wenn es um Ausländer geht, dürfen wir das Feld nicht Steinewerfern und Brandstiftern überlassen. Sie sind eine kleine, aber lautstarke und gefährliche Minderheit. Sie belasten das Zusammenleben mit Menschen anderer Nationalität und Kultur. Sie machen das Bild Deutschlands im Ausland kaputt.
>
> ## DAS DÜRFEN WIR NICHT ZULASSEN!
>
> ### DESHALB:
>
> ## ALLE MÜSSEN JETZT AKTIV WERDEN, AM ARBEITSPLATZ, IN DER NACHBARSCHAFT UND IN DER ÖFFENTLICHKEIT.
>
> - Geben Sie Ihren ausländischen Kollegen genauso wie bisher das Gefühl, daß sie persönlich willkommen sind, daß wir ihre Leistung schätzen.
>
> - Treten Sie ausländerfeindlichen Parolen mutig entgegen. Machen Sie den Hetzern klar, daß sie die Außenseiter sind – und nicht die Ausländer.
>
> - Ergreifen Sie Partei! Machen Sie und Ihre Familie mit bei Aktionen, die das Zusammenleben von Deutschen und Ausländern fördern.

E. Lesen Sie den obigen Aufruf der deutschen Sparkassen zur Solidarität mit Ausländern. Was halten Sie von dieser Aktion? Diskutieren Sie weitere Möglichkeiten, wie man seine Solidarität zeigen kann.

SCHREIBEN LEICHT GEMACHT

Schreiben Sie einen Aufsatz über das Thema „Rechtsradikalismus und Straßenbanden in den USA und in Deutschland".

THEMA 4

DAS „NEUE" DEUTSCHLAND CHANCEN UND GEFAHREN

Deutschland ist eins – welch eine Freude.

DIE PROBLEME

Nach über 40 Jahren getrennter Existenz gab die Regierung der Deutschen Demokratischen Republik dem Druck der Bürgerrechtsbewegung und der Demonostrationen nach, und erlaubte ihren Bewohnern, den Westen Deutschlands zu besuchen. Damit fiel die Mauer am 9. November 1989.

Sofort begannen Diskussionen und Spekulationen, wie es weitergehen sollte. Von einem „Dritten Weg" war die Rede, von einer „sozialistischen Marktwirtschaft" oder einer „demokratischen Planwirtschaft". Schon lange hatten die Dissidenten von einer solchen Staatsform geträumt. Allerdings wäre dazu sehr viel Geld notwendig gewesen, denn ohne finanzielle Hilfe hätte die DDR keine eigenständige Existenz führen können – der Staat war heruntergewirtschaftet. Diese Hilfe hätte nur von Westdeutschland kommen können. Aber der Westen – unter seiner konservativen Regierung – wollte diese Unterstützung nicht geben, denn immer deutlicher zeichnete sich eine Möglichkeit ab, die

Gleich nach der Öffnung der Mauer nur von einigen Stimmen, unter anderem der erzkonservativen *Bild*-Zeitung, verbreitet wurde: die Möglichkeit der Vereinigung. (Der Begriff „Wiedervereinigung", der in diesem Zusammenhang häufig benutzt wird, ist unpassend, denn „wieder" würde bedeuten, eine Situation zu schaffen, die in gleicher Form schon einmal bestanden hat. Davon kann in diesem Fall ja keine Rede sein.)

Und dann ging alles ganz schnell. Im Juli 1990 wurde auf dem Gebiet der ehemaligen DDR die westdeutsche Währung eingeführt und dann, am 3. Oktober des gleichen Jahres, wurden die beiden Teile Deutschlands offiziell vereinigt.

Von Anfang an war vielen klar, daß es sich hier nicht um die Verbindung zweier gleichstarker Partner handelte, sondern um einen Anschluß der DDR an die alte Bundesrepublik. Natürlich erbte der Osten die Vorzüge des Westens (Reise-, Rede-, Pressefreiheit; freie Wahlen; materieller Wohlstand), aber leider auch die negativen Seiten eines kapitalistischen Systems, wie etwa Arbeitslosigkeit, soziale Unterschiede, Ausbeutung. Erst die kommenden Jahre werden zeigen, ob Deutschland diese großen Spannungen und Probleme bewältigen kann.

Sie werden in diesem Thema üben, Interviews in Radiosendungen und Zeitungsartikel umzuschreiben. Darüber hinaus werden Sie die Interviews rekonstruieren, auf denen die Artikel basieren. Dabei üben Sie, Indikative in Konjunktive zu verwandeln und umgekehrt.

WIE SIND SIE DAVON BETROFFEN?
Bevor Sie die Texte lesen, beantworten Sie bitte die folgenden Fragen.

1. Erinnern Sie sich an die Szenen aus dem Fernsehen, die sich in Berlin an dem Tag abspielten, als die Grenze geöffnet wurde? Beschreiben Sie, was Ihnen im Gedächtnis geblieben ist.

2. Was war Ihre Reaktion an diesem Tag?

TEXT 1

DEUTSCHLAND UMARMT SICH

VOR DEM LESEN

Lesen Sie jetzt den folgenden Zeitungsartikel, und beantworten Sie dabei diese Fragen.

1. Wie beschreibt dieser Artikel die Emotionen der Deutschen am 10. November 1989?

   _____
   _____
   _____
   _____

2. Wie verhielt sich die Polizei?

   _____
   _____
   _____
   _____

3. Wie nennt *Bild* diesen Tag?

   _____
   _____
   _____

4. Wer ist Willy Brandt? (Er ist inzwischen gestorben.)

   _____
   _____
   _____

Deutschland umarmt sich
Einigkeit und Recht und Freiheit

Von PETER BARTELS und HANS-HERMANN TIEDJE

Berlin gestern, kurz vor 13 Uhr. Im Turm der Kaiser-Wilhelm-Gedächtniskirche ertönen die Glocken. Plötzlich bleiben auf dem Kurfürstendamm die Menschen stehen. Sie falten die Hände. Mitten auf der Straße fangen sie an zu beten. Bürger aus Ost- und West-Berlin – viele weinen. Einige schlagen die Hände vor das Gesicht, andere knien sich hin.

Das war vielleicht der ergreifendste Augenblick in der Geschichte dieser Stadt. In der Geschichte unseres Landes.

Und es war der friedvollste, der hoffnungsvollste.

Was sich in der Nacht zuvor, gestern den ganzen Tag und in der heutigen Nacht in der geteilten Stadt, im geteilten Deutschland abspielte, war herzzerreißend. Menschen aus Ost und West stürmten Mauer und Grenze, sanken sich weinend und lachend in die Arme. Es war, als würde sich ganz Deutschland umarmen. Und die Polizei Ost und die Polizei West sah schmunzelnd zu, tauschte Stullen aus. Nachdem das DDR-Fernsehen Donnerstag abend verkündet hatte, daß „ab sofort" Reisefreiheit herrsche, hielt es die Menschen in Ost und West nicht mehr zurück. Brandenburger Tor, Kurfürstendamm, Alexanderplatz – das war der Tag der Wiedervereinigung, der Tag der Deutschen, das machtvolle Bekenntnis zu Einigkeit und Recht und Freiheit. Am Abend dann brausender Jubel, als Willy Brandt, der ehemalige Bürgermeister von Berlin vor dem Schöneberger Rathaus den Tausenden zurief: „Ich habe im Sommer geschrieben, Berlin wird leben und die Mauer wird fallen – Berlin lebt, die Mauer ist gefallen."

Was immer jetzt geschehen mag – diesen Tag wird uns keiner mehr nehmen. Es war ein Tag für Deutschland.

[handwritten notes: schmunzelnd – grinning; Stullen – Butterbrot; brausender Jubel – extremely loud jubilation]

NACH DEM LESEN

TEXTARBEIT

Bitte beantworten Sie die folgenden Fragen.

1. Was fiel Ihnen als erstes auf, als Sie auf den Zeitungsartikel geschaut haben?

2. Was ist dominierend? Und warum? (Denken Sie daran: Das ist die Titelseite der Zeitung!)

Deutschland umarmt sich

3. Unterstreichen Sie alle Nebensätze im Text. Zählen Sie jetzt die Haupt- und die Nebensätze. Fällt Ihnen etwas auf? Ist dieses Verhältnis von Haupt- und Nebensätzen typisch für die deutsche Zeitungssprache?

___

4. Läßt dieses Verhältnis von Haupt- und Nebensätzen Rückschlüsse auf die Leserschaft zu?

___

5. Willy Brandts Rede wird teilweise in direkter Rede zitiert. Welche Wirkung hat das auf den Leser?

___

6. Im Text werden die Pronomen „uns" und „unser" benutzt. Welche Intention steckt dahinter?

___

IN DER GRUPPE

Sehen Sie sich noch einmal Ihre Antworten zu den vorangehenden Fragen an. Was können Sie über die Zeitung und ihre Leserschaft sagen? Gibt es in Ihrem Land eine Zeitung, die ähnliche Elemente und einen ähnlichen Stil hat?

SCHREIBEN LEICHT GEMACHT

Sie möchten Reporter für die *Bild*-Zeitung werden. Die Zeitung beauftragt Sie, einen Artikel über ein wichtiges Ereignis in Ihrem Land, Ihrem Staat oder Ihrer Stadt zu schreiben. Schreiben Sie im *Bild*-Stil.

TEXT 2

RÜBER IN DEN WESTEN?

VOR DEM LESEN

Bevor Sie den Text lesen, beantworten Sie die folgenden Fragen.

1. Die Überschrift des Textes ist „Rüber in den Westen ...?". Ostdeutsche Jugendliche wurden zu ihren Zukunftsplänen befragt. Was glauben Sie, wollen die meisten in der ehemaligen DDR bleiben, oder wollen sie in den Westen gehen? Begründen Sie Ihre Meinung.

   _____
   _____
   _____
   _____

2. Würden Sie im Osten bleiben wollen, oder würden Sie in den Westen gehen? Warum?

   _____
   _____
   _____
   _____

3. Wo liegt Leipzig? Wenn Sie es nicht wissen, sehen Sie bitte auf einer Karte nach.

   _____
   _____

Rüber in den Westen...

Raus aus dem Elternhaus, in die Großstadt ziehen, ein eigenes Zimmer haben, unabhängig sein – welcher deutsche Jugendliche hat nicht schon einmal daran gedacht? Viele ostdeutsche Jugendliche wollten vor der Wende in den Westen „machen"*. Heute spricht man im Osten viel über Arbeitslosigkeit. Und über den wirtschaftlichen Aufschwung, der irgendwann kommen soll. Für den einzelnen ist die Orientierung nicht einfach. Welche Möglichkeiten gibt es, was kann ich persönlich erreichen, was will ich eigentlich? JUMA hat mit Jugendlichen in den neuen Bundesländern gesprochen.

Marit, 15 Jahre geht in die 9. Klasse der Karl-Marx-Oberschule in Leipzig.

Was plant Marit nach dem Abitur?

„Ich werde nach dem Abi wahrscheinlich erstmal etwas Praktisches machen. Irgendwo in einem Beruf arbeiten, dann noch irgend etwas studieren. Konkrete Vorstellungen habe ich noch keine. In Leipzig bleiben? Nee, bloß weg hier!"

Franz, 17 Jahre besucht dieselbe Schule wie Marit. Er geht in die 11. Klasse. Franz will Schauspieler werden: „In der achten Klasse habe ich einen Eignungstest gemacht und auch bestanden. Im Augenblick führen wir an unserer Schule das Stück 'Romulus der Große' von Friedrich Dürrenmatt auf. Ich hoffe, daß wir bald in Westberlin auftreten können."

Denkt Franz, daß er in diesem Beruf Chancen hat?

„Chancen für mich sehe ich schon, denn ich habe bereits am Theater mitgespielt."

Wie wohnt Franz?

„Ich wohne bei meinen Eltern. Das ist billiger. Mein Geld habe ich für mich. Die Wohnsituation in Leipzig ist relativ gut. Unser Haus ist jetzt renoviert, aber die Mieten explodieren. Wenn die Löhne nicht steigen, wird das katastrophal."

Eddi, 16 Jahre geht in die 8. Klasse, Karl-Liebknecht-Oberschule, Wittstock.

Was würde Eddi gerne machen?

„Ich kann keine Wünsche haben. Ich muß nehmen, was ich kriege. Ich würde lieber woanders hin. Dahin, wo es am besten ist. Das sind wahrscheinlich die alten Bundesländer."

Anette, 16 Jahre (9.Klasse, Realschule am Turnplatz, Wismar) ist nicht so pessimistisch wie Eddi.

Welche Pläne hat Anette?

„Nach der Klasse 10 will ich versuchen, Gebrauchswerberin** zu werden. Die werden eigentlich immer gesucht. Ich hoffe, daß ich Chancen habe. Ich will nach Lübeck fahren und mich dort umhören. Lübeck ist nicht so weit, da kann ich abends nach Hause fahren."

122   Thema 4

Stephan, 16 Jahre (10. Klasse, Oberschule Leipzig), möchte eine Banklehre machen.

Will Stephan in Leipzig bleiben?

„Hier sind die Bedingungen sehr schlecht. Auch in der Umwelt und so. Am liebsten möchte ich in den Süden, in die Berge."

Wie beurteilt er die Lehrstellensituation in Leipzig?

„Alle aus unserer Klasse haben eine Lehrstelle bekommen, wenn sie eine wollten. Die meisten durch Beziehungen."

Uwe, 14 Jahre (8. Klasse, Goethe-Oberschule, Wismar) hofft, daß er in seiner Heimatstadt Arbeit findet.

Hat Uwe feste Vorstellungen?

„Erst wollte ich einen Handwerksberuf lernen, Maurer oder Dachdecker. Ich muß mich aber noch umhören. Ich hoffe, daß ich in Wismar Arbeit finde. Denn ich möchte gerne in der Stadt arbeiten."

Und wie sieht Uwe seine persönliche Situation?

„Meine Lage? Eigentlich gut. Wenn ich noch einen Arbeitsplatz und eine gute Wohnung bekomme, bin ich zufrieden."

Ulrike, 15 Jahre (9. Klasse Karl-Marx-Oberschule Leipzig), möchte nach der Schule erst mal Ferien machen, „...dann was studieren, mit Kunst oder mit Umwelt, also irgend etwas Nützliches. Wenn sich in Leipzig was anbietet, bleibe ich hier. Wenn nicht, dann nicht."

Rüdiger, 15 Jahre (9. Klasse, Realschule am Turnplatz, Wismar), hat keine Lust mehr auf Schule: „Ich gehe nach der 10. Klasse ab. Was ich machen will, weiß ich noch nicht genau. KFZ-Schlosser finde ich interessant. Ich weiß aber noch nicht genau, wie das ist. Da muß ich mich erst erkundigen."

Dirk: „Man braucht nicht nach drüben gehen, hier isses*** gut."

* in den Westen „machen": umgangssprachlich für „in den Westen gehen"
** Gebrauchswerberin: ostdeutsches Wort für „Dekorateurin"
*** isses: umgangssprachlich für „ist es"

...oder bleiben?

Rüber in den Westen?

NACH DEM LESEN

TEXTARBEIT

A. Fassen Sie kurz zusammen, was diese jungen Leute in der Zukunft vorhaben.

Marit: _____

_____

_____

Franz: _____

_____

_____

Eddi: _____

_____

_____

Anette: _____

_____

_____

Stephan: _____

_____

_____

Uwe: _____

_____

_____

Ulrike: _____

_____

_____

Rüdiger: _____

_____

_____

Dirk: _____

_____

_____

B. In welche Richtung gehen die Antworten der Jugendlichen? Welche Tendenzen kann man sehen? Formulieren Sie diese.

_____

_____

_____

C. Viele der Jugendlichen sprechen davon, einen Beruf zu „lernen", eine „Lehre" zu machen. Was meinen sie damit?

_____

_____

_____

IN DER GRUPPE

A. Obwohl die Chancen in der ehemaligen BRD objektiv besser erscheinen, wollen viele dieser Jugendlichen in der früheren DDR bleiben. Was sind wohl ihre Gründe?

B. Wenn Sie neun amerikanische Jugendliche gleichen Alters befragen würden, bekämen Sie wohl ähnliche Antworten? Begründen Sie Ihre Meinung.

C. Statistisch ziehen Amerikaner 10mal häufiger um als Deutsche. Wie können Sie sich das erklären?

Jetzt heißt es umlernen.

Rüber in den Westen?

TEXT 3
GELD IST NICHT ALLES

VOR DEM LESEN

Beantworten Sie die folgenden Fragen, während Sie den Text lesen.

1. Was hat sich für Raoul in der Schule verändert?
   _____
   _____

2. Warum war Raoul in der FDJ – der Freien Deutschen Jugend – einer Parteiorganisation in der früheren DDR?
   _____
   _____

3. Was ist Raouls Einstellung zum Militär? Wie ist er um den Militärdienst herumgekommen?
   _____
   _____

4. Wie hat sich das Leben seiner Eltern verändert?
   _____
   _____
   _____

5. Welche Probleme haben Raouls Freunde aus Nicaragua und Angola?
   _____
   _____

6. Was sagt Raoul über Erich Honecker?
   _____
   _____

7. Raoul hat dieses Interview nach dem Fall der Mauer, aber vor der Vereinigung gegeben. Wie stellt er sich die Zukunft vor, politisch und persönlich?

___

RAOUL H., 17 JAHRE

RAOULS ELTERN SIND BEIDE ÄRZTE. SIE WAREN IN VERSCHIEDENEN TEILEN DES EHEMALIGEN REGIERUNGSKRANKENHAUSES TÄTIG, DAS JETZT FÜR DIE NORMALE BEVÖLKERUNG OFFEN STEHT. SEITDEM VERDIENEN SIE ZWAR WENIGER, FÜHLEN SICH ABER WOHLER. RAOUL LERNT AN EINER ERWEITERTEN OBERSCHULE (ENTSPRICHT DEN GYMNASIEN). ER MACHT DEN EINDRUCK EINES ERNSTHAFTEN JUNGEN MANNES, DER VERSUCHT, SEINE ANTWORTEN GENAU ABZUWÄGEN. RAOUL SAGT:

GELD IST NICHT ALLES ...

1   Man kann jetzt hinter den Vorhang gucken, kann seinen Geist erweitern. Ich finde die Möglichkeit, nach Westberlin fahren zu können, gut. In der Schule haben wir nun einen richtigen Meinungspluralismus. SPD-Jugend gibt es und die Junge Linke und alles mögliche. Früher haben die
5   Schüler ihre Meinung eher versteckt geäußert, jetzt tun sie es ganz direkt.
    Ich war in der Klasse Kulturfunktionär, das mache ich auch jetzt noch. Ohne die FDJ. Wir haben auch keinen Staatsbürgerkundeunterricht mehr, was etwas sehr Befreiendes ist. Da wurden einem ja Sachen eingehämmert, die in der Realität gar nicht so stimmten. Geschichte hat sich auch verändert. Wir
10 hätten die nächsten zwei Jahre Geschichte der SED haben müssen, aber wir haben jetzt Vorlesungen zu aktuell politischen Sachen. Und nächstes Jahr geht es mit der Antike nochmal los. Die hatten wir schon mal in der fünften Klasse. Aber es war absolut sinnlos. Ausführlich haben wir bisher immer nur Revolutionen und die Arbeiterbewegung durchgenommen. Der Geschichtslehrplan
15 war sinnlos. Die 1848er Revolution, die Oktoberrevolution, die Novemberrevolution, der Erste Weltkrieg, der Zweite Weltkrieg. Und alles aus der einseitigen marxistischen Sicht. Unsere Bücher sind ungültig. Die durften wir behalten, die will keiner mehr haben.

Politik haben wir nun nicht mehr als Fach, darüber diskutieren wir an der Wandzeitung, im Schulclub, in den neuen Jugendorganisationen.

Ich für meinen Teil bin erst mal aus der FDJ ausgetreten. Ein Viertel der Schüler ist vielleicht noch drin. Es gibt welche, die sind noch aus ehrlicher Überzeugung dabei, die wollen wirklich was verändern. Aber manche sind auch zu faul, ihr Mitgliedsbuch zur Kreisleitung zu bringen. Ich bin ausgetreten, weil es mir letztendlich nichts gebracht hat. Man mußte eintreten, das gab so eine Art Zwang. Ich kenne zwar auch welche, die nicht eingetreten sind. Aber man hatte es dann schwerer im Leben. Und da haben es fast alle gemacht. 98% würde ich sagen. Das war der normale Lauf. Die Sache ist halt so, man hat sich vorgestellt, daß man im Leben was werden will, daß man studieren will. Ich möchte Medizin studieren. Und gerade dafür gibt es so wenig Plätze.

Andererseits war die FDJ nicht nur ein Zwangsverein. Es war auch so, daß man dort mit anderen zusammen sein konnte, daß man etwas unternommen hat – und es gab keine Alternative, um mit anderen Jugendlichen zusammen zu sein, außer der Kirche vielleicht. Und im „Hinterstübchen" hat man außerdem gedacht, es ist vielleicht besser, da drin zu sein. Mit der politischen Linie die FDJ, „Helfer und Kampfreserve der Partei" zu sein, hat man sich nicht identifiziert, weil man in dem Alter auch noch gar nicht an so was denkt. Obwohl ich glaube, die Jugendlichen hier in der DDR sind politisch sehr interessiert. Und das ist auch durch die FDJ gekommen, weil sehr viele Widersprüche existierten. Dadurch hat man sich mit Politik beschäftigt. Auch die Pioniere waren ja eine Vorbereitung dafür. Und das fand ich eigentlich ganz günstig. Man hat nachgedacht und sich eine Meinung gebildet. Es war nicht so, daß immer gleich eine Einheitsmeinung da war, die jeder akzeptiert hat. Wir haben uns ziemlich oft rumgestritten. In der FDJ, im Staatsbürgerkundeunterricht. Das hing vom Lehrer, von den Anwesenden ab. Zum Beispiel haben wir gelernt, daß der Kapitalist die Teilzeitbeschäftigten ganz schlimm ausbeutet, daß er sie nur für ein paar Stunden beschäftigt und auch entsprechend wenig bezahlt – und dann folgt eine neue Arbeitskraft, die wieder ganz frisch ist. So kann man besser ausbeuten. Daß das für die Menschen auch ganz günstig ist, vor allem für Frauen, könnte ich mir auch vorstellen, das wollte die Lehrerin absolut nicht einsehen. Für Frauen mit Familie ist es ja vielleicht gut, wenn sie auch mal was anderes machen können außer Arbeit. Über so was haben wir diskutiert.

Ich bin mit einem Schnitt von 1,0 zur EOS (Erweiterte Oberschule) gekommen. Daß ich aus einem Intelligenzlerhaushalt stamme, hat zum Glück keine negative Rolle gespielt. Ich glaube, die Zeiten, wo man vorrangig nur Arbeiterkinder zum Abitur schickte, waren ungefähr fünf Jahre vorher vorbei. Ich mußte mich auch nicht wie so viele für drei Jahre zur

Armee verpflichten. Es gab aber immer irgendwelche Gespräche darüber. Einmal wurde ich ins Sekretariat der Schule bestellt. Dort saß der Offizier, den wir in Wehrkunde hatten und die Direktorin, und dann haben sie auf mich eingeredet, wie schön es doch wäre, Militärarzt zu werden. Doch dagegen habe ich eine absolute Abneigung. Armee ist nicht so mein Fall. Ich kann die Unterdrückung nicht leiden. Ich bin da einigermaßen heil rausgekommen, weil ich gesagt habe, daß ich Kinderchirurg werden will, und daß das ja nun schlecht geht in der Armee. Das war schon, bevor ich zur EOS durfte. In der neunten Klasse.

Mein Vater ist aus der Partei ausgetreten. Er fühlte sich sehr betroffen, als er sah, was unter der Hand hier alles so getrieben wurde. Irgendwo war er doch auch mal überzeugt vom Sozialismus gewesen. Und jetzt zu hören, daß die DDR Waffengeschäfte gemacht hat, wo doch hier immer der Frieden gepredigt wurde, und wie das ganze Volk betrogen worden ist, das kann man ja so sagen – das hat ihn umgehauen. Die hatten ja ihren Kommunismus schon da oben. Hatten alles, mußten nichts bezahlen. Nun war die Sache so, daß mein Vater im Regierungskrankenhaus keine Probleme mit medizinischen Geräten und Medikamenten kannte. Die Regierungsvertreter und ausländischen Diplomaten wollten ja gut behandelt werden. Darum war immer alles da, was für den Normalbürger oft nicht ausreichte. Natürlich haben meine Eltern auf nationalen Kongressen gemerkt, daß es bei anderen Kollegen vom Fach nicht so günstig aussah. Und jetzt haben sie den gleichen Status wie andere. Es ist sicher für sie besser geworden, wo die Patienten normale Leute sind. Früher mußten sie aufpassen, was sie in Gegenwart der Patienten sagten. Das muß ja belastend gewesen sein. Die Westpräparate, das ist klar, die gibt's nicht mehr. Ansonsten ist es besser, daß normale Leute kommen, mit denen man normal verkehren kann. Ich glaube, mein Vater fühlt sich jetzt wohler bei der Arbeit. Meine Mutter, die hatte in ihrer Klinik ja dann die Nichten und Neffen und Cousinen der Obersten und so weiter zu behandeln. Und es ist wirklich nicht schön, wenn man weiß, daß andere ziemlich lange anstehen müssen, wenn sie einen Termin beim Arzt haben wollen. Dann die Privilegierten zu behandeln, das ist nicht schön. Aber ich meine, es ist auch schwer, irgendwohin überzuwechseln, wenn man sich schon in einer Klinik etabliert hat. So viele freie Stellen gab es ja auch nicht. Meine Eltern verdienen jetzt weniger, der Hauszuschlag fällt weg: fünfhundert Mark für jeden. Unangenehm ist das natürlich, weil man sich jetzt gewissermaßen einschränken muß. Aber die Sache hat auch viel Gutes. Man kann jetzt hinfahren, wo man hinmöchte. Und Geld ist ja nun auch nicht alles. Die Einbuße hat sich doch gelohnt. Unser Lebensstandard bleibt erhalten. Unsere Wohnung kostet 120 Mark. Für vier Zimmer. Der Quadratmeter kostet hier nur 80 Pfennig bis 1,20 Mark. Meine Eltern fahren einen Lada, was ja ein

Geld ist nicht alles

ganz gutes Auto ist. Ich werde wahrscheinlich die neue Regelung nutzen, daß man den Wehrersatzdienst im Krankenhaus leisten kann, ohne Nachteile zu haben. Wenn ich so was früher gewollt hätte, wäre mein Studienwunsch erledigt gewesen! Da konnte man als Wehrdienstverweigerer nur Bausoldat werden, und das war schon fast kriminell. Da mußte man seine Kritik vorsichtig verstecken, Themen nicht direkt benennen, sondern nur streifen, und alle wußten dann schon, was gemeint war. Die Zeitungen haben es auch so gemacht. Schon wenn man abwich vom offiziellen Sprachgebrauch, war es leise Kritik. Am meisten hat mich immer gestört, daß das, was offiziell verbreitet wurde, auch im Fernsehen, absolut unrealistisch war. Dann wurde man immer mehr eingeschränkt, was das Reisen betraf. Und dann mußte man sich immer überlegen, kann ich das bei dem Menschen so sagen, wie ich das denke, oder lasse ich das lieber? Das lernt man als Kind relativ schnell.

Im Kindergarten gibt es Geschichten über Ernst Thälmann, man bekommt Ideale vermittelt. Man denkt, ein toller Kerl, der Thälmann. Und man merkt, was die Erwachsenen von einem erwarten. Thälmann war dann eben ein lieber, netter Mann, einfach gekleidet, gab sein Geld den Armen und nicht seiner Familie. Ja, wenn die Person eine Autorität ist, die einem das erzählt, dann glaubt man es schon.

In der Schule haben wir begeistert Pionierlieder gesungen. Das war ganz lustig. Sportnachmittage gab es, Wanderungen. In der Unterstufe hat man alles geglaubt, was sie einem erzählt haben: Daß die DDR gut ist, weil die Werktätigen die Macht haben; die Freundschaft zur Sowjetunion; keine Arbeitslosen. Viel haben wir auch über den Faschismus und seine Entstehung gelernt. Aber wir sind schon so übersättigt damit, daß nun die Gefahr besteht, daß das Denken genau ins andere Extrem umschlägt. In den Rechtsextremismus.

Dann wurde einem viel Opportunismus anerzogen. Man merkt nachher gar nicht mehr, wann man lügt. Ich denke, in der Jugend ist es aber noch ziemlich einfach, sich wieder umzustellen. Man sieht ja, daß es jetzt irre viel Aktivitäten gibt, mit dem Ziel, es anders zu machen, damit es nicht wieder so wird. Aber ein Problem ist wohl, daß viele sehr rechts eingestellt sind. In der Schule gibt es das zwar nicht. Aber ich habe viele ausländische Freunde. Aus Nicaragua, Angola. Die kriegen hier immer mehr Probleme; der Ausländerhaß zeigt sich sehr stark. Sie müssen sich gut überlegen, wo sie hingehen. Sie gehen in Discos, wo auch andere von ihnen sind. Es wäre bestimmt „ungesund", in die Jugendclubs hier in der Umgebung zu gehen. Es ist auch deswegen schlimmer geworden, weil viele denken, die kaufen uns hier alles weg. Dabei müßte das eine normale Wirtschaft doch verkraften. Das kommt vom Mangel. Die Leute müssen doch merken, daß sie wieder nur einen Sündenbock suchen.

Ich möchte, daß dieser Staat hier antifaschistisch bleibt. Ich würde es echt nicht gut finden, wenn hier die Republikaner zugelassen würden. Da geht die Demokratie zu weit. Mir schwebt eine sozialdemokratische Richtung vor, Beispiel Schweden.

Sicher habe ich früher auch mal Phrasen gedroschen, und ich möchte das nie wieder tun. Irgendwas erzählen, bloß um eine gute Zensur zu kriegen. Die meisten Lehrer sind jetzt eigentlich froh, daß man ehrlich mit ihnen umgeht. Der Mathelehrer diskutiert auch ganz gerne mit uns, obwohl das nicht zur Mathematik gehört. Über Rumänien haben wir uns sehr emotional geäußert, weil es bei uns ja auch so hätte kommen können. Es gab ja auch schon solche Befehle in Leipzig. Haß haben wir auf Mielke, auf die Stasi. Honecker tut uns leid. Eine Opa-Figur. Mit ihm sind wir aufgewachsen. Ich bin 1972 geboren. Da war Honecker gerade ein Jahr an der Macht. Er hat also meine ganze Kindheit über von den Wänden gelächelt. Ich bin nicht dafür, ihn ins Gefängnis zu stecken. Er war senil und hat vielleicht gedacht, der Bevölkerung geht es genau so gut wie ihm. Und mit Rache kann man ja nun auch nichts wieder gut machen. An dem Punkt, ob es weiter eine DDR geben wird, da teilt sich die Meinung in der Schule. Viele sind gegen die Wiedervereinigung und viele dafür. Denen reicht der Sozialismus. Sie wollen jetzt was vom Leben haben und nicht, wenn der Sozialismus irgendwann mal funktioniert. Sie wünschen sich die Wirtschaftskraft der Bundesrepublik und frei konvertierbares Geld, damit man nicht überall, wo man hinfährt, wieder Bürger zweiter Klasse ist. Meine Meinung dazu ist: Wir wollen keine Kolonie werden, kein Billiglohnland, keine zweite Klasse, wie ehedem.

Vor der Ellenbogengesellschaft hätte ich auch Angst. Uns hier wird vieles abgenommen. Die Schule kümmert sich zum Beispiel um den Studienplatz für jeden. Das geht schon relativ einfach. Ich weiß nicht, wie das drüben geht. So was haben wir nie vermittelt gekriegt, wie das Sozialwesen im Westen funktioniert. Ich sehe nur, es hängt hier bei uns keiner auf der Straße und dort schon. Am besten wäre sicher, erst mal gemeinsam die Wirtschaft hier wieder hochzubringen und dann ganz langsam zusammenzuwachsen. Eine soziale Marktwirtschaft stelle ich mir vor. Dolle Bedingungen können wir natürlich nicht stellen, das geistige Potential wandert ja immer mehr ab. Aber vielleicht können sie drüben später mal auch was von uns lernen. Das Gemeinschaftsgefühl zum Beispiel. Daß man sich gegenseitig hilft. Ich gehe ab und zu mal ins Altersheim und helfe da mit, weil die dort absolute Schwierigkeiten haben. Und ich würde nie auf die Idee kommen, dafür Geld zu nehmen. Ich weiß nicht, ob es so was auch in der Bundesrepublik gibt. Am Bahnhof Zoo liegen die Verwahrlosten auf der Erde rum, das ist doch traurig. Sicher gibt es solche Leute hier auch, aber die saufen dann halt in ihren Wohnungen, in irgendwelchen Löchern. Man sieht sie nicht.

185   Ich bin ein Fan der Berge. Wir waren mit der Klasse mal im polnischen Riesengebirge. Haben Lagerfeuer gemacht im Schnee. Das gehört zu meinen schönsten Erinnerungen.

Später will ich vielleicht mal nach Lateinamerika als Arzt. Nach Nicaragua. Das muß ein wunderschönes Land sein. Aber dann will ich auch einen
190 ordentlichen Lebensstandard und eine nette Familie haben. Mit zwei Kindern. Aber meine Frau soll nicht zu Hause rumhocken. Sie soll sich selbst verwirklichen können, ihr eigenes Umfeld haben. Eifersüchtig darf sie nicht sein, sondern tolerant. Ich habe eigentlich schon mehrere Freundinnen gehabt. Ich probiere das erst mal aus und will mich nicht festlegen.

195   Für Europa wünsche ich mir, daß Militärblöcke verschwinden und die Ländergrenzen. Dann sollte man in der Dritten Welt das Elend lindern.

Die beiden deutschen Staaten könnten ab jetzt ganz allmählich zusammenwachsen. Irgendwo sind wir ja doch ein Volk. Und Deutschland hatte ja nicht nur schlechte Punkte in der Geschichte. Viele gute Wissenschaftler
200 und Künstler gab es, auf die man ruhig stolz sein kann.

NACH DEM LESEN

TEXTARBEIT

A. Machen Sie eine Liste von den Vor- und Nachteilen, die Raoul in der ehemaligen DDR sieht.

Vorteile	Nachteile
_____	_____
_____	_____
_____	_____
_____	_____

B. Raoul sagt an einem Punkt „Geschichte hat sich auch verändert." Wie kann sich Geschichte verändern? Erläutern Sie, was er damit meint.

C. Raoul hat eine recht differenzierte Einstellung zur FDJ, die im Westen immer als ideologische Schule der DDR angesehen wurde. Sammeln Sie die positiven und die negativen Aspekte der FDJ, wie Raoul sie sieht.

Vorteile	Nachteile
_____	_____
_____	_____
_____	_____
_____	

D. Hier weitere Fragen zum Text:

1. Raoul sagt, er habe Angst vor einer „Ellenbogengesellschaft". Was meint er damit?
   _____
   _____
   _____

2. Was ist die Alternative zu einer solchen Ellenbogengesellschaft?
   _____

3. Raoul hat ganz konkrete Ideen, wie er sich ein künftiges Europa wünscht. Wie sieht es aus, und sind seine Wünsche realisierbar?
   _____
   _____

4. Handelt es sich bei Raouls Bericht um einen schriftlichen oder eher um einen mündlichen Text, der dann aufgeschrieben wurde? Begründen Sie Ihre Meinung.
   _____
   _____
   _____

IN DER GRUPPE

A. Diskutieren Sie in der Gruppe die Vor- und Nachteile des Lebens in der früheren DDR. Benutzen Sie Ihre Liste mit Raouls Aussagen aus der vorangehenden Übung. (Denken Sie an die Formulierungen aus Thema 3 auf Seite 83, die helfen, Gegensätze auszudrücken.)

Geld ist nicht alles

B. Es wurde oft gesagt, in der DDR habe man nie eine andere, d.h. abweichende Meinung ausdrücken dürfen. Hat Raoul das bestätigt? Erklären Sie das.

C. Raoul kritisiert die kapitalistischen westlichen Gesellschaften, speziell die Bundesrepublik. Auch Ihr Land würde für Raoul in diese Kategorie der Ellenbogengesellschaften fallen. Finden Sie seine Kritik gerechtfertigt?

D. Machen Sie eine Liste der Vor– und Nachteile eines kapitalistischen Systems gegenüber einem sozialistischen wie z.B. der früheren DDR.

Vorteile	Nachteile
_____	_____
_____	_____
_____	_____
_____	_____
_____	_____

E. Können Sie sich vorstellen, in einem anderen System zu leben?

F. Wenn Sie ein politisch ideales System aufbauen könnten, wie sähe es aus? Hätte es Elemente des kapitalistischen und/oder des sozialistischen Systems? Oder wäre es ganz anders?

SCHREIBEN LEICHT GEMACHT

Schreiben Sie Raoul einen Brief, in dem Sie Raoul Ihre politischen Ansichten darlegen und sich mit seinen auseinandersetzen.

_____
_____
_____
_____
_____
_____
_____
_____
_____
_____
_____

TEXT 4

ES KOSTET NICHT DEN KOPF

VOR DEM LESEN

Lesen Sie den Text, und beantworten Sie dabei die folgenden Fragen.

1. Wer ist Bärbel Bohley?

2. Welcher Konflikt spielte sich zwischen ihren Eltern ab, als Bärbel Bohley noch sehr jung war?

3. Bärbel Bohley machte früher aktiv bei den kommunistischen Jugendgruppen mit. Was waren ihre Gründe dafür?

4. In der Oberschule änderte sich ihre Meinung zum System. Wie kam es dazu?

5. Obwohl sie eine Gegnerin des DDR–Systems war, sah sie darin Vorteile gegenüber dem Westdeutschlands. Welche Vorteile waren das?

6. Welche Nachteile hatte Frau Bohley dadurch, daß sie eine Gegnerin des Systems war? Wie denkt sie heute darüber?

Es kostet nicht den Kopf **135**

7. Wie beschreibt Bärbel Bohley das Erziehungssystem der ehemaligen DDR?

_____

_____

_____

8. Was ist für sie die ideale Erziehung von Kindern und Jugendlichen? Schreiben Sie nur Stichpunkte auf.

_____

_____

_____

GESPRÄCH MIT BÄRBEL BOHLEY

BÄRBEL BOHLEY IST MITBEGRÜNDERIN DER BEKANNTESTEN OPPOSITIONSBEWEGUNG IN DER DDR, DES NEUEN FORUMS. VON BERUF GRAFIKERIN, WAR BÄRBEL BOHLEY FÜR IHR ANDERSDENKEN IN DER DDR INHAFTIERT UND DES LANDES VERWIESEN WORDEN. ABER SIE SAGT:

ES KOSTET NICHT DEN KOPF

1   Frau Bohley, wie sind Sie die starke Oppositionelle geworden? Wie wurden Sie erzogen?

Ich habe eine ganz normale Entwicklung gehabt. Wie jedes Kind war ich Pionier und FDJler. Das gehörte halt dazu. Meine Eltern wollten nicht, daß
5 ich zu den Pionieren ging. Sie waren ziemlich unpolitische Menschen, waren immer Beobachter. Das hing damit zusammen, daß mein Vater nach dem Krieg Neulehrer geworden war. Aber kurz vor 1953 gab es einen Beschluß, daß alle Neulehrer in die Partei müssen. Und das hat er nicht gemacht. Er sagte: Ich bin bei den Nazis nicht in der Partei gewesen. Und ich lasse mich
10 von euch auch nicht zwingen, in die Partei zu gehen.

Was geschah dann?

Er war dann ziemlich lange arbeitslos. Diesen Konflikt habe ich als Kind bewußt mitgekriegt: Bleiben wir hier, oder gehen wir weg? Damals war ich acht. Mein Vater hatte ein Angebot aus dem Westen, von der AEG, wo er
15 früher mal gearbeitet hatte. Er sollte also abgeworben werden, wie man das damals nannte. Er wollte auch. Aber meine Mutter wollte nicht. Das hat wiederum mit der Geschichte meiner Eltern zu tun. Sie waren beide elternlos aufgewachsen und wurden viel bei fremden Menschen herumgestoßen. Als sie dann 1944 geheiratet hatten und 1945 ich geboren war, hatten sie
20 zum ersten Mal im Leben Familie und eine Wohnung. Und wer wegging aus der DDR, mußte eben damit rechnen, in der BRD lange in einem Lager

leben zu müssen. Eigentlich sind die heutigen Vorgänge für mich beinahe eine Wiederholung dessen, was ich schon einmal erlebt habe. Jedenfalls entschlossen sich meine Eltern, hier zu bleiben. Und mein Vater konnte
25 später wieder als Konstrukteur arbeiten.

Und warum wollten Sie Pionier werden, obwohl die Eltern es nicht gut hießen?

Ich ging zu den Pionieren, als es noch nicht die Mehrheit der Kinder tat. Es waren erst wenige. Ich wollte dazu gehören. Ich kam stolz mit meinem
30 blauen Halstuch nach Hause. Aber dann hatte sich das schon wieder erledigt, als ich das Halstuch hatte. Dann bin ich irgendwann in die FDJ gegangen. Auch freiwillig. Meine Freundinnen waren in der FDJ, also war ich auch in der FDJ. Dann bin ich zur EOS, zur Oberschule, gekommen. Dort fing es an, daß ich Ärger bekam. Da gab es eine Zeit, in der großer Druck
35 ausgeübt wurde. Aber die Mauer habe ich 1961 noch begrüßt.

Warum?

Meine Generation ist ja von anderen Fragen geprägt worden. Von tiefem Mißtrauen gegenüber jedem, der älter war. Was hat er gewußt? Wie weit waren die Eltern verstrickt in den Terror, der gerade vergangen war?
40 Um diese Auseinandersetzung ist man nicht herumgekommen. Ich habe zwischen den Trümmern Berlins gespielt. In alten Stahlhelmen haben wir uns Suppe gekocht. Wir waren Höhlenkinder, sind im Reichstag herumgeklettert, haben am Russendenkmal mit Russen gesprochen und Lagerfeuer gemacht. In der Spree konnte man noch baden. Da haben wir Krebse gefan-
45 gen. Man traf den Krieg auf Schritt und Tritt. Dadurch ist man auf diese Zeit vor uns gestoßen worden. Im Hause lebten alte Muttchen, die aus Schlesien kamen, Einbeinige, Blinde. Da kam man schon auf solche Themen: Wir sind

Das Leben in der DDR war nicht nur Müh' und Not.

Es kostet nicht den Kopf **137**

das bessere Deutschland. Wir haben aufgeräumt. Die Nazis sind alle im Westen. Das war für mich glaubwürdig. Für mich war das hier schon das bessere Deutschland. Außerdem bin ich in einer Zeit groß geworden, als Hunderttausende die DDR verließen. Man ist morgens in die Schule gekommen und Brigitte, mit der man jahrelang gespielt hatte, war nicht mehr da. Und so ging das ständig. Der Abgang war allgegenwärtig. Darum habe ich die Mauer als Möglichkeit gesehen, daß man hier versucht, was Eigenes aufzubauen. Ich habe ja auch Schieber erlebt, die einen dicken Max gemacht haben mit ihrem vielen Geld. Das war alles schon mal da. Allerdings unter anderen Voraussetzungen. Damals wollte ja noch einer den anderen fertig machen. Jetzt sieht es so aus, als ob keine der beiden Seiten einen Konflikt daraus machen will. Damals haben wir mit ungeheuren Spannungen gelebt.

Warum bekamen Sie an der Oberschule Ärger?

In der Oberschule habe ich dann gesehen, daß die Mauer nicht zu einer Freiheit innen führt, sondern immer nur dazu diente, Druck auszuüben. Damals gab es ja die ersten Lewis-Hosen(Jeans), die die Begeisterung eines jeden von uns waren. Oder die kurzen Haare, die nur einen Zentimeter lang waren. Und Nickelbrillen. Wer so rumlief, konnte von der Schule fliegen. Es gab Auseinandersetzungen darüber in der FDJ. Das hat meinen Gerechtigkeitssinn zutiefst verletzt. Das kehrte dann immer wieder. Mal durfte man keine langen Röcke tragen, mal keine Miniröcke. Solche Grenzen wurden als Zeichen der Unterwerfung gesetzt. Wenn man sie anerkannte und sich unterwarf, hatte man Ruhe. Und wenn man das nicht tat, hatte man ewig Reibereien. Ich stand in der Schule öfter auf der Kippe. Bald habe ich gemerkt, daß das nicht am einzelnen Lehrer lag, sondern daß das schon System war.

Manche Lehrer waren ganz nett. Unter vier Augen distanzierten sie sich oft von ihren eigenen Entscheidungen. Das hat natürlich auch nicht dazu beigetragen, daß man mehr Achtung vor den Älteren bekam. Auf mich hat das immer so gewirkt, daß ich Wut bekam. Ich fand es unmoralisch, daß man einmal so und einmal anders agierte. Obwohl ich eigentlich Glück hatte, nie an so einen ganz scharfen Typ zu geraten. Sondern ich habe meistens erkannt: Der ist ja auch nur ein Opfer. Ich hatte die Chance, das zu erkennen, weil ich mich schon eingehend mit der Nazi-Zeit beschäftigt hatte. Und da war mir klar geworden: Der einzelne ist Opfer. Nicht alle waren Nazis, viele haben gelitten. Trotzdem hat es funktioniert. Und dann kam also die Wiederholung in sehr viel abgeschwächterer Form, ohne diese Auswüchse. Aber das Funktionieren war ähnlich. Die Gesellschaft funktionierte in gewisser Weise wie damals. Mit Angst und diesem doppelten Leben.

Sie wollten sich ja beruflich nie mit dem Staat einlassen. Sind Sie deshalb Künstlerin geworden?

Ich habe nach dem Abitur erstmal sechs Jahre gearbeitet, weil ich gar nicht wußte, was ich mal machen wollte. Ich habe mich nie mit der Lüge eingelassen. Eingelassen mit der Gesellschaft habe ich mich schon, denn ich habe mich ja immer auseinandergesetzt.

Also ist Ihr Weg so konsequent aus der Erkenntnis heraus, daß diese Politik hier nicht zu einer freieren und gerechteren Gesellschaft führt, die sich Sozialismus nennt. Es leiden ja jetzt viele, die immer geglaubt haben, der Sozialismus sei gerechter und moralisch überlegen, unter einem Verlustgefühl.

Das ist er ja sicher auch. Bloß, wenn kein Sozialismus da ist, ist keiner da. Daß das hier keine gerechte Gesellschaft war, das konnte jeder sehen. Insofern verstehe ich auch nicht, daß sich heute so viele wundern.

Es gab das Argument, es würde auf der ganzen Welt noch keinen besseren Sozialismus geben. Also müssen wir diesen nehmen, den „real existierenden", und was draus machen.

Hinter diesem Argument sehe ich ein Verstecken vor sich selbst. Man müßte sich sonst eingestehen, daß man vieles mitgetragen hat. Ich hatte Gespräche mit Schülern. Und nicht ein einziger hat dieses hier als die bessere Gesellschaft gesehen.

So sagt es ja heute auch keiner mehr. Viele stecken einfach voller Vorurteile, die ihnen hier eingepflanzt worden sind, auch gegenüber der Bundesrepublik.

Das ist mehr Desinformation. Deswegen haben sie trotzdem gesehen, daß hier nichts los ist.

Sie haben aber gedacht, drüben ist es noch schlimmer. Und es liegen überall Rauschgifttote herum. Deswegen haben sie sich das Leben in der DDR schöngeguckt, haben es als das kleinere Übel angesehen.

Soziale Sicherheit, die gab es hier ja wirklich. Ich meine, zwei Millionen Arbeitslose in der Bundesrepublik, darunter leiden sehr viele. Ich denke, da ist der Westen gegenüber seinen eigenen Problemen blind.

Kann man denn ein Land daran messen, welche Probleme bestimmte Menschengruppen haben?

Wenn man ein Kind hat und das nimmt Rauschgift, so ist das furchtbar. Nun kann man sagen, nur soundsoviel Prozent nehmen das. Aber wenn man es persönlich sieht, ist es schrecklich. Und da finde ich es auch schrecklich, wenn man arbeitslos ist und arbeiten möchte. Und da kann man nicht sehen,

Bärbel Bohley, eine der führenden Dissidentinnen der früheren DDR.

Es kostet nicht den Kopf

daß der Supermarkt groß und toll ist. Es ist die Frage, woran man sich orientiert. Ich finde es gut, wenn Jugendliche auch nach dem letzten in der Gesellschaft gucken. Und das nicht verstecken und vergessen. Das ist eine große Chance für die Jugendlichen hier in der DDR. Das ist doch sehr schön, daß sie das soziale Empfinden so anerzogen bekommen haben.

Das habe ich bei jedem meiner Gesprächspartner gefunden. Aber bleiben wir bei Ihrer persönlichen Entwicklung.

Ich habe dieser DDR viel zu verdanken. Insofern fühle ich mich hier verwurzelt. Ich freue mich, wenn Jugendliche auch so etwas fühlen. Traurig macht mich nur, wenn ich sehe, daß das Gerechtigkeitsgefühl, das man hier anerzogen bekommt, auch wieder gebrochen wird. Weil der Staat so einen Druck ausübt, daß man die guten Ansätze nicht leben konnte. Wer das gelebt hat, bekam eben Schwierigkeiten. Aber daß es erst mal da war, das betrachte ich als Bereicherung.

Würden Sie das der Volksbildung der DDR zugute halten?

Nun ja, das kritisiere ich ja, daß das immer weniger wurde. Meine Jugend war geprägt von dem Gedanken: Hier ist das bessere Deutschland, und wir sind alle gleich. Aber das ist doch immer mehr verkommen.

Trotzdem sind die Heutigen auch mit dem Glauben aufgewachsen, hier sei das bessere Deutschland. Sie sind mit dem moralischen Konflikt großgeworden, daß dem Sozialismus zwar die Zukunft gehört, daß er es bloß noch nicht zeigen kann.

Aber das Leben wurde immer unerträglicher. Die Kinder wußten schon, ich muß nur das und das sagen, damit ich zur Oberschule komme, damit ich Karriere mache.

Ja, und ihnen war nicht klar, wie schädlich das eigentlich für sie ist. Sie haben funktioniert, ohne daß ihnen bewußt war, daß sie sich eigentlich hätten wehren müssen. Sie haben ja Ihren Sohn in eben diesem Umfeld heranwachsen sehen. Konnte man sich denn wehren?

Ich habe überhaupt keine Schwierigkeiten gehabt. Außer den normalen, die aus unserer politischen Haltung erwachsen. Darüber war ich mir aber völlig im klaren. Mein Sohn war nicht bei den Pionieren, nicht in der FDJ. Er hat nie die vormilitärische Ausbildung mitgemacht. Und ich wußte, dann kommt er eben nicht zur EOS (Oberschule). Und er wußte das auch. Darüber haben wir gesprochen. Schulbildung ist nicht alles, habe ich gesagt, zieh durch, was du möchtest. Jetzt macht er auf der Abendschule sein Abitur. Das ist schwerer. Aber wir haben auch darüber gesprochen, daß es schwer ist, zu sich zu stehen. Daß man da aber durchkommt und hinterher ein Stückchen größer ist. Er will Gartenarchitektur studieren.

Also schafft er auf seine Weise das gleiche, wie andere, die sich angepaßt haben?

Ja. Und das war auch eine Erfahrung, die ich gemacht habe. Ich habe mir immer gesagt: Es kostet nicht den Kopf. Ganz egal, was ich mache, die stellen dich nicht an die Wand und erschießen dich ohne Gerichtsurteil. Und insofern bin ich mitverantwortlich dafür, was aus diesem Lande wird. Darum denke ich, daß die Leute zuviel Angst gehabt haben. Angst um ihre Privilegien. Denn das war eine Privilegiengesellschaft hier. Fast jeder hatte welche. Ich glaube, man lebt freier, wenn man begreift, daß man keine Privilegien braucht. Gut, ich würde auch lieber in einer anderen Wohnung wohnen als in diesem verfallenen Haus hier. Aber ich habe festgestellt, daß ich vielleicht besser lebe, als manche Leute mit einem Haus und Hund und Koniferen davor. Ich habe ein interessanteres Leben hier im Prenzlauer Berg als viele andere im Villenviertel.

Wichtig ist, wovon die Werte bestimmt werden.

Bei Ihrem Sohn haben Sie das offenbar geschafft, daß er sich an sich selbst orientiert, sich nichts einreden läßt?

Ich denke, ja. Das Schrecklichste, was hier passiert ist, was ich für das Hauptproblem in der Volksbildung halte, das ist der zentrale Lehrplan, daß alle gleich erzogen wergen. Theoretisch hat sich immer alles gut angehört. Aber praktisch durfte man es nicht verwirklichen. Was man gelernt hat, durfte man nicht leben. Wenn man das gemacht hat, ist man in Konflikt mit den Strukturen gekommen.

Können Sie ein Beispiel sagen?

Wilhelm Tell ist ein großartiger Mann gewesen, der sich gewehrt hat gegen die Obrigkeit. So lernte man es im Literaturunterricht. Aber wenn man das selbst tun wollte, dann wurde man dafür geprügelt. Und das trifft auf vieles zu. Solidarität war immer ein so großer Wert. Aber wenn man kameradschaftlich sein wollte, wenn man einem geholfen hat, der Schwierigkeiten hatte, wie bei den Ossietzkyschülern (Schüler am Ossietzky-Gymnasium), dann hat man dafür so eine auf den Kopf gekriegt, daß man jeden Mut verlor, sich zu solidarisieren.

Die humanistischen Grundwerte, die ja vorhanden sind wie im Literaturunterricht zum Beispiel, die sollte man in der Schulbildung kommender Generationen erhalten?

Sicher doch. Die Schizophrenie, die hier stattfand war ja, daß auch die Lehrer so beschnitten waren. Sie haben sich eingebildet, Persönlichkeiten zu erziehen. Damit wurden die Schüler aber nur reglementiert.

Was für Vorstellungen haben Sie, wie man die Heranwachsenden erziehen sollte?

Ich denke, daß für uns hier die Volksbildung in den nächsten Jahren mit das Wichtigste sein wird. Um eine freie Generation heranwachsen zu sehen, die sich nicht scheut zu sagen, was sie denkt, die Lust hat zum Experimentieren.

Welche Überlegungen gibt es dafür?

Ich denke, daß die Schulen autonom arbeiten müssen, daß nicht alles zentral geleitet und gelenkt sein darf. Es müssen Einheiten werden, die unabhängig sind, die sich selbst Gedanken machen.

Gibt es dafür Beispiele in der Welt, die Sie als Vorbild nehmen würden?

Es gibt ja im Westen mehrere Schulformen, Experimente, die ich aber nicht alle so gut kenne. Aber ich sehe, daß hier Leute mit solchen Ideen kommen, wie z.B. Waldorf-Schulen einzurichten. Hier könnte man das ja anders finanzieren, ohne daß die Eltern viel Geld bezahlen müssen. Alles sollte viel mehr im freien Spiel passieren. Es sollte nicht so sehr zählen, wer in Mathe eine Eins hat, sondern mit wem man als Mensch gut auskommt. Es kommt doch darauf an, sich freundschaftlich zu verhalten.

Wenn man den heutigen, oft unfähigen Pädagogen, die ja jahrelang nur auf Order gearbeitet haben, plötzlich die Inhalte überläßt, würden da nicht noch mehr schlechte Schulen entstehen?

Es muß so sein, daß die Eltern ein größeres Mitspracherecht haben. Es müßte eine Einheit der drei Seiten entstehen - Eltern, Lehrer, Schüler. Und sie müssen ihre Vorstellungen gemeinsam verwirklichen können. Nicht, daß sich alles danach richtet, was sich irgendwelche Leute in irgendeinem Ministerium ausdenken. Manche Schulen müssen mehr Wert auf Musik legen, manche auf Mathematik und so weiter.

Die Polytechnische Oberschule, wie sie bisher war, halten Sie nicht für eine solche Möglichkeit?

Nein, da kann ja keine Kreativität entstehen, wenn wieder alles von oben bestimmt wird. Das System muß aufgebrochen werden.

Es geht also vorrangig um mehr Kreativität?

Ja. Das ist meiner Meinung nach das, was am allermeisten unterdrückt worden ist. Phantasie und Kreativität. Auf uns kommt ja zu, wahnsinnig viele Probleme zu lösen. Und ohne diese beiden Sachen sitzen wieder alle nur da und warten, daß schon wieder jemand kommt und sagt, wie sie es machen sollen.

Aber exaktes Wissen, zum Beispiel in Physik, gehört auch dazu, wenn man etwas verändern will.

Sicher. Aber man kann alle Fächer so vermitteln, daß der Schüler sich dabei wohlfühlt und sich nicht vorkommt wie eine Lernmaschine.

Also meinen Sie, daß Lernen Spaß machen soll?

Na sicher. Die Experimente, die im Westen gemacht werden, die müssen sich Leute ganz genau ansehen, was man da für uns verwerten kann und was nicht.

Kann man sich jetzt, da die DDR so existentielle Probleme hat, überhaupt mit solchen Fragen beschäftigen?

Das ist wichtiger, als sich mit anderen Sachen zu beschäftigen. Das Furchtbare ist, daß Lehrer hier ein diskreditierter Beruf ist, und daß bisher kaum Leute Pädagogik studierten, die eigene Ideen haben.

Also wird der Zustand nicht kurzfristig zu ändern sein?

Das wird ein langwieriger Prozeß sein. Aber es muß viel getan und wenig reglementiert werden. Die Eignungsfrage muß bei Studienbewerbungen ganz anders gestellt werden. Bisher war es so, daß der Angepaßteste den besten Studienplatz bekam. Jetzt zeigt sich bei der Fluchtwelle, wie falsch das war. Lehrer gehen ja zum Beispiel nicht aus ethischen Gründen weg, sondern weil sie selbst besser leben wollen. Wo ist eigentlich die Berufsmoral geblieben? Wenn ein Arzt sagt, er geht weg, weil er hier keine guten Geräte hat, dann frage ich mich, ob das einer ist, der den Menschen helfen will. Doch das gehört wohl schon ins vorige Jahrhundert. Sonst müßten die alle mit einem sehr schlechten Gewissen hier weggehen. Daß es immer Gründe geben kann, wegzuziehen, ist klar. Aber wenn es Tausende sind, die sich keine Gedanken machen, was hier mit den Menschen wird, dann ist das ein Problem, das überall nach Veränderung schreit. Studieren müssen diejenigen dürfen, die sich für ein Fach begeistern können. Die etwas wollen für die Menschen.

Kümmert sich das Neue Forum direkt um solche Problematik?

Wir wollen gerne, daß sich solche Initiativen für neue Schulformen, für verschiedene Spielarten der Kindererziehung, bilden. Das unterstützen wir. Ich denke, daß da die Eltern gefragt sind. Viele waren unzufrieden, haben sich für ihre Kinder engagiert, im Elternaktiv, haben Zirkel geleitet. Diese Leute sind gefragt.

Was würden Sie erhalten wollen aus dem jetzigen Bildungssystem?

Das gleiche Recht für jedes Kind, was bisher ja schon gepredigt wurde, das müßte erst mal verwirklicht werden, ohne Ansehen der politischen Einstellungen. Auch die Schulgebäude selbst sind ätzend. Ich weiß nicht, ob es viel Erhaltenswertes gibt. Aber man kann nicht alles auf einmal abschaffen.

NACH DEM LESEN

TEXTARBEIT

A. Beantworten Sie die folgenden Fragen.

1. Warum sind Bärbel Bohleys Eltern nicht in den Westen gegangen, als das noch möglich war?

   _____

   _____

   _____

2. Frau Bohley ist direkt nach dem Krieg aufgewachsen. Welchen Einfluß hatte das auf die Entwicklung ihrer politischen Anschauungen?

_____
_____
_____
_____

3. Welche Nachteile sah Frau Bohley im Sozialismus, wie er in der DDR existierte, und im Kapitalismus Westdeutschlands? Machen Sie zwei Listen.

DDR	BRD
_____	_____
_____	_____
_____	_____
_____	_____

4. Wie stellt sich Bärbel Bohley das ideale Erziehungssystem vor?

_____
_____
_____
_____

B. Angenommen, Sie hätten dieses Interview mit Frau Bohley geführt: Sie schreiben für eine deutsche Zeitung und müssen dieses Interview in einen kurzen Artikel umschreiben. (Denken Sie daran, daß Sie die direkte Rede vermeiden sollten und Zitate in der indirekten Rede abfassen müssen. Dabei verwenden Sie den Konjunktiv.)

_____
_____
_____
_____
_____
_____
_____
_____

IN DER GRUPPE

A. Welche Nachteile sehen Sie persönlich im Sozialismus bzw. im Kapitalismus? Machen Sie als Gruppe eine Liste.

Sozialismus   **Kapitalismus**

_____   _____

_____   _____

_____   _____

_____   _____

_____   _____

B. Obwohl Frau Bohley den DDR-Sozialismus – oft der „realexistierende Sozialismus" genannt – scharf kritisiert, ist sie nicht in den Westen gegangen. Was waren ihre Gründe dafür?

C. Was hätten Sie gemacht, wenn Sie Frau Bohley gewesen wären? Wären Sie auch in der DDR geblieben, oder wären Sie in den Westen gegangen?

D. Schließen Sie sich Frau Bohleys Meinung zum idealen Erziehungssystem an, oder haben Sie andere Vorstellungen? Machen Sie zwei Listen, und diskutieren Sie sie.

Bärbel Bohleys Ideen   **Unsere Ideen**

_____   _____

_____   _____

_____   _____

_____   _____

_____   _____

SCHREIBEN LEICHT GEMACHT

Nehmen wir an, Sie arbeiten als Reporter/in für einen Radiosender. Sie haben Bärbel Bohley interviewt und sollen jetzt einen dreiminütigen Bericht zusammenstellen. Dazu müssen Sie natürlich einiges aus dem Interview herauslassen, anderes zusammenfassen, wichtige Antworten möglicherweise im Original belassen. Schreiben Sie ein Skript für eine solche dreiminütige Sendung. Machen Sie im Skript deutlich, welche Teile <u>Sie</u> sprechen, und welche Teile Sie aus dem Original-Interview (sogenannter „O-Ton") übernehmen.

TEXT 5

IMMER ÄRGER MIT DEN PREISEN

VOR DEM LESEN

Der folgende Zeitungsartikel beschreibt, was die Vereinigung für die Familie Bartel aus der ehemaligen DDR gebracht hat.

1. Nach allem, was Sie bereits über die Vereinigung wissen, was erwarten Sie von diesem Artikel?

2. Lesen Sie jetzt den Artikel, und machen Sie eine Liste aller Probleme, die im Artikel angesprochen werden.

Für die Ostdeutschen gehört die Marktwirtschaft inzwischen zum Alltag. Am Beispiel einer Berliner Familie berichtet die ZEIT regelmäßig über die Erfahrungen und Erwartungen der neuen Bundesbürger.

Immer Ärger mit den Preisen

Trotz ihrer Arbeitslosigkeit bleiben Petra und Andreas Bartel erstaunlich gelassen / Von Peter Christ

Euphorisch waren die Bartels nie. Von Anfang an haben sie den Weg der DDR nach der Wende mit einer Mischung aus Sorge, Skepsis, aber auch Hoffnung und Freude begleitet. Sechzehn Monate nach der wirtschaftlichen und dreizehn Monate nach der staatlichen Vereinigung der beiden deutschen Staaten hat sich an der Gefühlslage von Petra und Andreas Bartel wenig geändert. Sie hoffen immer noch auf bessere Zeiten, aber einige ihrer Sorgen, die sie von Anfang an hatten, lasten nun schwer auf ihnen.

Kein Wunder: Petra (32) ist seit Mitte Mai arbeitslos, ihr Mann Andreas (33) hat Anfang Oktober die Kündigung bekommen. Vom 1. November an setzt ihn sein Arbeitgeber, die SBV Fleisch GmbH in Ostberlin, auf Kurzarbeit mit null Arbeitsstunden, Ende des Jahres läuft der Job ganz aus.

Petras Befürchtung, daß ihre Chancen als Mutter von zwei kleinen Söhnen auf dem Arbeitsmarkt schlecht stünden, haben sich auf höchst ärgerliche Weise bestätigt. Bis zur Geburt von Marco, ihrem jüngsten Sohn, im Frühjahr 1990 hatte sie für die damalige Volkssolidarität halbtags Alte und Behinderte betreut. Am 15. Mai 1991 war das Babyjahr beendet, und sie hätte auf den gesetzlich garantierten Arbeitsplatz zurückkehren können – wenn es nicht die Probleme mit dem Krippenplatz für Marco gegeben hätte.

Diesen Krippenplatz hatte sie schon Ende vergangenen Jahres schriftlich beantragt. Viel zu früh, sagte ihr damals die Bezirksverwaltung, bei der sie nochmals nachfragte. Sie solle einen Monat, bevor sie den Platz brauche, wiederkommen, das sei völlig ausreichend. Doch Mitte April war ihr Antrag bei der inzwischen umgezogenen Behörde unauffindbar, und einen der angeblich reich vorhandenen Krippenplätze gab es auch nicht.

Als Petra dies ihrem Arbeitgeber mitteilte, drängte er sie, auf der Stelle zu kündigen. Anderenfalls müsse er sie aus disziplinarischen Gründen fristlos entlassen, weil sie die Arbeitszeit nicht einhalten könne. Petra ignorierte dieses Ultimatum und suchte den Rat einer Anwältin. Worauf der Arbeitgeber einlenkte und ihr fristgerecht kündigte. Nur dadurch behielt sie den Anspruch auf Arbeitslosengeld, das heute mit 302 Mark monatlich zum Familienbudget beiträgt.

Inzwischen hat sie den Krippenplatz für Marco bekommen; und das Arbeitsamt hat sie an eine Ostberliner Familie vermittelt, die eine Haushaltshilfe für vier Stunden täglich sucht. Petra will 700 Mark netto im Monat verdienen. Läßt die Familie sich darauf ein, kann sie noch im November beginnen.

Für den Etat der Familie Bartel wäre dies überaus hilfreich, denn Andreas' Lohn wird vom 1. November an wegen der Kurzarbeit von rund 1500 Mark netto auf gut 1000 Mark Kurzarbeitergeld sinken. Der Betriebsteil, in dem der gelernte Metzger bisher in der Nachtschicht Schweinehälften zerlegte, wird geschlossen. Andreas könnte sich für eine Stelle in einem anderen Betrieb des Unternehmens bewerben. Doch „für 9,41 Mark pro Stunde arbeite ich nicht mehr", sagt er bestimmt. Außerdem bekäme er dann nicht die rund 5000 Mark Abfindung, mit der die Entlassung nach elf Jahren Betriebszugehörigkeit gepolstert wird.

Andreas Bartel hofft, einen besser bezahlten Job im Westteil der vereinten Stadt zu finden, die immer noch von einer Einkommensgrenze geteilt wird. Er will sich bei einer Firma bewerben, zu der viele seiner Kollegen gleich nach der Maueröffnung wegen der höheren Löhne abgewandert waren. Der Traum des Metzgers ist es, dann in der Rinderschlachtung zu arbeiten; eine Stelle, die mehr Abwechslung verspricht als das allnächtliche Zersägen von Schweinehälften. Heute bereut er, nicht wie viele andere schon längst in den Westen Berlins gewechselt zu sein.

Ob der Betrieb im Westen ihn nehmen wird, weiß er noch nicht. Nur den Weg zur erhofften Arbeitsstätte hat er erkundet. „Eine halbe Stunde mit dem Fahrrad, das ist zumutbar", meint Andreas. Vom Verdienst hat er noch keine präzisen Vorstellungen. In vielen Westberliner Firmen bekommen Ossis nur sechzig Prozent des Lohnes ihrer Westkollegen, hat das Ehepaar gehört. Dies empfinden zwar beide als ungerecht, trotzdem bleibe immer noch mehr übrig als heute.

Immer Ärger mit den Preisen **147**

Die Schattenseite der Vereinigung – viele Menschen verlieren ihre Arbeitsplätze.

Trotz der ungewissen Zukunft sind Petra und Andreas Bartel erstaunlich gelassen. Stellenanzeigen hat Petra gelegentlich gelesen: Metzger werden kaum gesucht, dafür aber junge, dynamische Leute für Jobs, die ihr zwielichtig erscheinen. Andreas will erst mit der Suche beginnen, wenn er auf Kurzarbeit gesetzt ist, und vor dem 1. Januar will er keinesfalls wechseln, weil er sonst die Abfindung riskieren würde. Nüchternes wirtschaftliches Kalkül haben beide schnell gelernt.

Ganz wohl ist Andreas allerdings nicht bei dem Gedanken, im Westen zu arbeiten. Die Vertrautheit mit seinem alten Betrieb hat er sehr geschätzt. Andreas: „Den kannte ich von A bis Z, was mich im Westen erwartet, weiß ich nicht."

Die Vorzüge der Marktwirtschaft, die es den beiden noch im September sehr angetan hatten, finden sie heute kaum noch der Rede wert. Das reichliche Angebot an Waren, das Einkaufen ohne anzustehen, sind alltäglich geworden. Petra kann sich die ständigen Preisschwankungen nicht erklären. „Mal kostet die Rama in der Kaufhalle 1,39 Mark, dann 1,69, ich weiß nicht warum. Beim Joghurt ist es ähnlich. Es geht immer nur um Groschen, aber das summiert sich." Daß viele Waren billiger sind als vor der Wende, ist fast vergessen.

Eine Fahrt mit der Straßenbahn kostet jetzt 1,80 Mark, zu DDR-Zeiten waren es nur zwanzig Pfennig. Das Briefporto ist fünfmal teurer als vor anderthalb Jahren. Die Wohnung von rund neunzig Quadratmetern kostet seit Oktober 374 Mark statt 84 Mark Miete, für Gas und Strom müssen die Bartels 263 Mark im Quartal statt früher 63 Mark zahlen. Daß sie jetzt aber 303 Mark Wohngeld pro Monat bekommen, unter dem Strich also dreizehn Mark weniger für die Miete aufbringen müssen, dämpft ihren Ärger über die anderen Preissteigerungen nur wenig.

„Insgesamt ist unser Lebensstandard seit der Wende gesunken", urteilt Andreas. Das Paar macht, mit Maßen, Gebrauch vom Dispositionskredit, den es vorher nicht gab. Vergnügungen wie die sonst häufigen Besuche im Tierpark sind wegen der drastisch erhöhten Eintrittspreise gestrichen. Gegessen wird nur noch zu Hause, Gaststätten, wo es früher für fünf Mark schon eine Mahlzeit und für sechzig Pfennig ein Bier gab, meidet die Familie heute ebenso wie die Biergärten in Friedrichshain. „Stirb langsam Teil II" war der letzte Film, den sich Petra und Andreas im Kino angesehen haben. Das war gleich nach der Maueröffnung, im Marmorhaus auf dem Kurfürstendamm und hat insgesamt zwanzig Mark Eintritt gekostet. Seit die Kinos im Osten der Stadt fast ebenso teuer sind wie im Westen, leihen sie sich lieber einen Videorekorder, weil das billiger ist. Ersparnisse, mit denen sie längere Arbeitslosigkeit überbrücken könnten, haben die Bartels nicht.

Nicht nur die materielle Seite ihres Lebens hat sich im Urteil der Bartels verschlechtert. Vor einigen Wochen sind Petra und ihre Söhne auf dem Alexanderplatz von einer Horde vermummter Neonazis beinahe überrannt worden. In der Nachbarschaft häufen sich die Wohnungseinbrüche. Vom Fahrrad des sechsjährigen Guido ist das Hinterrad gestohlen worden, an Andreas' Fahrrad fehlte eines morgens die Befestigung des Lenkers. Petra ist nach einem Elternabend in der Schule von einem Autofahrer mit eindeutigen Angeboten belästigt worden. Guidos Schule hat die Eltern vor einem „Entblößer" gewarnt, der sich auf dem

Pausenhof gezeigt hat. Wenn Petra im Dunkeln ihre Wohnung verläßt, hat sie jetzt immer ein Fahrtenmesser dabei. „Früher ist auch geklaut worden", sagt Andreas, „aber jetzt wird es schlimmer."

Entsetzt sind beide über die grassierende Ausländerfeindlichkeit und die, nach ihrem Empfinden, tatenlose Polizei, die viel energischer gegen Skinheads und Neonazis vorgehen müsse. Gewachsen ist ihre fast an Verachtung grenzende Abneigung gegen Politiker, denen sie vor allem die unlängst beschlossene Diätenerhöhung für Bundestagsabgeordnete übelnehmen. Petra: „Die genehmigen sich mehr Knete, und dem kleinen Ossi werfen sie vor, er verschwende Geld und bringe keine Leistung."

Trotz aller Kritik an einigen Erscheinungen des neuen Wirtschaftssystems und der Ungewißheit über ihre beruflichen Aussichten glauben die Bartels an Besserung in der Zukunft. „Wir haben jetzt noch vier, fünf schwierige Jahre vor uns", sagt Andreas, „dann wird es uns besser gehen als heute." Und Petra, deren Urteile drastischer sind als die ihres Mannes, meint: „Es ist heut besser als es früher war, auch wenn uns der Kohl verraten und verkauft hat."

Zurück zu den alten Verhältnissen wollen beide auf gar keinen Fall. Petra: „Wenn ich die Typen höre, die CDU gewält haben und jetzt schon wieder nach den Roten schreien, kann ich wütend werden."

NACH DEM LESEN

TEXTARBEIT

A. Beantworten Sie die folgenden Fragen zum Text.

1. Frau Bartel hat große Probleme, eine neue Arbeitsstelle zu finden. Warum?

2. Warum muß Frau Bartel arbeiten?

3. Wie hat sich die materielle Seite ihres neuen Lebens geändert? Welche Einzelheiten aus dem Alltag führt der Artikel an?

4. Nicht nur die materiellen Umstände haben sich für die Bartels verschlechtert, sondern die Lebensqualität insgesamt. Welche Beispiele nennen Petra und Andreas?

Immer Ärger mit den Preisen

5. Was erwarten die beiden von der Zukunft?

    _____

    _____

    _____

B. Beschreiben Sie die Schwierigkeiten von Frauen mit Kindern in der westdeutschen Arbeitswelt.

    _____

    _____

    _____

C. Herr Bartel hat gemischte Gefühle, wenn er daran denkt, vielleicht bald als Metzger in Westdeutschland zu arbeiten. Welche Vor- bzw. Nachteile sieht er? Machen Sie zwei Listen.

Vorteile	**Nachteile**
_____	_____
_____	_____
_____	_____

IN DER GRUPPE

A. Vergleichen Sie Frau Bartels Probleme, als Mutter eine Arbeitsstelle zu finden, mit der Situation von Frauen in Ihrem Land. Hätte Frau Bartel in Ihrem Land ähnliche Probleme?

B. Was halten Sie von Herrn Bartels Aussage, für 9,41 Mark pro Stunde arbeite er nicht mehr?

C. Die Bartels haben einige Schwierigkeiten in ihrem Leben, materielle und nichtmaterielle. Machen Sie eine Liste. Schreiben Sie dann Probleme auf, die Sie in Ihrem Land haben. Vergleichen Sie die beiden Listen.

Probleme der Bartels	**Unsere Probleme**
_____	_____
_____	_____
_____	_____
_____	_____

D. Sehen Sie sich den Mauerspruch und den Witz an. Was bedeuten sie?

> Wir sind das Volk.
> Wir sind ein Volk.
> Ich bin Volker.

Spruch an der Berliner Mauer nach der Öffnung

> Ossi zu Wessi: Wir sind ein Volk.
> Wessi zu Ossi: Wir auch.

Witz im Osten

SCHREIBEN LEICHT GEMACHT

Wie Sie gesehen haben, basiert dieser Artikel auf einem Interview. Versuchen Sie jetzt, dieses Interview zu rekonstruieren. Machen Sie deutlich, wer was sagt bzw. fragt. Denken Sie daran, daß Sie viele Konstruktionen ändern müssen, z.B. müssen Konjunktive der indirekten Rede in Indikative der direkten Rede verwandelt werden.

Immer Ärger mit den Preisen

❦❦ WEITERE TEXTE ❦❦

BILDMATERIAL

Auf den folgenden Seiten finden Sie keine Texte im engeren Sinne, sondern Statistiken, Cartoons und Diagramme. Wenn man weiß, wie man solche Materialien interpretiert, kann man daraus möglicherweise mehr Informationen bekommen als aus Texten.

A. Sehen Sie sich die Statistik an. Versuchen Sie sie noch nicht zu interpretieren, sondern beschreiben Sie zunächst nur, welche Informationen Sie der Statistik entnehmen können.

_____

_____

_____

_____

B. Beantworten Sie jetzt die folgenden Fragen.

1. Wieviel kostete 1990 ein Kilogramm Mischbrot in Westdeutschland (in Deutsche Mark), wieviel im Osten (in Mark)?

    _____

    _____

2. Wie lange mußte ein Arbeiter im Westen für ein Kilogramm Mischbrot arbeiten? Wie lange dauerte es im Osten, das Geld für die gleiche Menge Brot zu verdienen?

    _____

    _____

3. Untersuchen Sie die Preise und die errechneten Arbeitszeiten für andere Produkte. Für welche Produkte mußte ein Westarbeiter länger arbeiten als ein Arbeiter im Osten?

    _____

    _____

    _____

152   *Thema 4*

SIEBEN MINUTEN FÜRS BIER

Kaufkraft-Vergleich zwischen der Bundesrepublik und der DDR

Arbeitszeit, die ein Industriearbeiter im Durchschnitt aufwenden muß, um diese Güter kaufen zu können:

	Mengeneinheiten	Preis in Deutsche Mark	Arbeitszeit Stunden	Arbeitszeit Minuten	Preis in Mark	Arbeitszeit Stunden	Arbeitszeit Minuten
Mischbrot	1 Kilogramm	3,18	0	10	0,52	0	5
Butter	250 Gramm	2,15	0	7	9,60	1	27
Zucker	1 Kilogramm	1,91	0	6	1,55	0	14
Vollmilch	1 Liter	1,20	0	4	0,68	0	6
Ei	1 Stück	0,25	0	1	0,34	0	3
Rindfleisch	1 Kilogramm	9,79	0	32	5,80	0	52
Schweinekotelett	1 Kilogramm	10,67	0	35	8,00	1	12
Kartoffeln	2,5 Kilogramm	2,47	0	8	0,43	0	4
Käse	1 Kilogramm	11,98	0	39	9,40	1	25
Bohnenkaffee	250 Gramm	4,47	0	15	17,50	2	38
Bier	0,5 Liter	0,95	0	3	0,72	0	7
Branntwein	0,7 Liter	14,62	0	48	14,50	2	11
Braunkohlebriketts	50 Kilogramm	20,55	1	7	1,70	0	15
Haushaltsstrom	1 Kilowattstunde	0,31	0	1	0,08	0	1
Farbfernseher	1 Stück	1539,00	83	30	4900,00	739	4
Kühlschrank	1 Stück	559,00	30	20	1425,00	214	56
Waschmaschine	1 Stück	981,00	53	13	2300,00	346	54
Briefporto	1 Brief	0,80	0	3	0,20	0	2
Rundfunkgebühr	1 Monat	5,16	0	17	2,00	0	18
Telefonortsgespräch	1 Einheit	0,23	0	1	0,20	0	2
Stundenlohn eines Industriearbeiters		18,43 DM			6,63 Mark		

Quelle: Institut der deutschen Wirtschaft Köln; Stand 1988

4. Für welche Produkte mußte ein Arbeiter im Osten länger arbeiten als sein Kollege im Westen?

_____

_____

5. Vergleichen Sie Ihre Listen in den Fragen 3. und 4. miteinander. Können Sie Gesetzmäßigkeiten oder ein gewisses Muster erkennen?

_____

_____

Bildmaterial 153

C. Sehen Sie sich die beiden Diagramme an.

1. Was beschreiben sie?

_____
_____
_____
_____
_____

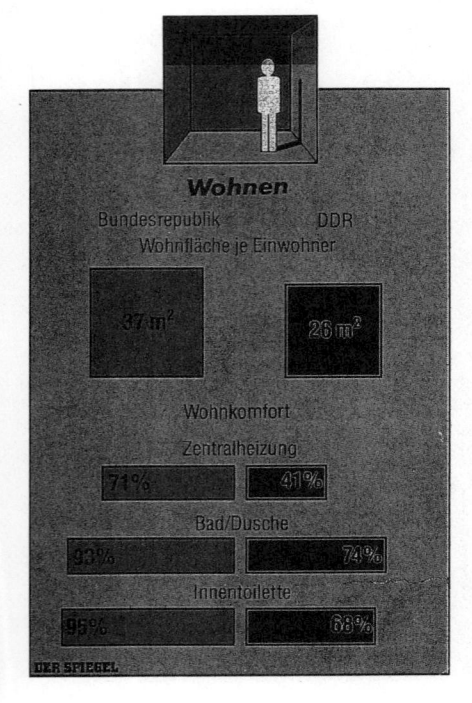

2. Was sagen sie über die Wohnqualität in der DDR und in der Bundesrepublik aus? Beschreiben Sie die Informationen, die Sie aus den Diagrammen ziehen können, so detailliert wie möglich.

_____
_____
_____
_____
_____
_____
_____
_____
_____

Wohnen

	Bundesrepublik	DDR
Wohnfläche je Einwohner	37 m²	26 m²

Wohnkomfort

	Bundesrepublik	DDR
Zentralheizung	71%	41%
Bad/Dusche	93%	74%
Innentoilette	95%	68%

DER SPIEGEL

Wohnen in Deutschland

in den alten Bundesländern — Wohnfläche je Einwohner: 37 qm

Baujahr der Wohnungen:
- vor 1919: 19 %
- 1919-1948: 14 %
- 1949-1968: 35 %
- 1969-1978: 19 %
- nach 1979: 13 %

in den neuen Bundesländern — Wohnfläche je Einwohner: 26 qm

Baujahr der Wohnungen:
- vor 1919: 37 %
- 1919-1948: 15 %
- 1949-1968: 20 %
- 1969-1978: 17 %
- nach 1979: 11 %

Ausstattung der Wohnungen

alte Bundesländer: Bad/Dusche 99 %, Innen-WC 98 %, Anschluß an Kanalisation 93 %, Anschluß an Kläranlage 89 %

neue Bundesländer: Bad/Dusche 80 %, Innen-WC 73 %, Anschluß an Kanalisation 73 %, Anschluß an Kläranlage 58 %

DIE ZEIT/GLOBUS   Quelle: Raumordnungsbericht, iw

D. Sehen Sie sich das folgende Diagramm an.

1. Welche Informationen können Sie aus diesem Diagramm herauslesen? Was wird hier verglichen?

   _____
   _____
   _____
   _____

2. Was können Sie über die Mieten in der BRD und DDR sagen?

   _____
   _____
   _____
   _____
   _____

Mieten ungleich wie Tag und Nacht

Auf die Frage nach ihrer „monatlichen Netto-Kalt-Miete (ohne Heizung, Warmwasser und Betriebskosten)" nannten

WESTDEUTSCHE
OSTDEUTSCHE

42% 36% 13% 4%
5%

Beträge in DM:
unter 250 | 250 bis 500 | 500 bis 750 | 750 bis 1000 | 1000 und mehr

27% 32% ... 8% 6%

Beträge in DM:
unter 40 | 40 bis 60 | 60 bis 80 | 80 bis 100 | 100 bis 200 | 200 und mehr

E. Vergleichen Sie die beiden Diagramme auf der vorhergehenden Seite mit dem Diagramm auf dieser Seite.

   _____
   _____
   _____
   _____
   _____
   _____
   _____
   _____
   _____
   _____
   _____

Bildmaterial 155

F. Schauen Sie sich die folgende Karikatur an, und beschreiben Sie sie. Was sehen Sie?

_____
_____
_____
_____

Was sagt diese Zeichnung aus? Wie kann man sie interpretieren? Denken Sie an die vorhergehenden Statistiken.

_____
_____
_____
_____
_____
_____

G. Schauen Sie sich das folgende Meinungsdiagramm an.

1. Was können Sie daraus entnehmen? Bitte beschreiben Sie es nur, interpretieren Sie es jetzt noch nicht.

_____
_____
_____
_____

2. Bei welchen Eigenschaften schätzen die Ostdeutschen die Westdeutschen höher ein als sich selbst?

_____
_____
_____

3. Was sind Eigenschaften, bei denen die Ostdeutschen die Westdeutschen niedriger einstufen als sich selbst?

_____
_____

Im Westen die besseren Deutschen?

*Anhand von 20 Eigenschafts-Paaren (Beispiel: „bescheiden – überheblich")
schätzten die einstigen DDR-Bürger erst die West-Deutschen, dann sich selbst
ein. Sie sollten ihr Kreuz in eines von sieben Kästchen setzen und konnten so
differenzieren. Die Mittelwerte:*

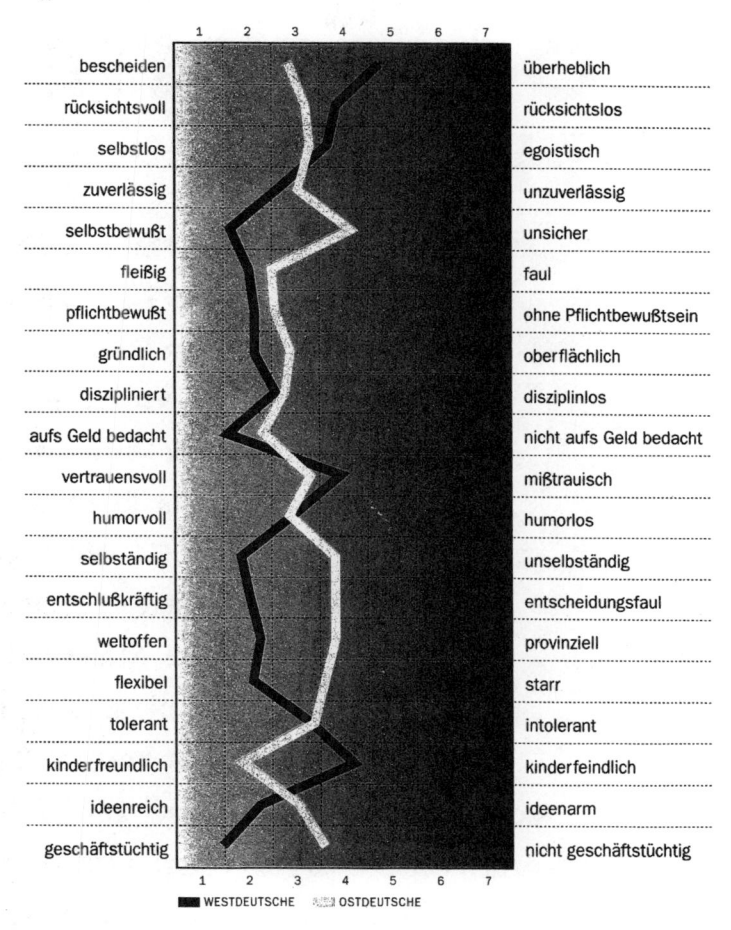

bescheiden		überheblich
rücksichtsvoll		rücksichtslos
selbstlos		egoistisch
zuverlässig		unzuverlässig
selbstbewußt		unsicher
fleißig		faul
pflichtbewußt		ohne Pflichtbewußtsein
gründlich		oberflächlich
diszipliniert		disziplinlos
aufs Geld bedacht		nicht aufs Geld bedacht
vertrauensvoll		mißtrauisch
humorvoll		humorlos
selbständig		unselbständig
entschlußkräftig		entscheidungsfaul
weltoffen		provinziell
flexibel		starr
tolerant		intolerant
kinderfreundlich		kinderfeindlich
ideenreich		ideenarm
geschäftstüchtig		nicht geschäftstüchtig

■ WESTDEUTSCHE ▦ OSTDEUTSCHE

*Die gleichen Fragen wurden
den West-Deutschen gestellt.
Sie schätzen sich selbst noch
höher ein und halten sich auch
für humorvoller und für
weniger mißtrauisch. Mithin:
In 16 von 20 Eigenschaften
sind sie nach eigener Meinung
die besseren Deutschen.*

4. Erkennen Sie hier eine gewisse Tendenz?

___

___

___

SCHREIBEN LEICHT GEMACHT

Vergleichen Sie das letzte Diagramm mit den Aussagen über West- und Ostdeutsche, die Sie aus den Texten in diesem Thema gelernt haben. Wo stimmen die Aussagen überein, wo sehen Sie Unterschiede?

Bildmaterial **157**

THEMA 5

DAS EUROPÄISCHE HAUS

Das Europäische Parlament in Straßburg.

DIE PROBLEME

Der 1. Januar 1993 sollte ein historischer Tag für Europa werden: Nicht nur war vorgesehen, an jenem Tag den einheitlichen Binnenmarkt der Europäischen Gemeinschaft (EG) Wirklichkeit werden zu lassen, sondern es sollte auch der Maastrichter „Vertrag über die Europäische Union" in Kraft treten. Die EG wollte von nun an also nicht nur wirtschaftlich eine Einheit bilden, sondern auch politisch. Wahrlich ein Grund zum Feiern, hieß das doch, daß endlich mit dem Nationalismus, der über Tausende von Jahren zu verheerenden Kriegen in Europa geführt hatte, Schluß sein würde.

Dazu ist es allerdings nicht gekommen. Dänemark und Großbritannien stellten sich quer und stoppten damit eine schnelle politische Union. Aber auch in anderen Ländern, besonders in Frankreich und Deutschland, wurden plötzlich Stimmen laut, die vor zu hastigen Schritten warnten. In Deutschland war es eine ungewöhnliche Koalition aus rechten politischen Kräften und den Grünen, die eine politische Union zu dem Zeitpunkt ablehnte. Waren

Es bei den Rechten nationalistische Gründe, die gegen eine europäische Vereinigung sprachen, so war es bei den Grünen die Angst vor einer zu starken politischen Zentralkraft, die weder demokratisch gewählt wird noch politisch kontrolliert werden könnte. Darüber hinaus erkannten die Grünen, daß bei Kompromissen auf allen Ebenen der wirtschaftlichen, juristischen und politischen Angleichung in Europa der Umweltschutz – in Deutschland so hart erkämpft – möglicherweise auf der Strecke bleiben würde.

Auch in der Bevölkerung regten sich Stimmen, die sagten, sie seien nie über ihre Meinung zu Europa befragt worden, die Entscheidung sei allein von Politikern getroffen worden. Vielleicht waren es auch gerade die Probleme mit der deutschen Vereinigung, die jetzt zur Vorsicht mahnten.

Was auch immer dazu führte – die politische Vereinigung Europas tritt auf der Stelle. Die totale Lähmung der Europäer im Bürgerkrieg der ehemaligen jugoslawischen Provinzen trägt natürlich auch nicht dazu bei, das Vertrauen der Menschen in die Europäische Union zu stärken.

Eine volle europäische Integration wird nun doch wohl länger dauern, als Optimisten gehofft hatten.

In diesem Thema haben Sie die Gelegenheit, die Struktur „These – Antithese – Synthese" für die Anwendung in Aufsätzen zu lernen und zu üben. Darüber hinaus werden Sie Diagramme, Statistiken und thematische Karten auswerten und die so gewonnenen Informationen mit dem Wissen, das Sie aus den Texten ziehen, verbinden.

WIE SIND SIE DAVON BETROFFEN?
Bevor Sie die Texte lesen, beantworten Sie bitte die folgenden Fragen.

❶ Was fällt Ihnen zum Thema „Europa" und „Europäische Gemeinschaft" ein?

❷ Wie unterscheiden sich die Europäische Gemeinschaft und die USA in ihren politischen Strukturen?

TEXT 1

DAS EUROPÄISCHE HAUS

VOR DEM LESEN

Beantworten Sie die folgenden Fragen, während Sie den Text lesen.

1. Aus wie vielen Staaten setzt sich die Europäische Gemeinschaft (EG) zusammen? Welche Staaten gehören dazu? (Sehen Sie sich die Karte auf Seite 162 an.)

   _____
   _____
   _____
   _____

2. Wie viele Menschen leben in der EG?

   _____
   _____

3. Wie hoch war der Haushalt der EG im Jahre 1992, und wofür wird der größte Teil des Geldes ausgegeben?

   _____
   _____
   _____
   _____

4. In welchen Bereichen bereitet der Zusammenschluß noch große Schwierigkeiten?

   _____
   _____
   _____
   _____

5. Was sind die „vier Freiheiten", die bis Ende 1992 erreicht werden sollen?

6. Erklären Sie kurz, was diese vier Freiheiten für die Menschen in Europa bedeuten würden.

7. Welche Hoffnungen und welche Ängste erwecken diese Neuerungen in den Europäern?

   Hoffnungen   **Ängste**

8. In welchen Bereichen bestehen zwischen den EG–Ländern fundamentale Unterschiede? Beschreiben Sie diese Unterschiede kurz.

9. Die EG hat spezielle Programme für Jugendliche eingerichtet. Welche sind das?

Das europäische Haus

Das europäische Haus

Informationen zu den Europäischen Gemeinschaften

Bis Ende 1992 haben die 12 Mitgliedsstaaten der Europäischen Gemeinschaften (EG) einen gemeinsamen Binnenmarkt. Die 342 Millionen Bürger der EG bekommen dadurch mehr Freiheiten. Für die Einheit Europas ist „Europa '92" ein wichtiger Schritt, der neben Hoffnungen auch Ängste weckt.

Was bedeutet EG?

Die EG ist ein wirtschaftlicher und politischer Zusammenschluß von 12 europäischen Staaten mit einer Gesamtfläche von rund 5,8 Millionen Quadratkilometern (siehe Karte unten). EG heißt Europäische Gemeinschaften (und nicht Gemeinschaft), weil sie mehrere Verträge zur Grundlage haben. Sitz des europäischen Parlaments ist Straßburg (Frankreich). Verwaltungssitz ist Brüssel (Belgien). Der Haushalt der EG betrug 1991 über 116 Milliarden Mark. 1992 sind es bereits 133 Milliarden Mark. Für die Finanzierung ab 1993 ist eine EG-Steuer im Gespräch. Bisher teilen sich die Mitgliedsstaaten die Kosten. 60 Prozent davon sind für Subventionen und Lagerkosten im Agrarbereich: Die Bauern der Gemeinschaft bekommen für ihre Produkte feste Preise von der EG. Das führt Jahr für Jahr zur Überproduktion von Getreide, Butter und Fleisch. Vielen Mitgliedsstaaten fällt der Verzicht auf nationale Rechte schwer. Für sie ist das „europäische Haus" vor allem ein Wirtschafts-Haus. Der politische Zusammenschluß zu einem Staatenbund mit gemeinsamer Außen- und Sicherheitspolitik kommt nur langsam voran. Bei der Umsetzung von EG-Recht in nationales Recht lassen sich manche Mitgliedsstaaten viel Zeit. Allein gegen europäische Umweltgesetze verstießen die EG-Staaten bisher 362 Mal.

Vier Freiheiten bis Ende 1992

„Europäischer Binnenmarkt" bedeutet freier Verkehr von Personen, Waren, Dienstleistungen und Kapital:

▶ Jeder EG-Bürger hat innerhalb der Gemeinschaft das Recht, sich aufzuhalten, zu wohnen und zu arbeiten, wo er will. Die Renten-, Kranken- und Arbeitslosenversicherung gilt überall. Es gibt keine Grenzkontrollen für Personen mehr.

▶ Auch die Grenzkontrollen für Waren fallen weg. Verbrauchs- und Mehrwertsteuern, Normen und Vorschriften werden harmonisiert.

▶ Dienstleistungsunternehmen wie Banken und Versicherungen dürfen in allen Ländern der EG tätig werden.

▶ Jegliche Beschränkung im Zahlungsverkehr entfällt.

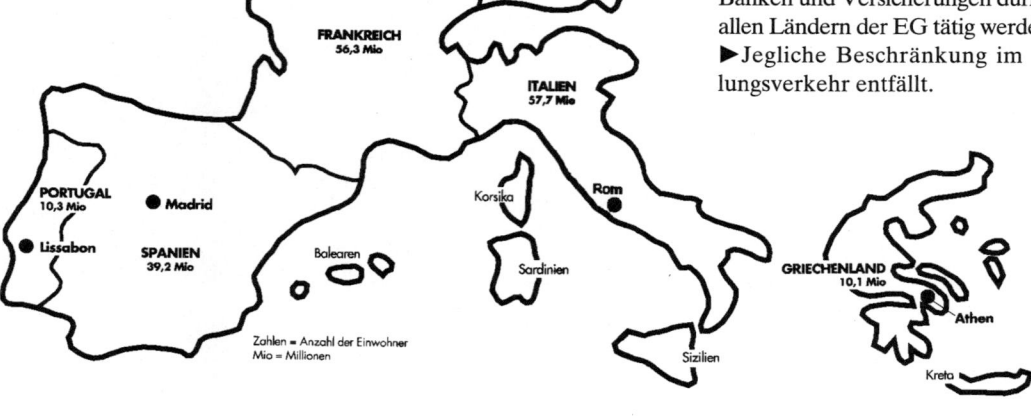

Hoffnungen und Sorgen

Die Bundesbürger sehen dem EG-Binnenmarkt ohne Grenzen mit Hoffnungen, aber auch Sorgen entgegen. Sie begrüßen nach Angaben von Meinungsforschern den Wegfall der Grenzen, mehr Wettbewerb, ein größeres Angebot für Verbraucher, die Anerkennung von Ausbildungsabschlüssen, niedrigere Preise und neue Ausbildungsplätze. Sie befürchten den Verlust von Arbeitsplätzen, einen Ansturm auf den deutschen Arbeitsmarkt, mehr Bürokratie, höhere Steuern, den Verlust politischer Selbständigkeit und den Verlust kultureller Eigenständigkeit.

Chancen und Gefahren

Arbeitszeit, Löhne und soziale Sicherung sind in den Mitgliedsstaaten der EG noch nicht einheitlich:
▶ Die offizielle Arbeitszeit beträgt je nach Mitgliedsstaat zwischen 1697 und 2025 Stunden pro Jahr. Das ist ein Unterschied von 41 achtstündigen Arbeitstagen.
▶ Statistisch verdient ein portugiesischer Arbeitnehmer netto nur 25 Prozent eines Luxemburgers.
▶ Das „soziale Netz" ist unterschiedlich dicht. Für die Sicherheit gegen die Risiken der Krankheit, des Alters und der Arbeitslosigkeit geben die Niederländer 30,7 Prozent ihres Bruttosozialprodukts aus, die Spanier dagegen nur 17,7 Prozent. Kritiker befürchten, daß der EG-Standard langfristig in der Mitte liegen wird. Dies ist eine Chance für die weniger fortgeschrittenen Länder der EG. Die anderen befürchten den Stillstand oder sogar den Abbau des erreichten Niveaus.
Dies betrifft auch Normen und Standards für Produkte, Umwelt- und Arbeitsschutz, Gesundheitswesen usw.

Europas Zukunft

Bis Ende der 90er Jahre soll die EG eine Wirtschafts- und Währungsunion sein. Voraussetzung hierfür sind stabile Preise, wirtschaftliches Wachstum und Vollbeschäftigung. Die Inflation betrug jedoch 1990 in der EG durchschnittlich 5,7 Prozent; das Wirtschaftswachstum lag bei nur 3,2 Prozent; die Arbeitslosenquote war höher als 9,3 Prozent. Für die Einführung der Europa-Währung ECU ist nur gut die Hälfte aller Bürger in der EG. Handelspartner der Gemeinschaften wie die USA, Japan und Länder der Dritten Welt befürchten trotz zahlreicher Abkommen, daß die Brüsseler Behörden den Warenabsatz von Drittländern erschwert. Presse-Berichte sprachen wiederholt von der „Festung Europa". Länder wie Norwegen, Österreich, die Schweiz und Schweden exportieren mehr als die Hälfte ihrer Ausfuhrgüter in die Mitgliedsstaaten der EG. Die Türkei, Österreich, Schweden, Zypern, Malta, Ungarn, Polen und die Tschechoslowakei bemühten sich deshalb bereits um Aufnahme in die Gemeinschaften. Die Entscheidung darüber fällt jedoch frühestens nach Einführung des gemeinsamen Binnenmarkts.

Jugend für Europa

Die Zukunft Europas liegt in den Händen der Jugend. Deshalb beschloß man in Brüssel umfangreiche Austauschprogramme für Studenten und junge Arbeitnehmer. Sie umfassen Praktika und Sprachkurse, damit die Jugendlichen der Mitgliedsstaaten gegenseitig ihre Kulturen und Lebensgewohnheiten kennenlernen. Das geht nicht ohne die Kenntnis fremder Sprachen. Schon heute gibt es in den Gemeinschaften 9 Amtssprachen: Dänisch, Deutsch, Englisch, Französisch, Griechisch, Italienisch, Portugiesisch, Niederländisch und Spanisch.

Nützliche Adressen der EG

In jedem Mitgliedsstaat der EG gibt es eine Vertretung der EG-Kommission. Über sie bekommt man kostenlos ausführliches Informationsmaterial. Zwei Adressen:

Kommission der Europäischen Gemeinschaften
200, rue de la Loi
B-1049 Brüssel Belgien

Kommission der Europäischen Gemeinschaften
Vertretung der Bundesrepublik Deutschland
Zitelmannstraße 22
W-5300 Bonn 1

Die 12 gelben Sterne auf der blauen Europa-Fahne stehen für die 12 Mitgliedsstaaten Belgien, Bundesrepublik Deutschland, Dänemark, Frankreich, Griechenland, Großbritannien, Irland, Italien, Luxemburg, Niederlande, Portugal und Spanien.

NACH DEM LESEN

TEXTARBEIT

A. Sie haben gelesen, daß es sich bei der Europäischen Gemeinschaft um einen Zusammenschluß von zwölf Ländern handelt. Machen Sie eine Liste aller Länder und deren Einwohnerzahlen (in 1000). Ordnen Sie sie nach ihrer Größe. Beginnen Sie mit dem einwohnerstärksten Land.

Land   **Einwohnerzahl**

1. _____   _____
2. _____   _____
3. _____   _____
4. _____   _____
5. _____   _____
6. _____   _____
7. _____   _____
8. _____   _____
9. _____   _____
10. _____   _____
11. _____   _____
12. _____   _____

B. Sehen Sie sich die Liste in **A.** an. Welche Probleme könnten sich in der EG durch die unterschiedlichen Einwohnerzahlen ergeben?

_____

_____

_____

_____

C. Der Text sagt, daß etwa 60% des Haushalts der EG für landwirtschaftliche Subventionen verwendet werden. Erinnert Sie das an die schwierigen GATT-Verhandlungen in den Jahren 1991 bis 1993 zwischen den USA und Europa, insbesondere mit Frankreich? Was war der Streitpunkt?

_____

_____

_____

_____

_____

Reaktion französischer Bauern gegen die EG-Agrarpolitik – Kartoffeln statt Argumente.

D. Welches Problem steht dem Zusammenschluß der zwölf Staaten zu einem Staatenbund im Wege, was ist das größte Hindernis?

_____

_____

_____

E. Drittländer, besonders die USA und Japan, haben Angst vor der sogenannten „Festung Europa". Was ist mit diesem Begriff gemeint?

_____

_____

_____

F. Was halten die meisten Nachbarländer von der EG?

_____

_____

_____

Das europäische Haus

IN DER GRUPPE

A. Tragen Sie in der Gruppe zusammen, worin die größten Unterschiede zwischen der EG heute und den USA liegen. Denken Sie an alle möglichen Aspekte des Staates und der Gesellschaft.

B. Der Text sagt, in der EG gäbe es neun Amtssprachen. In den USA gibt es eine. Was sind Vor– und Nachteile einer solchen, „multi-lingualen" Welt?

Vorteile	Nachteile
_____	_____
_____	_____
_____	_____

SCHREIBEN LEICHT GEMACHT

Sollte sich Ihrer Meinung nach die EG in eine einsprachige Einheit entwickeln? Wenn ja, welche Sprache sollte es sein? Denken Sie auch an die Erfahrungen der USA mit der Einsprachigkeit.

TEXT 2

BINNENMARKT '92

VOR DEM LESEN

A. Beantworten Sie für sich die folgenden Fragen, bevor Sie mit dem Lesen beginnen.

1. Die USA haben 50 Staaten, die EG hat zwölf Mitgliedsländer. Wie sieht die politische Vertretung der 50 Staaten in Washington aus? Wie haben Sie persönlich und als Einwohner Ihres Bundesstaates Einfluß im gesamtamerikanischen politischen System? Sie können es beschreiben oder auch in einem Schaubild, einer Zeichnung darstellen.

   _____
   _____
   _____

2. Wie garantiert das amerikanische System, daß auch kleine Staaten und/oder solche mit niedriger Bevölkerungszahl (z.B. Wyoming) nicht von den größeren ignoriert werden können?

   _____
   _____
   _____

B. Beantworten Sie die folgenden Fragen, während Sie den Text lesen.

1. Sehen Sie sich zuerst die Überschrift des kurzen Artikels an. Was erwarten Sie von diesem Text? Wird der Text die Frage in der Überschrift wohl positiv oder negativ beantworten?

   _____
   _____
   _____

2. Wie definiert der Autor die Modernisierung des Lebens, die die Schaffung eines Marktes ohne Hindernisse bringen würde?

   _____
   _____
   _____

3. Welche Probleme und Auseinandersetzungen erwartet der Autor in der EG?

_____

_____

_____

4. Der Autor schreibt, daß 80% der „marktrelevanten Gesetzgebung" in der Zukunft von der EG, nicht von den Einzelstaaten bestimmt werden würden. Warum ist das in seinen Augen ein Problem?

_____

_____

_____

Binnenmarkt '92 – reichen die Entscheidungsstrukturen der EG aus?

Die Schaffung eines Marktes ohne Hindernisse für rund 320 Millionen Europäer bedeutet langfristig ein umfassendes Programm der Modernisierung. Modernisierung läßt sich vielfach deklinieren, als wachsende Mobilität und Flexibilität, intensiverer Wettbewerb, Druck zur Rationalisierung, wachsendes Tempo der Innovation und damit steigende Anforderungen an Ausbildung und Weiterbildung, steigende Internationalisierung des gesellschaftlichen Lebens, wachsende Arbeitsteilung innerhalb des Marktes...

Die Konsequenzen des Binnenmarktes sind auf vielen Feldern noch kaum durchdacht. Dies gilt für eine ganze Palette drängender Themen – von der Regionalpolitik über die Umweltpolitik bis hin zur Notwendigkeit einer hochmodernen Verkehrsinfrastruktur...

Der Binnenmarkt wird nicht nur mittelfristig einen Wachstumsschub auslösen, sondern er wird auch eine Fülle lang angestammter Besitzstände in Frage stellen. Es gehört wenig Phantasie dazu, Konflikte eines neuen Ausmaßes in Europa zu erwarten. Die Auseinandersetzungen in der Stahlindustrie, bei den Werften, in der Landwirtschaft haben eine gewisse Vorahnung vermittelt. Für diese neue Qualität von Konflikten, die sehr tief manifeste Interessen angreifen, fehlen bisher adäquate Legitimationsprozeduren. Der Mangel an Transparenz und Effektivität europäischer Verfahren ist spätestens dann nicht mehr tragbar.

Mit der Vollendung des Binnenmarktes findet eine dramatische Ausdehnung europäischer Entscheidungsmaterien statt. Die Gewährleistung der politischen Rahmenbedingungen des Marktes, die bisher weitgehend noch von den Einzelstaaten vorgenommen wurde, wird dann ja auf das politische System der Europäischen Gemeinschaft übergeben. Achtzig Prozent der marktrelevanten Gesetzgebung wird sich auf europäischer Ebene vollziehen. Für eine solche Explosion an politischem Entscheidungsbedarf sind die europäischen Führungs- und Entscheidungsinstanzen nicht ausgelegt. Die Frage nach der Handlungsfähigkeit - und damit die Frage nach dem adäquaten politischen Führungsinstrumentarium und der adäquaten politischen Führungsphilosophie – wird zum Schlüsselthema im Europa der neunziger Jahre werden.

Werner Weidenfeld, in: Jahrbuch der Europäischen Integration 1988/89, Europa Union Vertag, Bonn 1989, S. 16 f.

So funktioniert die EG

Die wichtigsten Organe

KOMMISSION – „Regierung" der EG, ausführendes Organ
17 Mitglieder
D E F GB I je 2
B DK IRL L je 1
NL GR P

EUROPÄISCHER RAT – Grundsatzentscheidungen
Die 12 Regierungschefs

MINISTERRAT – „Gesetzgeber" der EG
12 Mitglieder je 1 pro EG-Land

Vorschläge / Entscheidungen

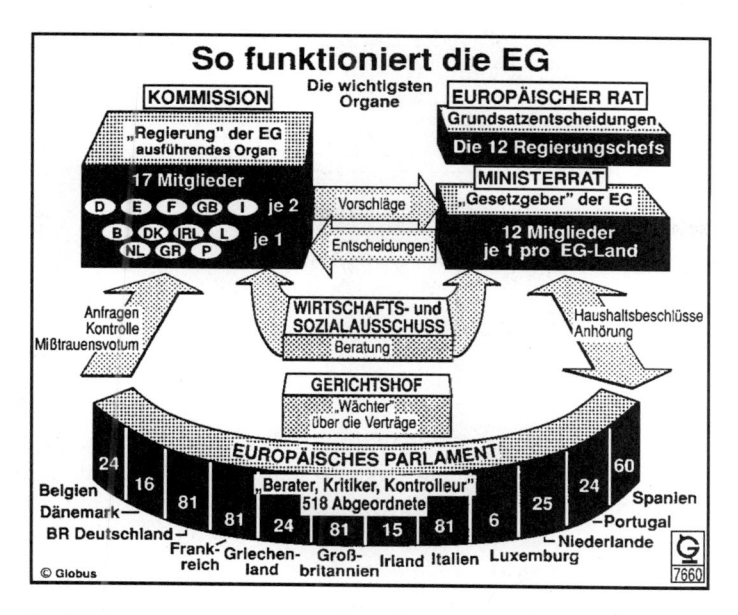

Anfragen, Kontrolle, Mißtrauensvotum

WIRTSCHAFTS- und SOZIALAUSSCHUSS – Beratung

Haushaltsbeschlüsse, Anhörung

GERICHTSHOF – „Wächter" über die Verträge

EUROPÄISCHES PARLAMENT – „Berater, Kritiker, Kontrolleur" 518 Abgeordnete

Belgien 24, Dänemark 16, BR Deutschland 81, Frankreich 81, Griechenland 24, Großbritannien 81, Irland 15, Italien 81, Luxemburg 6, Niederlande 25, Portugal 24, Spanien 60

© Globus 7660

Das Schaubild zeigt die am Entscheidungsprozeß der EG beteiligten Organe und ihre Zusammensetzung. Die Gemeinschaftspolitik wird gestaltet im Zusammenwirken der beiden wichtigsten Organe: Kommission („Kabinett"; Planung und Ausführung) und Ministerrat („Länderkammer"; Beschlußfassung über die Vorschläge der Kommission). Beim Europäischen Parlament liegt bisher im wesentlichen eine Kontroll-, keine Entscheidungsfunktion (siehe auch Seite 36).

NACH DEM LESEN

TEXTARBEIT

Schauen Sie sich bitte das Schaubild an, und beantworten Sie die folgenden Fragen.

1. Beschreiben Sie so ausführlich wie möglich das Europäische Parlament. Wie setzt es sich zusammen? Welche Funktion hat es?

   _____
   _____
   _____
   _____

2. Was ist „die Kommission"? Welche Aufgaben hat sie?

   _____
   _____
   _____
   _____

Binnenmarkt '92

3. Welche Aufgaben erfüllen der Europäische Rat und der Ministerrat? Wie setzen sie sich zusammen?

   _____

   _____

   _____

4. Welche Aufgabe hat wohl der Gerichtshof?

   _____

   _____

   _____

5. Zeichnen Sie ein ähnliches Schaubild für das amerikanische Regierungssystem. Denken Sie an alle amerikanischen Äquivalente zum europäischen System.

IN DER GRUPPE

A. Beschreiben Sie das europäische System und im Vergleich dazu das amerikanische. Was ist jeweils die Legislative, die Exekutive und die Judikative?

B. Vergleichen Sie die beiden Systeme miteinander. Wo sind Parallelen, wo liegen die Unterschiede?

C. Der Text zum Schaubild sagt „Beim Europäischen Parlament liegt bisher im wesentlichen eine Kontroll–, keine Entscheidungsfunktion". Was ist also der Unterschied zwischen dem Europäischen Parlament und dem amerikanischen *House of Representatives*?

SCHREIBEN LEICHT GEMACHT

Sie haben sicher noch viele Fragen zum politischen System der EG. Verfassen Sie bitte einen Brief, in dem Sie die deutsche Delegation des Europäischen Parlaments um mehr Informationsmaterial bitten und gleichzeitig einige spezifische Fragen stellen.

> Einen formalen Brief beginnt man im Deutschen normalerweise mit der Anrede „Sehr geehrter Herr ..." oder „Sehr geehrte Frau ...". Er endet oft mit: „Hochachtungsvoll, Ihr(e) ...". Im letzten Satz des Briefes sollten Sie sich dafür bedanken, daß der Adressat sich die Mühe machen wird, Ihnen zu helfen (auch wenn Sie noch gar nicht wissen, ob er/sie es überhaupt tun wird). Die Formulierung „Ich danke Ihnen schon im voraus für Ihre Bemühungen" wird oft benutzt.

TEXT 3

DIE GRÜNEN GEGEN MAASTRICHT

VOR DEM LESEN

A. Beantworten Sie die folgenden Fragen, bevor Sie mit dem Lesen beginnen.

1. Der Ortsname „Maastricht" steht für einen Plan, ein Konzept. Für welches?

2. Was könnte mit dem Begriff „Moloch Europa" gemeint sein?

3. Warum könnte gerade eine ökologische Partei gegen den Zusammenschluß Europas sein?

B. Beantworten Sie diese Fragen, während Sie den Text lesen.

1. Wenn es ein Referendum gäbe, wie würde sich der größte Teil der Alternativszene in Deutschland beim Thema „Europa" entscheiden?

2. Was für eine Koaliation gäbe es dann in Deutschland gegen ein vereinigtes Europa?

Die Grünen gegen Maastricht

3. Warum haben sich Realpolitiker für die Europäische Union ausgesprochen?

   _____

   _____

   _____

4. Der hessische Umweltminister Joschka Fischer, ein Grüner, gehört zu den Befürwortern von „Maastricht". Was ist sein Hauptargument?

   _____

   _____

   _____

5. Warum hält Norbert Kostede, der Autor dieses Artikels, Maastricht für sehr wichtig?

   _____

   _____

   _____

Wahlen zum Europäischen Parlament – aber wie demokratisch ist die EG wirklich?

NORBERT KOSTEDE
Die Grünen gegen Maastricht
In der Öko-Partei wächst die Skepsis gegen den Moloch Europa

Joschka Fischer faßt sich an den Kopf: „Was für ein Blödsinn! Ich liege mal wieder völlig quer zu meiner Partei." Vor wenigen Wochen hat der Länderrat der Grünen die Maastrichter Beschlüsse zur Europäischen Union abgelehnt und ein Referendum auch in der Bundesrepublik verlangt. Würde Volkes Stimme tatsächlich gezählt, dann dürfte die Mehrheit in der deutschen Alternativszene und Umweltbewegung „gegen Maastricht" votieren.

Damit wäre auch hierzulande eine schillernde Koalition komplett: Alte Nationalisten und Jungkonservative, die das wiedervereinigte Deutschland nicht „überfremdet" und durch keine Europäische Union geschwächt sehen wollen; neoliberale Ökonomen und ein breites Publikum kleiner Sparer, denen um die Stabilität der Währung bange ist; Basisdemokraten und Ökologen, die von der Brüsseler Bürokratie nur eine weitere Verschlechterung des Umweltschutzes erwarten. Ein vergleichbares Spektrum von Maastricht-Gegnern hatte Anfang Juni in der dänischen Volksabstimmung obsiegt.

Was treibt die Grünen in dieses Bündnis? Warum folgen sie nicht dem hessischen Umweltminister und anderen Realpolitikern, deren Ja zur Europäischen Union von der Sorge bestimmt ist, dieser Kontinent könnte am Ende eines blutigen Jahrhunderts erneut in nationalen Konflikten auseinanderbrechen? Grüne denken bei neuen Formen internationaler Zusammenarbeit eher an „Vernetzung lokaler Aktivitäten" oder an „Kooperation von Regionen" - und eben nicht an ein supranationales Gebilde, wie es der Maastrichter Vertrag im ersten Grundriß als politische Union zeichnet.

In dieser Union, so klagt der grüne Europaabgeordnete Wilfried Telkämper, zur Zeit Vizepräsident des Straßburger Parlaments, würden dem Ministerrat weitere Hoheitsrechte ohne eine angemessene parlamentarische Kontrolle und Mitentscheidung übertragen. „Die Abgeordneten der nationalen Parlamente können zu den Brüsseler Beschlüssen nur pauschal ja oder nein sagen. Und das Europäische Parlament ist kein echtes Parlament: Seine Abgeordneten werden zwar alle fünf Jahre direkt vom Volk gewählt, doch über ein umfassendes Budgetrecht, über das Recht, eine Regierung zu wählen, diese wirksam zu kontrollieren oder gar abzuwählen, verfügen sie nicht." Eine Europäische Union kann jedoch keine einfache Reproduktion nationalstaatlicher Verfassungsorgane und Kompetenzen auf höherer Ebene sein. Das gilt auch für das Europaparlament. Da ist nach Maastricht doch mehr institutionelle Phantasie erforderlich, als sie bei vielen Konstrukteuren wie Kritikern der politischen Union heute anzutreffen ist, um dem Prinzip der Subsidiarität in einer neuen europäischen Verfassung Geltung zu schaffen - damit politische Entscheidungen immer auf möglichst niedriger Ebene gefällt werden können.

Die meisten Grünen begründen ihr „Nein zu Maastricht" mit den umweltpolitischen Mängeln der Europäischen Gemeinschaft. In allgemeiner Erinnerung ist noch, wie die EG die europaweite Einführung des Katalysators und des bleifreien Benzins verzögerte. In vielen anderen Fällen - Richtlinien für Großfeuerungsanlagen, Pflanzenschutz oder Verpackungen - liegt der maßgebliche europäische Standard deutlich unter dem deutschen. Und vor dem Gipfel in Rio machte die EG-Kommission die Einführung einer neuen Steuer auf den Energieverbrauch und auf die klimazerstörenden Kohlendioxid-Emissionen von entsprechenden Maßnahmen der Amerikaner und Japaner abhängig - vergebens.

Kritik an der EG-Umweltpolitik kommt allerdings meistens aus den nordeuropäischen Ländern. Für Öko-Initiativen in Griechenland, Italien, Portugal oder Spanien ist die EG-Kommission zu einem unverzichtbaren Verbündeten gegen die eigenen Regierungen geworden - ob es um Badewasserstandards, um den Schutz von Naturreservaten oder umweltzerstörende Industrieansiedlungen geht.

Heute, nach dem Schock des dänischen Nein zu Maastricht, halten plötzlich alle Regierungschefs das Prinzip der Subsidiarität hoch - und denken dabei als erstes an „überzogene" Regelungen im EG-Umweltrecht: Mitterrand und Kohl haben auf dem EG-Gipfel in Lissabon nicht ohne Grund die Richtlinie zur Wasserqualität als überflüssige Reglementierung bezeichnet und hier „Renationalisierung" empfohlen. Diese Reaktion zeigt, daß die ökologische Bilanz der Europäischen Gemeinschaft so verheerend nun auch wieder nicht sein kann.

Die Realpolitiker bei den Grünen verweisen deshalb auf die Grundentscheidung, die im Maastrichter Vertragswerk steckt: „Europäische Union - ja oder nein? Darum geht es heute", meint Joschka Fischer, „und nicht um die notwendige Einzelkritik."

In der Tat, weder wird durch den Maastrichter Vertrag eine spätere Demokratisierung der Union ausgeschlossen noch wird in ihm die Ultima ratio einer europäischen Umweltpolitik formuliert. So könnte die Europäische Union zum Beispiel durch neue „Optimierungsklauseln" nachgerüstet werden; diese erlauben den Mitgliedstaaten, schärfere Normen zu erlassen, als die EG-Richtlinien sie verlangen. Ob dies gelingt, hängt nicht zuletzt von der zukünftigen Stärke der Umweltbewegung und der grünen Parteien in Europa ab.

„Maastricht" muß kein bürokratisch-zentralistischer Moloch sein, sondern nur die erste Antwort auf neue Gefahren und Katastrophen, die mit den nationalstaatlichen Mitteln des alten Europa längst nicht mehr gelöst werden können.

NACH DEM LESEN

TEXTARBEIT

Beantworten Sie die folgenden Fragen.

1. Was sind die Argumente, die für und die gegen einen politischen Zusammenschluß der EG sprechen? Machen Sie zwei Listen.

   Dafür   **Dagegen**
   _____   _____
   _____   _____
   _____   _____
   _____   _____

2. Welche Gruppen sind für, welche gegen die politische Union?
   _____
   _____
   _____

3. Der Artikel spricht von neuen Gefahren und Katastrophen. Welche könnten damit gemeint sein?

_____
_____
_____

4. Warum glaubt der Autor, daß diese Gefahren und Katastrophen Dinge seien, „die mit den nationalstaatlichen Mitteln des alten Europa längst nicht mehr gelöst werden können"?

_____
_____
_____

IN DER GRUPPE

A. Diskutieren Sie in der Gruppe Argumente für und gegen die politische Union der EG. Sie können natürlich die Ansichten aus dem Text vertreten oder Ihre eigenen entwickeln.

B. Sammeln Sie in der Gruppe die möglichen neuen Gefahren und Katastrophen, mit denen die Welt fertig werden muß.

C. Welche von diesen Gefahren können auf nationaler, welche müssen auf internationaler Ebene gelöst werden?

SCHREIBEN LEICHT GEMACHT

Schreiben Sie einen Aufsatz zu dem Thema „Die politische Union der EG". Bauen Sie ihn nach dem Schema These – Antithese – Synthese auf. Wenn Ihre Synthese am Ende des Aufsatzes gegen einen politischen Zusammenschluß ist, sollte Ihr Aufsatz mit einer Zusammenfassung aller Gründe, die für einen solchen Zusammmenschluß argumentieren, beginnen. In der Antithese würden Sie dann alle Gründe diskutieren, die gegen eine Vereinigung sprechen. Wenn Sie z.B. gegen eine Europäische Union wären, könnte der Aufbau Ihrer Arbeit also so aussehen:

- Einleitung (Was ist das Thema Ihres Aufsatzes?)
- These (Diskussion aller Gründe, die für eine Vereinigung sprechen könnten.)
- Antithese (Alle Gründe, die dagegen sprechen.)
- Synthese (Zusammenfassung aller Argumente; warum Sie die Gründe, die dagegen sprechen, für wichtiger halten.)

Die Grünen gegen Maastricht

TEXT 4

SIND WIR WIRKLICH EUROPÄER?

VOR DEM LESEN

Beantworten Sie die folgenden Fragen, bevor Sie den nächsten Text lesen.

1. Was ist wohl mit dem Titel „Sind wir wirklich Europäer?" gemeint? Sind Deutsche nicht automatisch auch Europäer?

   _____
   _____
   _____

2. Es handelt sich bei diesem Text um die Ergebnisse einer Umfrage. Wenn Sie diese Umfrage gemacht hätten, wen hätten Sie interviewt? Warum?

   _____
   _____
   _____

Nach der Absage der Dänen an die Europäische Union:
Welche Zukunft hat die Gemeinschaft der Zwölf? Eine ZEIT-Umfrage:

Sind wir wirklich Europäer?

Erhard Eppler
ehemaliger Bundesminister für wirtschaftliche Zusammenarbeit

1. Vaterland, wenn wir das Wort unbedingt gebrauchen wollen, ist die Gegend, wo ich mich zu Hause fühle, zu der ich gehöre, wo meine Wurzeln liegen. Für mich ist dies das württembergische Schwaben. Da Schwaben, nicht erst seit gestern, ein Teil Deutschlands ist, bin ich auch Deutscher. Und da die deutsche Kultur eine Facette der europäischen ist, bin ich Europäer.

Dies läßt sich nicht gegeneinander ausspielen. Deutsche, denen ich ihre westfälische oder sächsische Herkunft nicht anmerke, finde ich meist langweilig. Der Europäer, der nichts sein wollte als Europäer, ist eine - wenig anziehende - Abstraktion. Spanische oder polnische Europäer wollen nicht mit Abstraktionen, sondern mit italienischen Europäern zu tun haben.

Vaterländer lassen sich nicht auslöschen, sondern nur aufheben in dem dreifachen Sinn, den Hegel mit diesem Wort verbunden hat: aufbewahren, hinaufheben und in ihrer bisherigen Gestalt annullieren. Deutschland ist für mich nur Vaterland, weil Schwaben darin aufgehoben, also auch aufbewahrt ist. Europa ist für mich nur akzeptabel, wenn darin Deutschland und in Deutschland auch Schwaben aufbewahrt, über nationalistisches Gezänk hinaufgehoben und - nur - als souveräner Nationalstaat annulliert ist. Meine Antwort also: Nur ein Europa der aufgehobenen Vaterländer kann übergeordnetes Vaterland sein.

2. Ich möchte, daß die Mark in einer europäischen Währung aufgehoben wird: gut aufbewahrt, auch in ihrer Stabilität, hinaufgehoben über nationale Konkurrenz. Dann darf sie verschwinden.

3. Wahrscheinlich vergrößert um Österreich, die Schweiz und Skandinavien. Mittelosteuropa kommt wohl erst nach dem Jahr 2000.

Peter Gauweiler
bayerischer Umweltminister

1. Der europäische Kontinent besteht aus der Summe seiner Vaterländer und ist bestimmt durch eine attraktive Vielfalt selbststregierter Länder, Regionen und Kantone. Dies alles einer riesigen, zentralkontinentalen Staatsgewalt unterzuordnen ist unmöglich. Jene gesamtzentralistische Idee eines Superstaates entspringt einem in den siebziger Jahren konzipierten eitlen Hirngespinst bindungsloser Konferenzpolitiker, welche ohne weiteres Nachdenken Europa mit der EG gleichsetzten und den Rest des Kontinents ohne größere Skrupel abgeschrieben hatten. Tatsächlich brauchen wir die Entwicklung Europas zu einem Bund selbstbestimmter freier Länder, Staaten und Regionen, um einen auf Dauer aufrechterhaltbaren Zustand zu erreichen. Wir brauchen eine Art gesamteuropäische Paulskirche.

2. Im Sinne von Abschaffung - nein.

3. Wenn wir uns nicht allzulang mit dem Irrweg à la Maastricht aufhalten, werden bis zum Jahr 2000 alle Staaten, Länder und Regionen Europas Formen der Zusammenarbeit gefunden haben, die den Kontinent in seiner Gesamtheit einbeziehen. Dies setzt voraus, daß sich die verantwortlichen Staatslenker von der zentralistischen Propaganda des Einen und Universalen verabschieden, welche der französische Philosoph Bernard-Henry Levy zu Recht einen „totalitären Traum" genannt hat.

Rudolf von Thadden
Historiker

1. Die Frage ist sehr deutsch formuliert. Für mich ist die Alternative zum „Europa der Vaterländer" nicht ein „Vaterland Europa", sondern ein „Europa der Bürger". Nur wenn es gelingt, über die Vorstellungswelt der alten

---

-1-
Sind Sie für ein Europa der Vaterländer oder für das Vaterland Europa - also für eine wirkliche politische Union oder für eine lose Zusammenarbeit?

-2-
Sollen wir unsere D-Mark in die europäische Zukunft einbringen?

-3-
Wir groß soll die Europäische Gemeinschaft im Jahre 2000 sein?

Zugehörigkeitsbegriffe hinauszugelangen, lohnt sich das Wagnis Europa. Ein um seine Zukunft besorgter Bürger will wissen, ob eine neue große Gemeinschaft ihm mehr oder weniger Lebensqualität garantiert. Ein bei uns wohnender Ausländer möchte wissen, ob er mehr oder weniger Mitwirkungsrechte, Bürgerrechte, haben wird. Eine Frau möchte wissen, ob Europa ihre Stellung in der Gesellschaft verbessert oder verschlechtert.

Hier kommen wir nur voran, wenn Europa mehr als eine technokratische Wirtschaftsgemeinschaft ist. Die Bürger müssen ihren Gestaltungswillen zum Ausdruck bringen können, und dies geht nicht ohne erweiterte Rechte eines europäischen Parlaments und europäische Bürgerbewegungen. Je größer eine Gemeinschaft ist, um so wichtiger werden die politischen Kräfte der Integration und Partizipation.

2. Die D-Mark ist heute die wichtigste Mitgift der Deutschen für Europa. Wir sollten sie einbringen, aber in der Perspektive, daß andere Nationen entsprechend handeln, zum Beispiel die Franzosen und Engländer ihren ständigen Sitz im Weltsicherheitsrat und ihre Atomstreitkräfte in europäische Verantwortung stellen. Nur eine Europäisierung aller Bereiche der Politik einschließlich der Verteidigungs- und Außenpolitik läßt langfristig wirkliche Gemeinschaft entstehen.

3. Nach dem negativen Votum der Dänen wird vor einer Erweiterung der europäischen Gemeinschaft genau

geprüft werden müssen, welche Partner europatauglich sind. Wahrscheinlich wird es darauf hinauslaufen, daß es im Jahre 2000 zwei Kategorien von Europäern gibt: solche, die zu einer vollen Gemeinschaft bereit und fähig sind, und solche, die sich erst darauf vorbereiten müssen. Deswegen verdient Mitterrands Konförderationsplan für die ostmitteleuropäischen Staaten mehr Aufmerksamkeit.

Rudolf Augstein
Herausgeber des „Spiegel"

1. Ich wäre für ein Europa nach dem Muster der USA, halte das aber nicht für möglich. Lose Zusammenarbeit war bisher schon und wird weiter sein.

2. Unsere D-Mark sollten wir nicht in ein europäisches Luftschloß à la Maastricht einbringen, schon gar nicht in eine vage „europäische Zukunft", von der keiner heute auch nur die geringste Vorstellung hat, wie sie aussehen soll.

3. So groß, wie sie arbeitsfähig ist. Mehr läßt sich zu dieser Phantomfrage nicht sagen.

Antje Vollmer
ehemalige Fraktionssprecherin der Grünen im Bundestag

1. Mit den Vaterlands-Traditionen und Vaterlands-Strukturen hat Europa schon in der Vergangenheit nicht allzuviel Glück gehabt. Was wir im Moment erleben, ist offensichtlich ein Versuch, zu den alten Mutterländern - also den kulturellen, regionalen und sprachlichen Identitäten - zurückzukehren, allerdings mit vaterländischen - also militärischen, staatlichen, an Abgrenzungen orientierten - Methoden.

Das kann so nicht glücken, weder in den GUS-Staaten noch auf dem Balkan. Nicht die zukünftige staatliche Verfaßtheit Europas ist der Königsweg einer friedlichen und glücklichen Entwicklung, sondern die Neuaufteilung der Entscheidungskompetenzen: Was ist in Zukunft auf europäischer, was auf nationaler Ebene zu regeln, und was muß bei den Regionen und Kommunen bleiben oder denen wieder überlassen werden? Letzteres ist die Grundvoraussetzung für das Gegengewicht der demokratischen Institutionen zu den anwachsenden zentralen Bürokratien, die teuer und tendenziell unkontrollierbar sind.

2. Was denn sonst? Es scheint ja wohl das Beste und Wichtigste zu sein, was wir zu bieten haben. Ein paar winzig kleine Lehren aus dem Crash-Kurs beim Take-Over der ehemaligen DDR wären dabei empfehlenswert.

3. Möglichst nicht größer als Europa. Allerdings auch nicht kleiner. Ich hätte die osteuropäischen Länder gern dabei und auch die sogenannten Armenhäuser.

Gerd Schmückle
General a.D.

1. Ich wünsche mir ein „Vaterland Europa", doch können wir zufrieden sein, wenn wir zunächst ein „Europa der Staaten" erreichen. Denn zum Bau Europas gibt es nun einmal keine anderen Bausteine als die vorhandenen Staaten. Allerdings trifft schon jetzt auf Europa zu, was Renan einst auf die Nation münzte: „In der Vergangenheit ein Erbe von Ruhm und Reue, in der Zukunft das gleiche Ziel für alle ... Europa ist ein tägliches Plebiszit." Dabei ist Europa heute ein Gemisch aus brüchig gewordenem Alten und fragwürdigem Neuen: Denn anstatt es in eine einzigartige Übernationalität zu überführen, wurde es einer Bürokraten-Herrschaft übereignet. Nun hat Dänemark gezeigt, daß eine solche Herrschaft Ängste auslöst und deshalb den Nationalstaat noch immer attraktiv erscheinen läßt.

2. Eines Tages werden, wenn alles gutgeht, die nationalen europäischen Währungen in einer einzigen aufgehen. Daß dieser Kraftakt schon in Maastricht gewagt wurde, war unklug. Denn Geld hat, sagen die Schwaben, „scharfe Zähne". Wer die europäischen Staaten zusammenhalten will, darf eben nicht nur Geld, er muß auch die Psychologie der Menschen in Rechnung stellen. An letzterem hapert es.

3. Die heutige Sucht, immer neue politische Dinosaurier-Organisationen zu klonen, führt zu lebensschwachen Gebilden. Die Europäische Gemeinschaft sollte daher nur dann erweitert werden, wenn diejenigen ihrer Glieder, die bereits beisammen sind, sich in ihrem Zusammenhalt so gefestigt fühlen, daß eine Erweiterung nicht zum Infarkt führt.

Peter-Michael Diestel
CDU-Abgeordneter im brandenburgischen Landtag

1. Europa ist keine Erfindung des 20. Jahrhunderts, sondern eine viel geschichtsträchtigere Größe. Gerade darum bin ich für ein Europa der Stabilität und des Gleichgewichts. Vor allem darf nicht so getan werden, als gäbe es keine nationalen Interessen mehr. Diese Interessen müssen wahrgenommen und auf vernünftigem Wege angeglichen werden. Insgesamt muß darum immer die Realpolitik den Vorrang vor den Visionen haben.

2. Es ist unsere Pflicht, Deutschland als Garant der Stabilität, auch der Stabilität der Währungen, zu erhalten. Von dieser Zielsetzung her muß die gestellte Frage beantwortet werden.

3. Es ist ganz klar, daß Osteuropa integriert werden muß. Wir sollten uns aber auch gerade angesichts der Balkankonflikte bewußt machen, daß die Probleme, die das mit sich bringt, wachsen und nicht kleiner werden. Bis zum Jahr 2000 sind es aber nur noch acht Jahre.

Wolf Biermann
Schriftsteller und Sänger

1. Wie könnte, wie sollte, wie dürfte man im Zusammenhang mit Europa überhaupt vom Vaterland reden. Das weiß doch jedes Kind: Europa war eine junge und zudem schöne Frau. Der mächtige Zeus, dem keiner je Hörner aufsetzte, setzte sich selber Hörner auf, als er sich schlau in einen Stier verwandelte. Mit solchem Trick entführte der Göttervater damals die Königstochter Europa, dieses sehr irdische Weib, nach Kreta ins Lotterbett.

Die einzelnen Länder, die sich nun so fest wie nötig und so locker wie möglich zusammentun, die sollen von mir aus Vaterländer sein und bleiben. Aber Europa kann nur ein Mutterland sein. Es gibt auch schon einen Hochzeitsrhythmus: zwei Vierzeiler aus Heinrich Heines Wintermärchen, die ich womöglich mit einer Melodie beflügeln könnte:

*Die Jungfer Europa ist verlobt
Mit dem schönen Geniusse
Der Freiheit, sie liegen einander im Arm,
Sie schwelgen im ersten Kusse.*

*Und fehlt der Pfaffensegen dabei,
Die Ehe wird gültig nicht minder -
Es lebe Bräutigam und Braut,
Und ihre zukünftigen Kinder!*

2. Ich bin kein Finanzorakel. Jegliche Währung ist jenseits von aller Börsenakrobatik ein Geldausdruck für die Leistung einer Volkswirtschaft. Insofern bringen die europäischen Länder nicht ihre mehr oder weniger wacklige Währung ein, sondern ihre äußerst verschiedene Wirtschaftskraft. So banal ist es: Die Reichen werden reich sein und die Armen arm. Aber Europa ist eine Chance, daß diese historisch gewachsenen Unterschiede sich nicht zu Katastrophen auswachsen. Im Gegenteil. Der gute kurzsichtige Egoismus der einzelnen Länder wird schon dafür sorgen, daß die Wellen einer europäischen Sozialromantik sich nicht überschlagen. Aber der bessere, der weitsichtige Egoismus der einzelnen Vaterländer wird auch dafür sorgen, daß Mutter Europa nicht einen Teil ihrer Kinder verhungern und den anderen verfetten läßt.

3. Bloß nicht größer, aber auch nicht kleiner als das, was wir traditionell Europa nennen. Karl Marx, den Hegel-auf-die-Füße-Steller, stelle ich auf den Kopf: Kultur ist die Basis für die gemeinsame Ökonomie wie für die Politik.

NACH DEM LESEN

TEXTARBEIT

A. Zu Erhard Eppler

1. Warum fühlt sich Eppler als Deutscher?

   _____
   _____

2. Welche Deutschen findet Eppler langweilig?

   _____
   _____

3. Wie muß Europa aussehen, damit er es akzeptieren kann?

   _____
   _____

B. Zu Peter Gauweiler

1. Was hält Gauweiler von einer zentralkontinentalen Staatsgewalt?

2. Wozu soll sich Europa seiner Meinung nach entwickeln?

3. Was hält er von den Maastrichter Verträgen?

C. Zu Rudolf von Thadden

1. Was soll Europa für von Thadden sein? Was meint er damit?

2. Wie müßte sich seiner Meinung nach das europäische Parlament verändern?

3. Im Jahre 2000 wird es seiner Meinung nach zwei Kategorien von Europäern geben. Welche sind das?

D. Zu Rudolf Augstein

1. Welches Modell eines zukünftigen Europa hält Augstein für das beste, wenn auch unrealistischste Konzept?

2. Soll seiner Auffassung nach die DM in die EG eingebracht werden?

E. Zu Antje Vollmer

1. Frau Vollmer unterscheidet die beiden Konzepte „Vaterland" und „Mutterland". Was meint sie damit?

2. Was soll Europa ihrer Meinung nach umfassen?

F. Zu Gerd Schmückle

1. Welche Entwicklung hat seiner Meinung nach das „Nein" der Dänen zu Europa ausgelöst?

2. Wann soll nach Schmückles Auffassung eine Erweiterung der EG erfolgen?

G. Zu Peter-Michael Diestel

1. Was meint Herr Diestel, wenn er sagt, Realpolitik müsse immer Vorrang vor Visionen haben? Was bedeutet das für das Zusammenwachsen der Länder zu einem Europa?

2. Für ihn ist klar, daß Osteuropa integriert werden muß, doch er sieht darin auch Probleme. Welche?

Sind wir wirklich Europäer?

H. Zu Wolf Biermann

1. Biermann spricht von Vaterländern, aber der „Mutter Europa". Warum glaubt er, Europa soll eine Mutter sein?

   _____
   _____
   _____

2. Was glaubt Biermann, müsse die Basis für eine gemeinsame Ökonomie und Politik sein?

   _____
   _____
   _____

IN DER GRUPPE

A. Sammeln Sie als Gruppe alle Vor- und Nachteile einer europäischen Einigung, wie sie von diesen acht Befragten gesehen werden.

Vorteile	Nachteile

B. Besprechen Sie die folgenden Fragen.

1. Was sieht Biermann als Basis für ein festgefügtes Europa, und wie unterscheidet ihn das von den anderen Befragten?

2. Für welche der drei Fragen zeigen die Antworten die größte Übereinstimmung?

3. Erhard Eppler glaubt, Europa könne nur dann Vaterland sein, wenn die nationalen Vaterländer aufgehoben, annulliert würden. Was bedeutet das, und finden Sie das realistisch?

4. Eine paradoxe Situation: Auf der einen Seite spricht man über ein vereinigtes Europa, auf der anderen Seite fallen Jugoslawien, die Tschechoslowakei und die frühere UdSSR auseinander. Welche Implikationen hat das für die Europa-Diskussion?

SCHREIBEN LEICHT GEMACHT

Schreiben Sie eine Synthese der Meinungen zu Europa, die Sie im vorangehenden Text gelesen haben. (Nennen Sie dabei nicht die Namen der Befragten.)

TEXT 5

DEUTSCHLAND WIRD DEUTSCHER

VOR DEM LESEN

A. „Deutschland wird deutscher" – was bedeutet das im Kontext dieses Themas „Deutschland und Europa"?

___

___

___

___

B. Beantworten Sie die folgenden Fragen, während Sie den Text lesen.

1. Wie hat sich nach der Vereinigung in Deutschland die Einstellung zu „Brüssel" geändert?

___

___

___

2. Welche Bedeutung hat die Allegorie „Die Partner mißbrauchen die EG, um den deutschen Gulliver zu fesseln"?

___

___

___

3. Welche Rolle spielt die Deutsche Mark in der europäischen Finanzwelt?

___

___

4. Was sind die Kriterien zur Teilnahme an der Europäischen Währungsunion?

___

___

___

5. Was bedeutet der Terminus „Leerformel Europa"?

___

ROGER DE WECK
Deutschland wird deutscher
Nach der Wiedervereinigung schwindet das Interesse an Europas Einheit

Armes Deutschland - von machiavellistischen Nachbarn umgeben, von den neidischen Franzosen um seine teure D-Mark gebracht, von den geldgierigen Südeuropäern ausgenutzt, von falschen Freunden in seiner Jugoslawienpolitik gehemmt, von geizigen EG-Mitgliedern in Osteuropa allein gelassen, von uneinsichtigen Partnern an einem wirksamen Umweltschutz gehindert, von den Brüsseler Beamten gegängelt, von allen beargwöhnt und von niemandem geliebt ... Wer manchen deutschen Leitartikel liest, dem könnte das Herz zerreißen und der Magen rebellieren. „Blut in der Schokolade, Kakerlakenpanzer im Frühstücksbrot" - auch das noch muten uns die Eurokraten zu, die für hiesige Reinheitsgebote aller Art nichts übrig haben.

Vielen Meinungsmachern hierzulande scheint der Sinn jedenfalls nicht länger nach Europa zu stehen. Ihre Grundstimmung hat sich verändert, und auch die Tonlage ist nicht mehr dieselbe. Früher, als die Bundesrepublik kleiner war und die Ich-Bezogenheit nicht ganz so groß, da gaben sich die meisten Wortführer als überzeugte Europäer, denen am zügigen Ausbau der Zwölfer-Gemeinschaft gelegen war. Tempi passati: „Brüssel" ist nunmehr an allem schuld, und die Partner mißbrauchen die EG, um den deutschen Gulliver zu fesseln. Europa, das war einmal eine große Idee. Jetzt ist es offenbar nur noch ein Ärgernis.

Wie die Amerikaner auf Japan eindreschen, so ist es in Deutschland schick geworden, gegen die EG zu wettern und mitunter regelrecht zu hetzen. Da zieht der bekannte Ökonom Wilhelm Hankel vom Leder und belehrt uns im *Handelsblatt*, daß die Europäische Währungsunion teils „unsägliche Erinnerungen an NS-Reich und DDR" erweckt. Da empört sich der *Spiegel*-Herausgeber Rudof Augstein: „Es ist eben dies, der Griff nach den deutschen Devisenreserven, was Frankreich anstrebt." Da schlägt die *Frankfurter Allgemeine Zeitung* Alarm, „weil alle deutschen Nachbarn und Partnerstaaten mit dem ‚Machiavelli' in der Hand ihr Verhalten zu dem 80-Millionen-Volk in der Mitte auszurichten scheinen". Und: „Daß die D-Mark Europas bestes Stück ist, wissen alle."

Nun wird Machiavelli durchaus auch auf deutsch gelesen. Soll uns doch keiner weismachen, die Deutschen hätten keine Ahnung davon, wie man die eigenen Interessen durchsetzt. Nicht bloß die anderen sind clever. Aber gerade das wird in der jetzigen Debatte um Europa und die Währungsunion unterstellt: Deutschland als Opfer, das sich nicht richtig zu wehren weiß; die Europäische Gemeinschaft als Herrschaftsinstrument in der Hand von „Partnern", die nur danach trachten, die größer gewordene Bundesrepublik wieder kleinzukriegen. Wie paßt das alles zusammen mit dem Bild, das man von Helmut Kohl zu zeichnen pflegt? Seine jetzigen Kritiker wurden einst nicht müde, auf den untrüglichen, beinahe unheimlichen Machtinstinkt des Bundeskanzlers hinzuweisen. Nun aber steht er plötzlich als Naivling da, der sich in Maastricht über den Tisch hat ziehen lassen und die D-Mark „verschenkt" hat. Dabei war es seit dem EG-Gipfeltreffen von Hannover 1988 die erklärte Politik der Bundesregierung, auf eine Währungsunion und mithin auf die Preisgabe der D-Mark hinzusteuern.

BONNER SCHULDENWIRTSCHAFT

Den Widersachern reicht es nicht, daß in der Europäischen Währungsunion im wesentlichen die deutschen Spielregeln gelten werden. Nein, es sollen nur Deutsche das Sagen haben: Nur die Hegemonie der Bundesbank, die seit Jahren das Zinsniveau in ganz Westeuropa bestimmt, biete Gewähr für eine stabile Währungsordnung - als ob Deutschland die Tugend gepachtet hätte.

Die vielen DM-Nationalisten wären glaubwürdiger, wenn sie selbstkritisch anmerkten, daß die Bundesrepublik je länger, desto weniger in der Lage sein wird, ihrer Führungsrolle gerecht zu werden. Nicht die Brüsseler Eurokratie, sondern die Bonner Regierung arbeitet eifrig daran, mit ihrer Schuldenwirtschaft die D-Mark und die Stabilität zu „unterhöhlen". Doch die deutschen Neinsager verschwenden kein Wort darauf, daß die EG-Partner die Zeche für die Vereinigung mitbezahlen. Sie verlieren keine Zeile darüber, daß Ausgabendisziplin im europäischen Verbund auch für die Deutschen ganz heilsam wäre.

Wie der Binnenmarktplan für 1993 einen Anstoß zum Strukturwandel und zur Modernisierung der EG-Volkswirtschaften gegeben hat, so hat schon das Europäische Währungssystem (EWS) manche Regierung zur Sparsamkeit bewogen. Um nicht ständig abwerten zu müssen, haben seit Jahren Frankreich, Belgien oder Dänemark zur wirtschaftspolitischen Vernunft zurückgefunden.

Und auch Deutschland wird ja nun davon profitieren, daß die Kriterien an der Teilnahme der Europäischen Währungsunion so streng sind: Der gesamte Schuldenstand eines jeden Staates darf höchstens sechzig Prozent seines Bruttosozialproduktes betragen, und die jährliche Neuverschuldung soll drei Prozent nicht übersteigen. Das sind nützliche Fingerzeige und ein zusätzlicher Ansporn, in der Bundesrepublik endlich wieder Haushaltspolitik zu üben; denn nach Lage der Dinge würde Bonn heute die Bedingungen nicht erfüllen. Doch schon die Perspektive der Währungsunion wirkt auf sämtliche EG-Europäer als Stachel, bis zum voraussichtlichen Start 1999 eine rigorose Finanzpolitik zu verfolgen.

Die Kritiker wollen diese Chancen nicht sehen. Sie stieren auf die Gefahren – wie einst manche „Experten" gegen das Europäische Währungssystem ankämpften und bald eines Besseren belehrt wurden. Natürlich birgt jedes Vorhaben, zumal von dieser Tragweite, gewisse Risiken. Zum Beispiel ist nicht ausgeschlossen, daß einzelne Finanzminister versuchen werden, die Teilnahmekriterien zu unterlaufen, indem sie wie Theo Waigel einen Teil des Staatsdefizites in Schattenhaushalten verstecken. Ebenso könnten Ende der neunziger Jahre die schwächeren EG-Länder darauf drängen, daß die Eintrittsbedingungen aufgeweicht werden. Aber in den Verträgen von Maastricht sind genug Sicherungen eingebaut. Ohnehin wird niemand die Bundesrepublik zwingen können, an der Währungsunion teilzunehmen, wenn andere die Spielregeln nicht einhalten. Und: Eine Währungsunion ohne die D-Mark wird es nicht geben.

Kein Wunder, daß ein so ausgewiesener Ökonom wie Bundesbankpräsident Helmut Schlesinger kurz nach dem Gipfeltreffen von Maastricht vermerkte, man höre „keine substantiellen Einwände" gegen die Währungsunion, es seien „eher untergründige Befürchtungen". Doch kaum ist die Europäische Währungsunion gezeugt, warnen die Pessimisten vor einer Frühgeburt.

Gute Politik hat noch nie darin bestanden, jegliches Risiko zu vermeiden. Im Gegenteil: Wer unbedingt am Status quo festhalten will, der geht mitunter die viel größeren Risiken ein. Was wird mittelfristig aus dem Europäischen Währungssystem, wenn ihm die D-Mark als „Ankerwährung" nicht mehr ganz denselben Halt verleiht wie früher? Wie werden die Deutschen und alle übrigen Europäer damit fertig, daß hinter der Weltwährung Dollar eine ziemlich angeschlagene Volkswirtschaft steht? Diese und manch andere Fragen sparen die Euroskeptiker aus.

PARADIES UND TUGEND

Bis in Europa das Paradies ausgebrochen ist und nur noch die Tugend herrscht, werden sich stets tausend Einwände gegen eine einheitliche Währung erheben – ob sie nun Ecu heißt oder doch besser mit einem auch den Deutschen geläufigen Namen versehen wird. Über die eindeutigen Stärken und die eventuellen Schwächen des Vertrags über die Europäische Währungsunion läßt sich sachlich streiten. Vielen Widersachern geht es freilich weniger um das Technische als um das Grundsätzliche. Sie können mit der „Leerformel Europa" (Rudolf Augstein) nichts anfangen. Zwar hat die EG entscheidend zum Wohlstand der deutschen Exportmacht beigetragen und in der Nachkriegszeit ihren Dienst getan, aber nun wird sie lästig: Es lebe der Stillstand!

Solange die Bundesrepublik noch kein souveränes Land war, hat sie es gern gesehen, daß die Partner einen Teil ihrer Souveränität in die Gemeinschaft einbrachten. Aber jetzt, nach der Vereinigung, sieht alles anders aus: Aus einem Bedürfnis nach Kompensation pocht man um so entschiedener auf jene Souveränität, die man soeben wiedererlangt

Deutschland wird deutscher

hat. Dem Bundeskanzler wird nicht verziehen, daß er weiterhin bereit ist, Souveränität abzutreten und zu teilen.

Die Gaullisten mit ihrem „Europa der Vaterländer" - sie sind jetzt mehr in Deutschland als in Frankreich beheimatet. Zwar ärgern sie sich zu Recht, daß mit der Währungsunion keine Politische Union einhergeht. Aber nach allem, was man von ihnen hört, wäre ihnen eine wirkliche Politische Union ebenfalls ein Greuel.

Das nationale Element hat in der Bundesrepublik just zu dem Zeitpunkt Auftrieb erfahren, da das supranationale Brüssel immer stärker in die EG-Einzelstaaten hineinwirkt. Deutschland, ein bißchen deutscher geworden, reagiert empfindlich. Vorher hob man lieber die Vorteile der EG hervor, jetzt rücken die unzähligen Mängel in den Vordergrund. Einst galt es, auf die Partner Rücksicht zu nehmen, doch nun beruft man sich auf das Recht, ja die nationale Pflicht zum heiligen Egoismus. Endlich kann man so sein, wie man denkt, daß die anderen sind.

Von der Larmoyanz zur Arroganz ist es nur ein kleiner Schritt. Da freut sich die *FAZ*, daß nunmehr „deutsche Beschlüsse" von den Partnern „nach kurzem Geschrei auch angenommen werden" - es ging um die Anerkennung Sloweniens und Kroatiens. Aber es geht bei der gesamten Europadebatte um weit mehr: nämlich um die Machtbalance und die Machtteilung auf unserem Kontinent. Die Deutschen sind immer gut gefahren, wenn sie ihr Gewicht nicht voll ausgespielt haben. Es wäre ein Jammer, wenn diese Einsicht künftig als „naiv" abgetan würde.

NACH DEM LESEN

TEXTARBEIT

Beantworten Sie die folgenden Fragen.

1. Wie hat sich die Einstellung vieler Deutscher zu Europa nach der deutschen Vereinigung verändert? Wie war die Einstellung vorher, wie ist sie heute? Machen Sie zwei Listen.

   Vor der Vereinigung   **Heute**
   _____   _____
   _____   _____
   _____   _____

2. Wer ist Machiavelli, und was hat er mit der heutigen Diskussion über Europa zu tun?
   _____
   _____
   _____

3. Die deutschen Kritiker der EG wollen nicht, daß Deutschland nur die Spielregeln bestimmt, sondern mehr Rechte hat. Was fordern sie?
   _____
   _____
   _____

4. Die Deutsche Mark wird als „Ankerwährung" bezeichnet. Was bedeutet das? Was ist die Ankerwährung für die Weltwirtschaft?

_____
_____
_____

5. Im Text wird das Thema „Souveränität" angeschnitten. Was ist der Zusammenhang zwischen einem vereinten Europa und nationaler Souveränität?

_____
_____
_____

6. Wie hat sich seit der deutschen Vereinigung die Machtbalance in Europa verändert?

_____
_____
_____

IN DER GRUPPE

A. Schauen Sie sich noch einmal die Einwohnerzahlen der einzelnen Mitglieder der Europäischen Gemeinschaft auf Seite 162 an. Hat Deutschland nicht das Recht dazu, die Spielregeln zu bestimmen?

B. Wie würden Sie sich fühlen, wenn die USA ihre Souveränität aufgeben müßten? Würde Sie das stören?

SCHREIBEN LEICHT GEMACHT

Nehmen wir an, morgen entschlössen sich die meisten Länder der Welt, ihre Souveränität aufzugeben und eine Weltregierung zu bilden, um alle Gefahren und Katastrophen zu meistern. Schreiben Sie einen Aufsatz über die Vor- und Nachteile, die ein solches Konzept hätte.

❧❧ WEITERE TEXTE ❧❧

BILDMATERIAL

Wie bereits im letzten Thema besteht dieser Teil des Themas nicht aus Texten, sondern aus Karten, Diagrammen und Statistiken.

A. Schauen Sie sich die Karte an, und beantworten Sie die folgenden Fragen.

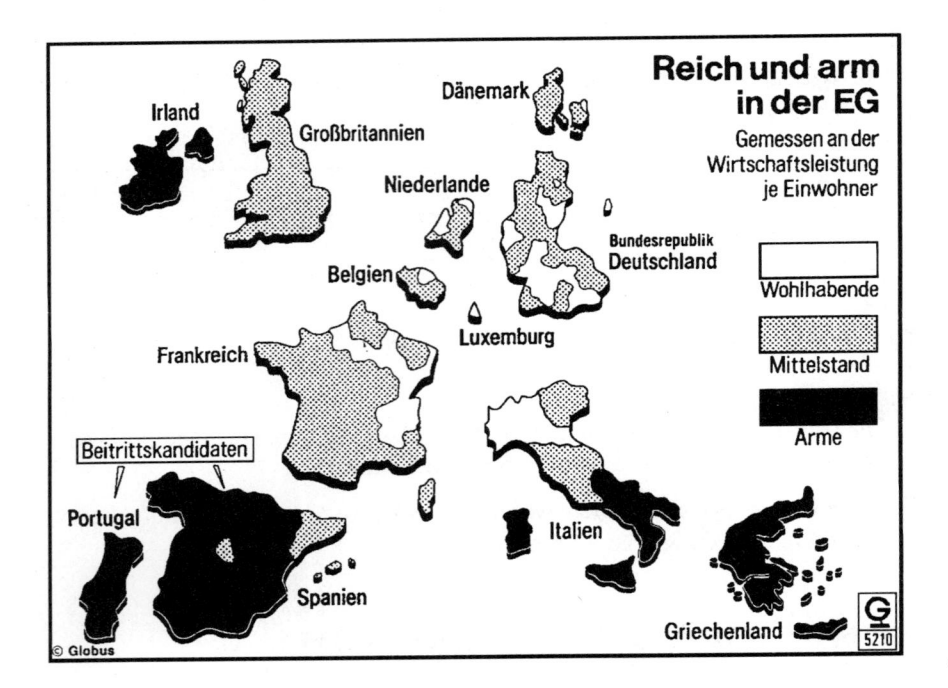

Reich und arm in der EG
Gemessen an der Wirtschaftsleistung je Einwohner

- Wohlhabende
- Mittelstand
- Arme

Irland, Großbritannien, Dänemark, Niederlande, Belgien, Bundesrepublik Deutschland, Frankreich, Luxemburg, Italien, Griechenland

Beitrittskandidaten: Portugal, Spanien

© Globus 5210

1. Welche Informationen gibt die Karte?
   _____
   _____
   _____
   _____

188   *Thema 5*

2. Es gibt Länder, die zum Mittelstand gehören, und Länder, die in ihrer Gesamtheit arm sind. Welche sind das?

   Mittelstand _____

   _____

   _____

   Arme _____

   _____

   _____

3. Es gibt Länder in der EG, die sich aus Wohlhabenden und aus dem Mittelstand zusammensetzen. Welche sind das?

   _____

   _____

   _____

4. Welches Land in der EG scheint die größten Unterschiede zwischen Armen und Reichen zu haben?

   _____

   _____

   _____

5. Wenn Sie die Verteilung von Arm und Reich geographisch generalisieren, was stellen Sie fest?

   _____

   _____

   _____

   _____

6. Vergleichen Sie die Verteilung von Arm und Reich mit der Bevölkerungsstatistik in Text 1 auf Seite 162.

   _____

   _____

   _____

   _____

Bildmaterial **189**

B. Schauen Sie sich die beiden Schaubilder an, und bearbeiten Sie dann die folgenden Aspekte.

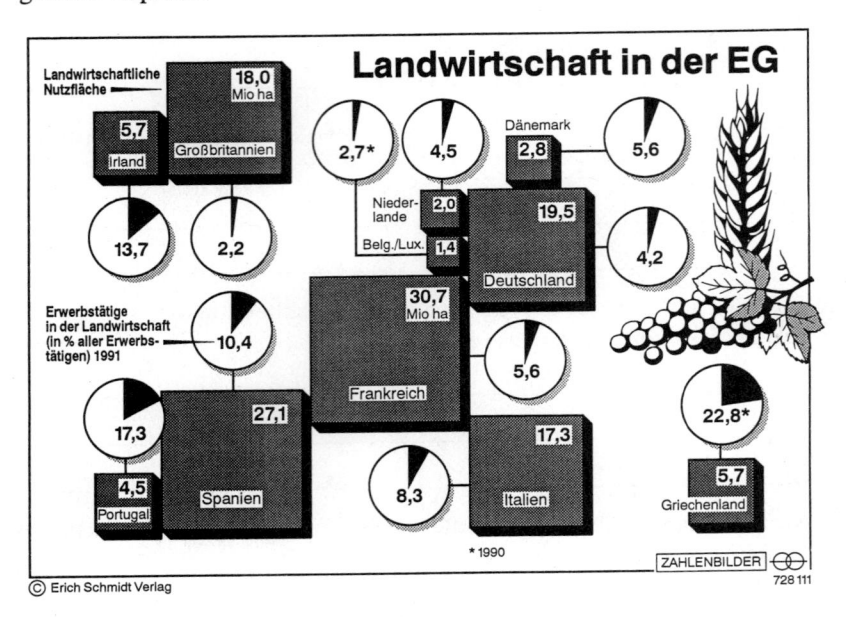

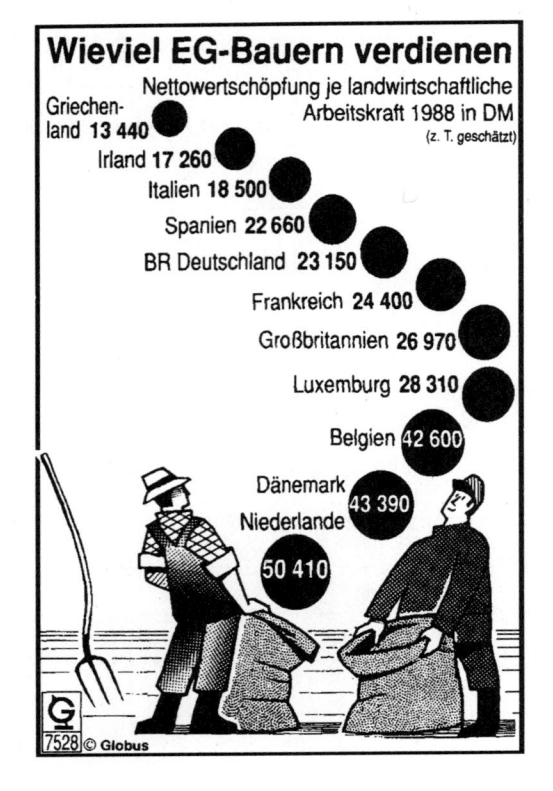

Landwirtschaft in der EG

Landwirtschaftliche Nutzfläche

- Irland: 5,7
- Großbritannien: 18,0 Mio ha
- Niederlande: 2,0
- Belg./Lux.: 1,4
- Dänemark: 2,8
- Deutschland: 19,5
- Frankreich: 30,7 Mio ha
- Spanien: 27,1
- Portugal: 4,5
- Italien: 17,3
- Griechenland: 5,7

Erwerbstätige in der Landwirtschaft (in % aller Erwerbstätigen) 1991

- Irland: 13,7
- Großbritannien: 2,2
- Niederlande: 4,5
- Belg./Lux.: 2,7* / 2,8
- Dänemark: 5,6
- Deutschland: 4,2
- Frankreich: 5,6
- Spanien: 10,4
- Portugal: 17,3
- Italien: 8,3
- Griechenland: 22,8*

* 1990

© Erich Schmidt Verlag — ZAHLENBILDER 728 111

Wieviel EG-Bauern verdienen

Nettowertschöpfung je landwirtschaftliche Arbeitskraft 1988 in DM (z. T. geschätzt)

- Griechenland 13 440
- Irland 17 260
- Italien 18 500
- Spanien 22 660
- BR Deutschland 23 150
- Frankreich 24 400
- Großbritannien 26 970
- Luxemburg 28 310
- Belgien 42 600
- Dänemark 43 390
- Niederlande 50 410

7528 © Globus

190 Thema 5

1. Welche Informationen können Sie aus den beiden thematischen Karten ziehen? Bitte interpretieren Sie nicht, sondern beschreiben Sie nur.

   _____
   _____
   _____
   _____

2. Vergleichen Sie die landwirtschaftlichen Nutzflächen, die Ackerlandflächen und die landwirtschaftlichen Arbeitskräfte (in Prozent) der Länder miteinander.

   _____
   _____
   _____
   _____
   _____
   _____
   _____

3. Vergleichen Sie die landwirtschaftlichen Nutzflächen mit den Einwohnerzahlen in Text 1. Könnte das Verhältnis von landwirtschaftlicher Nutzfläche und Arbeitskräften zur Einwohnerzahl die Verteilung des Reichtums erklären?

   _____
   _____
   _____
   _____
   _____
   _____

4. Vergleichen Sie jetzt die Prozentzahlen der landwirtschaftlichen Arbeitskräfte und der landwirtschaftlichen Nutzfläche mit dem Einkommen der Bauern in den einzelnen EG-Ländern. Was fällt Ihnen auf?

   _____
   _____
   _____
   _____
   _____
   _____

Bildmaterial

C. Lesen Sie noch nicht den kommentierenden Text, sondern konzentrieren Sie sich zuerst nur auf das Diagramm, ein sogenanntes Balkendiagramm.

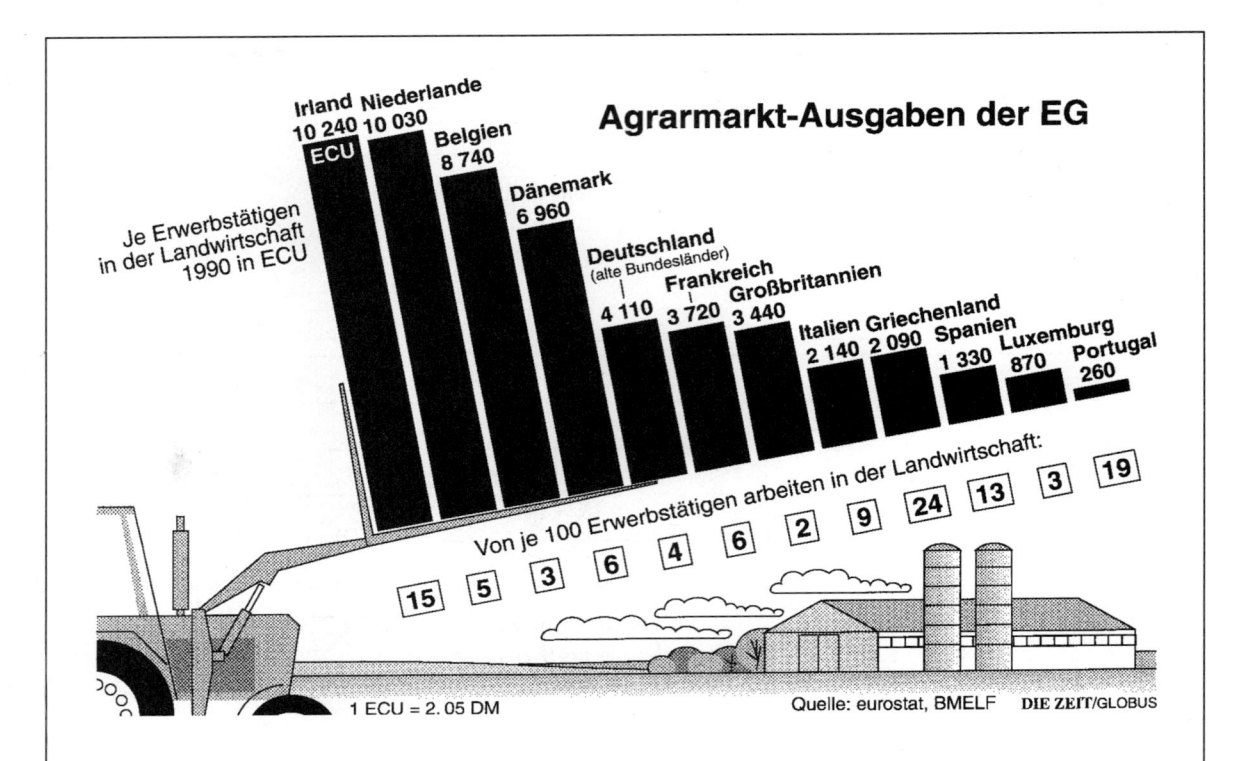

Agrarmarkt-Ausgaben der EG

Je Erwerbstätigen in der Landwirtschaft 1990 in ECU

- Irland 10 240 ECU
- Niederlande 10 030
- Belgien 8 740
- Dänemark 6 960
- Deutschland (alte Bundesländer) 4 110
- Frankreich 3 720
- Großbritannien 3 440
- Italien 2 140
- Griechenland 2 090
- Spanien 1 330
- Luxemburg 870
- Portugal 260

Von je 100 Erwerbstätigen arbeiten in der Landwirtschaft: 15, 5, 3, 6, 4, 6, 2, 9, 24, 13, 3, 19

1 ECU = 2.05 DM

Quelle: eurostat, BMELF   DIE ZEIT/GLOBUS

In den ärmsten Ländern der Europäischen Gemeinschaft arbeiten überdurchschnittlich viele Erwerbstätige in der Landwirtschaft. Demgegenüber wird bei den Argrarausgaben der EG pro Erwerbstätigen ein Nord-Süd-Gefälle sichtbar. Obwohl sie am stärksten darauf angewiesen sind, erhalten die Bauern in Griechenland, Portugal und Spanien relativ wenig Geld aus den EG-Agrarfonds. Grund dafür ist, daß nach den Agrarmarktordnungen der Gemeinschaft am meisten für Milch, Rindfleisch und Getreide bezahlt wird – Produkte, die vornehmlich aus dem Norden der Gemeinschaft kommen. Die Subventionen für Erzeugnisse aus dem Süden wie Tabak, Olivenöl und Orangen sind zwar gestiegen, fallen im Vergleich zu den Hilfen für nördliche Produkte aber gering aus. Das führt unter anderem dazu, daß die Niederländer mit am stärksten aus dem Agrarfonds subventioniert werden, obwohl ihre Landwirtschaft ohnehin schon zu den effizientesten in der Europäischen Gemeinschaft zählt.

1. Beschreiben Sie, was das Diagramm zeigt, ohne es zu interpretieren.

2. Vergleichen Sie die Zahl der Erwerbstätigen in der Landwirtschaft mit der Karte 1 auf Seite 190. Fällt Ihnen etwas auf?

3. Vergleichen Sie jetzt die Zahl der Menschen, die in den einzelnen Ländern in der Landwirtschaft arbeiten, mit den Agrarausgaben, die diese Länder aus dem EG-Topf bekommen. Können Sie Gesetzmäßigkeiten feststellen?

4. Lesen Sie jetzt den Text neben dem Diagramm. Wie erklärt der Text das „Nord–Süd–Gefälle" bei den Agrarausgaben der EG pro Erwerbstätigen in der Landwirtschaft?

SCHREIBEN LEICHT GEMACHT

Fassen Sie alle Informationen, die Sie aus den Karten und Diagrammen entnommen haben, in einem Aufsatz zusammen.

Bildmaterial

KULTURELLE BEGRIFFE UND REDEWENDUNGEN

abblitzen lassen ablehnen
der **Aberwitz** die Ironie
abfackeln ein anderes Wort für „verbrennen"; meistens im Zusammenhang mit Verbrennen von Abfallprodukten: das mit dem Erdöl aus der Erde austretende Gas wird abgefackelt
die **Abfindung** eine einmalige Geldzahlung, die man bekommt, wenn man seinen Job verliert
Abhilfe schaffen ein Problem lösen
das **Abi** kurz für „das Abitur"; die Abschlußprüfung des Gymnasiums
abschieben Ausländer aus dem Land ausweisen
ackern *hier:* hart arbeiten
a.D. „außer Dienst", pensioniert
AEG deutsche Firma, die Elektrogeräte und Elektronik herstellt
(sich) anbahnen etwas wird passieren
die **Anbiederung** wenn man sich einschmeichelt
angesagt *umgangssprachlich:* was Mode ist; was los ist; was passiert
anrüchig sein einen schlechten Ruf haben
der **Anschluß** ein anderer Begriff für die deutsche Vereinigung von 1990; oft in negativem Kontext in der Bedeutung von Annexion
die **Anwerbevereinbarung** Vertrag zwischen Deutschland und anderen Ländern (besonders im Mittelmeerraum), Gastarbeiter aus diesen Ländern in Deutschland arbeiten zu lassen
ätzend *umgangssprachlich:* schlecht, schlimm
aufgeblasen hochnäsig, arrogant
aufklatschen *umgangssprachlich:* zusammenschlagen
aufmüpfig sein nicht alles automatisch akzeptieren, sondern kritisch hinterfragen (und dann meistens ablehnen)
der **Aussiedler** *siehe:* **Spätheimkehrer**

das **BAFöG** – Bundesausbildungsförderungsgesetz; dieses Gesetz gibt Studenten aus Familien, die nicht viel Geld haben, die nötigen finanziellen Mittel für das Studium
das **Ballungszentrum** eine Region, in der viele Menschen auf einem kleinen Raum leben
die **Belegschaft** ein Sammelbegriff für alle, die in einer Firma arbeiten
die **Blechkarosse** Prunkwagen; *hier:* negativ für „Auto"
die **Bleibe** eine Unterkunft, Wohnung; ein „Dach über dem Kopf"
das **Bruttosozialprodukt** der Wert aller hergestellten Waren und Dienstleistungen eines Landes
bummeln *hier:* langsam arbeiten
der **Bundesgrenzschutz** deutsche staatliche Polizeitruppe
die **Bürgerinitiative** eine Gruppe, die für oder gegen ein bestimmtes Projekt kämpft, z.B. gegen eine neue Straße, für mehr Kindergartenplätze usw.

CDU   Christlich-Demokratische Union; konservative politische Partei

dahinsiechen   langsam sterben
Deutsche Volksunion (DVU)   ultra-rechte politische Partei
die **Dienstleistung**   Service, der Dritte Sektor in der Ökonomie
der **Dispositionskredit**   frei verfügbarer Kredit
ein Dorn im Auge sein   etwas, das man nicht sehen will; man will nicht, daß es existiert
dreigliedriges Schulsystem   deutsches Sekundarstufensystem der horizontalen Gliederung in Hauptschule, Realschule und Gymnasium
der **Duckmäuser**   *umgangssprachlich:* Angsthase

eindreschen   schlagen; physische Gewalt anwenden
das **Elfenbein**   Stoßzähne von Elefanten; Rohmaterial für Schmuck und Klaviertasten
die **Endlösung**   Nazi-Begriff für den Holocaust
entrumpeln   Dinge wegwerfen, die unnütz geworden sind
das **Entwicklungsland**   ein Land der „Dritten Welt"
EOS   Erweiterte Oberschule; Schultyp in der früheren DDR; man ging zur EOS, wenn man an einer Universität studieren wollte

die **Fachschaft**   Organ der Studentischen Selbstverwaltung
FAP   Freiheitliche Deutsche Arbeiterpartei; ultra-rechte politische Partei
FAZ   Frankfurter Allgemeine Zeitung
FDJ   Freie Deutsche Jugend; offizielle Jugendorganisation der früheren DDR
FDP   Freie Demokratische Partei; liberale politische Partei
fehl am Platze sein   nicht dahingehören; fehlplaziert sein
die **Flausen** *(Pl.)* *umgangssprachlich:* dumme Ideen
der **Flüchtigkeitsfehler**   ein Fehler, den man nur gemacht hat, weil man nicht genug Zeit hatte und zu schnell und unkonzentriert gearbeitet hat
freies Unternehmertum   freie Marktwirtschaft
freveln   sündigen; moralisch falsch handeln

geschafft sein   sehr müde sein
die **Gewähr**   die Garantie
grienen   grinsen
grölen   laut rufen, schreien
das **Gros**   die Mehrheit
GUS   Gemeinschaft Unabhängiger Staaten; Nachfolgeorganisation der UdSSR

Haudrauf, draufhauen   *siehe:* **hinlangen**
Hegel, Georg Wilhelm Friedrich   dt. Philosoph (1770-1831)
herummurksen   lange an einer Sache oder Situation arbeiten, ohne sie zu verbessern oder zu lösen
hinlangen   *umgangssprachlich:* schlagen; physische Gewalt anwenden
das **Hinterstübchen**   *hier:* hinten im Kopf; im Unterbewußtsein
Honecker-Staat   die frühere DDR; Erich Honnecker war das zweite und gleichzeitig letzte Staatsoberhaupt der kommunistischen DDR-Regierung
die **Hosen strammziehen**   *siehe:* **hinlangen**

der **Kat**   kurz für „Katalysator"; Autoteil, das viele Schadstoffe herausfiltert
KFZ   Kraftfahrzeug; Auto

Kulturelle Begriffe und Redewendungen

(im) Kielwasser schwimmen folgen; („Kiel" ist Teil eines Schiffes)
(mit jemandem) klarkommen gut mit jemandem auskommen; sich gut mit jemandem verstehen
der **Klee** eine grüne Pflanze, die an Tiere verfüttert wird; Klee hat normalerweise drei Blätter; wenn es vier hat, bringt das dem Finder Glück
der **Klugscheißer** Person, die anderen Leuten erzählt, wie sie etwas machen sollen (oft ohne es selbst zu wissen)
die **Knete** *umgangssprachlich:* Geld
Kohl, Helmut dt. Bundeskanzler seit 1982
konsumgeil *umgangssprachlich:* konsumorientiert
(ins) Kraut schießen wachsen; hochkommen
die **Krippe** *hier:* Institution der früheren DDR; Kindertagesstätte für Kinder berufstätiger Eltern
der **Kübelwagen** Militärfahrzeug
der **Kultusminister** der Minister, der in jedem Bundesland für die Bildung verantwortlich ist
der **Kurfürstendamm** wichtige Einkaufsstraße in Berlin

das **Ländle** Spitzname für das Land Baden-Württemberg
(mit dem) Latein am Ende sein keinen Ausweg mehr wissen
Leben in die Bude bringen *umgangssprachlich:* Aktivitäten starten
linkslastig zum politisch linken Flügel tendieren
LKW Lastkraftwagen; Lastwagen
locker *hier:* nicht starr, nicht verkrampft
das **Luftschloß** ein Traum, der wahrscheinlich nicht in Erfüllung gehen wird

miefig konservativ, langweilig
der **Mißtrauensantrag** Votum, daß eine Person von einem Posten abgesetzt wird, weil sie nicht mehr das Vertrauen der Leute hat
die **Mitgift** was die Braut mit in die Ehe einbringt
der **Moloch** eine alles verschlingende Macht

der **Naivling** eine naive Person
(sich an die eigene) Nase fassen bevor man andere kritisiert, sollte man Fehler bei sich selbst suchen
der **Neuntkläßler** jemand, der in die neunte Klasse geht
(sich in) Nichts auflösen verschwinden, so daß nichts übrigbleibt
Numerus clausus zahlenmäßige Beschränkung der Zulassungen zur Universität; nur Studenten mit einem guten Notendurchschnitt werden in bestimmte Fächer aufgenommen

(die) Ohren langziehen *siehe:* **Hosen strammziehen**
Ossietzky, Carl von dt. Publizist und Pazifist (1889-1938); von den Nazis verfolgt

die **Palette** *hier:* viele verschiedene Dinge
das **Parkstudium** etwas studieren, was man eigentlich gar nicht studieren will, um auf einen Studienplatz in einem Fach zu warten, das man wirklich möchte
pauken intensiv lernen; meistens einfach auswendig lernen, ohne den Stoff zu verstehen
pendeln *hier:* wenn man nicht da wohnt, wo man arbeitet, und man immer hin und her fahren muß

der **Pennäler** Schüler auf einem Gymnasium
die **Pfandflasche** wenn man ein Produkt in einer solchen Flasche kauft, bezahlt man zwar ein bißchen mehr, aber man bekommt das Geld zurück, wenn man die Flasche zurückbringt
Phrasen dreschen *umgangssprachlich:* große Pläne haben und viel darüber reden (aber nicht viel tun)
die **„Pioniere"** Organisation für junge Menschen in den früheren Ostblockländern
PKW Personenkraftwagen; Auto
die **Prise** eine kleine Menge
promovieren den Doktortitel erlangen

Quatsch Unsinn
querliegen gegen etwas sein; etwas zu verhindern versuchen

Rama Name einer Margarine
Red' immer Treu und Üblichkeit *Wortspiel; eigentlich:* Üb' immer Treu und Redlichkeit (d.h., Sei immer ehrlich); *Wortspiel bedeutet:* Rede immer über Treue und Normalität (ohne sie selbst zu praktizieren)
die **Regelstudienzeit** Anzahl von Semestern, in denen man das Studium abschließen sollte
die **Reichskriegsflagge** Fahne des deutschen Militärs im Ersten Weltkrieg; heute wird diese Fahne von Neonazis als Symbol für ihre Ideologie benutzt
das **Rotlichtmilieu** Unterwelt; Leute, die mit Verbrechen und Prostitution in Verbindung stehen

Sachsen Region und Bundesland in Südostdeutschland
S-Bahn Schnellbahn; ein schneller Zug im Regionalverkehr
der **Scharfmacher** Person, die agitiert, um andere zu (meist illegalen) Handlungen zu animieren
der **Schieber** jemand, der auf dem Schwarzmarkt Geschäfte macht
das **Schlagwort** der Slogan
die **Schlampe** sehr unordentliche, schmutzige Person; wird oft als Schimpfwort benutzt
die **Schmuddelkinder** Kinder, die im Schmutz leben und spielen; wird oft benutzt für Kinder aus niedrigen sozialen Schichten
der **Schreibtischtäter** Krimineller, der vom Schreibtisch aus arbeitet
der **Schuldezernent** Abteilungsleiter einer Schuladministration
Schwaben Region in Südwestdeutschland
schwätzen reden, sprechen; *oft in der Bedeutung:* viel sprechen ohne viel zu sagen
der **Spätheimkehrer** ethnische Deutsche („Volksdeutsche"), die lange Zeit im östlichen Europa gelebt haben – oft viele Generationen – und jetzt in das Heimatland ihrer Vorväter zurückkehren
SPD Sozialdemokratische Partei Deutschlands; eine progressive Partei links von der politischen Mitte
die **Sparkasse** Geldinstitut; wie eine Bank
die **Spende** Geld, das man für eine gute Sache, für einen guten Zweck gibt
spießig *siehe:* **miefig**
die **Spree** Fluß durch Berlin

die **Stasi** Staatssicherheitsdienst der früheren DDR; Machtapparat der Regierung, um die Bürger zu kontrollieren
strammstehen militärisch korrekt und steif stehen
die **Stulle** belegtes Brot; zwei Brotscheiben mit Käse oder Wurst dazwischen
der **Sündenbock** eine Person, die für alle Probleme in der Welt verantwortlich gemacht wird

(sich) taub stellen so tun, als könne man nicht hören; nicht hören wollen
auf Tauchstation gehen *hier:* sich verstecken, sich unsichtbar machen
Tell, Wilhelm sagenhafter Held der Schweizer Befreiung; Hauptfigur in Schillers gleichnamigem Drama
Tempi passati *Latein:* vergangene Zeiten
Thälmann, Ernst kommunistischer Politiker (1886-1944); ermordet im Konzentrationslager Buchenwald
der **Treppenwitz** *hier:* Ironie
trödeln etwas langsam tun; *hier:* zu lange studieren
TU Berlin Technische Universität Berlin

U-Bahn Untergrundbahn; eine Bahn unter der Erde
überzogen übertrieben
Ultima ratio *Latein:* das letzte Mittel
ungezügelt unbegrenzt, ungebremst
unisono mit einer Stimme; viele Leute sagen etwas gemeinsam
der **Verbraucherverband** Organisation, die sich für die Interessen und den Schutz der Verbraucher einsetzt
der **Verkehrsinfarkt** Zusammenbruch des Verkehrs, weil zu viele Autos auf der Straße sind
verklärt werden man hält eine Sache oder Person für besser als sie ist
verplempern etwas (bes. Geld oder Zeit) verschwenden
verpönt sein etwas, das man nicht tun sollte, weil es in den Augen anderer Leute nicht gut aussieht
(in) Verruf geraten einen schlechten Ruf bekommen
das **Vordiplom** Zwischenprüfung zwischen dem Grund- und dem Hauptstudium; das Vordiplom ist allerdings kein akademischer Abschluß

Waldorfschulen *(pl.)* private Schulen im Geiste des Anthroposophen Rudolf Steiner
das **Weichei** *siehe:* **Duckmäuser**
die **Wende** (1) die politische Wende 1982/83, als die sozialdemokratische Regierung durch eine konservative, christlich-demokratische abgelöst wurde; (2) die Öffnung der Mauer 1989
die **Werft** dort werden Schiffe gebaut und repariert
Westfalen Region in Westdeutschland
der **Winzer** eine Person, die Weintrauben anbaut und Wein produziert

x-beliebig keine bestimmte Sache; es könnte jede sein

die **Zwangsexmatrikulation** wenn man in der Regelstudienzeit nicht mit dem Studium fertig wird, muß man die Universität verlassen

PERMISSIONS AND CREDITS

The authors and editors of *Gesichtspunkte: Gespräche und Aufsätze* would like to thank the following companies, organizations and people for granting permission to reprint the following copyrighted material:

TEXTS

pp. 3-5 "Der Preis für den Luxus" from *Jugendscala* 3, 1988 pp. 30-33. Frankfurter Societätsdruckerei GmbH, Frankfurt; **p. 9** "Stadtflüchtlinge" from *Jugendscala* 2, 1987, pp. 36-37. Frankfurter Societätsdruckerei GmbH, Frankfurt; **p. 11** "Natur" from *In diesem Lande leben wir. Deutsche Gedichte der Gegenwart,* p. 15. Carl Houser Verlag, München; **p. 17** "Die Regenwald-Lüge" from *Quick*, June 4, 1992, pp. 10-13. Quick Verlagsleitung, München; **pp. 22-23** "Da bahnt sich was an" from *Scala*, Aug/Sept 1991, pp. 20-21. Scala, Frankfurt am Main; **pp. 28-29** "Verzichten lernen" from *Stern* 23, 1992, p. 29. Gruner + Jahr AG & Co., Hamburg; **p. 38** "Gewalt is schulischer Alltag" from *Frankfurter Rundschau* June 13, 1991, p. 21. Frankfurter Rundschau, Frankfurt am Main; **pp. 45-46** "Ein neues System, die alten Lehrer. Schule in der alten DDR" from *Juma* 3, 1991, pp. 12-13. Redaktion Juma, Köln; **pp. 50-51** "Planziel verfehlt" from *Der Spiegel* 42, 1990, pp. 49-51. Der Spiegel, The New York Times Syndicate, Paris, France; **pp. 56-58** "Vergessene Bildung" from *Die Zeit* 29, 1992, p. 11. Steven Muller, President Emeritus, The Johns Hopkins University, Baltimore; **pp. 64-67** "Ballast über Bord werfen" from *Der Spiegel* 38, 1990, pp. 80-99. Der Spiegel, The New York Times Syndicate, Paris; **pp. 74-76** "Alle suchen eine Heimat" from *Die Zeit* 45, 1991, p. 8 (Überseeausgabe). Elisabeth Wehrmann, Die Zeit, Hamburg; **pp. 80-81** "Fremd in Deutschland" from *Juma* 2, 1990, pp. 30-33. Redaktion Juma, Köln; **pp. 87-89** "Jetzt trauen sie sich wieder" from *Der Spiegel* 51, 1988. Der Spiegel, The New York Times Syndicate, Paris; **pp. 92-94** "Praktisch leergefegt" from *Der Spiegel* 24, 1988, pp. 65-67. Der Spiegel, The New York Times Syndicate, Paris; **pp. 100-103** "Das Schandmal des Fremdenhasses" from *Die Zeit* Oct 18, 1991, p. 1 (Überseeausgabe). Theo Sommer, Die Zeit, Hamburg; **pp. 107-111** "Nach rechts davongelaufen" from *Die Zeit* Nov. 29, 1991, p. 21 (Überseeausgabe) Eberhard Seidel-Pielan, Die Zeit, Hamburg; **p. 113** "Tumulte bei Neonazi-Prozeß" *Frankfurter Rundschau* June 13, 1991, p. 4 Presse Info Dienst, Göttingen; **p. 113** "Festnahme im Mordfall Sonntag" from *Frankfurter Rundschau* June 13, 1991, p. 4. Deutsche Presse-Agentur GmbH, Hamburg; **p. 119** "Deutschland umarmt sich. Einigkeit und Recht und Freiheit" from *Bild* Nov. 11, 1989, p. 1. Bild-Zeitung, Axel-Springer-Verlag AG, Hamburg; **pp. 122-123** "Rüber in den Westen...oder bleiben?" from *Juma* 1, 1992 pp. 12-13. Redaktion Juma, Köln; **pp. 127-132** "Geld ist nicht alles..." from *Wir denken erst seit Gorbatschow*, pp. 51-58. Georg Bitter Verlag, Recklinghausen; **pp. 136-143** "Es kostet nicht den Kopf" from *Wir denken erst seit Gorbatschow*, pp. 129-142. Georg Bitter Verlag, Recklinghausen; **pp. 147-149** "Immer Ärger mit den Preisen" from *Die Zeit*, Nov. 8, 1991, p. 10 (Überseeausgabe). Peter Christ, Die Zeit, Hamburg; **pp. 162-163** "Das Europäische Haus" from *Juma. Tip* 1, 1992, pp. 18-19. Redaktion Juma, Köln; **p. 168** "Binnenmarkt '92 - reichen die Entscheidungsstrukturen der EG aus?" from *Informationen zur politischen Bildung*, no. 213, p. 9. Bundeszentrale fur politische Bildung, Bonn; **pp. 173-174** "Die Grünen gegen Maastricht" from *Die Zeit* July 24, 1992, p. 4. (Überseeausgabe). Die Zeit, Hamburg; **pp. 176-179** "Sind wir wirklich Europäer?" from *Die Zeit* June 19, 1992, p. 4. Die Zeit, Hamburg; **pp. 184-186** "Deutschland wird deutscher" from *Die Zeit* March 13, 1992, p. 1. (Überseeausgabe). Die Zeit, Hamburg.

PHOTOGRAPHS

p. x Deutsche Presse-Agentur GmbH (Leonhardt); **p. 11** Stock, Boston, Inc.; **p. 24** Deutsche Presse-Agentur GmbH; **p. 33** Ullstein-Poly-Press; **p. 34** Ullstein Bilderdienst; **p. 69** Ulrike Welsch; **p. 70** Ulrike Welsch; **p. 88** "Jüdische Familie in Wien" from *Der Spiegel* 51, 1988. Dietrich Stattmann, A-2122 Ulrichskirchen; **p. 93** "Düsseldorfer Container-Unterkunft" from *Der Spiegel* 24, 1988; **p. 65.** Frank Darchinger, Bonn; **p. 103** Deutsche Presse-Agentur GmbH; **p. 108**

Deutsche Presse Agentur GmbH; **p. 116** Stock, Boston, Inc.; **p. 125** Ullstein Bilderdienst; **p. 137** Archiv für Kunst und Geschichte, Berlin; **p. 139** Ingo Barth/Interfoto; **p. 148** Ullstein Bilderdienst; **p. 158** Deutsche Presse-Agentur GmbH; **p. 165** Ullstein Bilderdienst; **p. 172** Ulrike Welsch

REALIA

p. 15 "Das Krankheitsbild vom deutschen Wald" Globus Kartendienst GmbH, Hamburg; **p. 19** "Elfenbein und Tropenholz" from *Die Zeit* March 13, 1992, p. 8 (Überseeausgabe). Die Zeit, Hamburg; **p. 19** "Auf dem eigenen Ast" from *Die Zeit* March 27, 1992, p. 1 (Überseeausgabe). Die Zeit, Hamburg; **p. 21** "Sag mal, Vati..." from *Quick* Nov. 29, 1990, p. 60 ALI Press Agency, Brussels; **p. 21** "Ja meinst du denn im Ernst..." from *Die Grünen. Das Programm zur 1. gesamtdeutschen Wahl 1990*, p.11 Die Grünen, Bornheim; **p. 25** "Beim Thema Straßenlärm..." from *Verband deutscher Verkehrsunternehmen* 1990/91. Verband deutscher Verkehrsunternehmen, Köln; **p. 31** (ohne Titel) from *Die Zeit* Aug. 21, 1991, p. 23 (Überseeausgabe). Die Zeit, Hamburg; **p. 31** "Geld - Reichtum des Nordens" from *Die Zeit* April 24, 1992, p.8 (Überseeausgabe). Die Zeit, Hamburg; **p. 32** "Kinder - der Reichtum des Südens" from *Die Zeit* April 24, 1992, p. 8 (Überseeausgabe). Die Zeit, Hamburg; **pp. 40-41** "Briefe", cartoon from *Der Spiegel* 17, 1988, The New York Times Syndicate, Paris, France; **p. 53** "Schulabgänger" from *Die Zeit* May 24, 1991. Die Zeit, Hamburg; **p. 61** "Enorme Unterschiede" from *Der Spiegel* 33, 1990, pp. 80-99. Der Spiegel, Hamburg; **p. 64** "Zü den Horsälen" from *Der Spiegel* 40, 1990, p. 7. Felix Mussil, Frankfurt am Main; **p. 67** "Das Gehirn ist kein Computer" from *Der Spiegel* 38, 1990, p. 97. Rotbuch Verlag GmbH, Berlin; **p. 78** (ohne Titel) from *Informationen zur politischen Bildung* no. 201, p. 27. Faruk Cagla, Trikont Verlag, Duisburg; **p. 79** "Ausländische Arbeitnehmer" from *Die Zeit* Oct. 25, 1991, Die Zeit, Hamburg; **p. 96** "Wir suchen Asyl" from *Der Spiegel* 46, 1990, p. 93, Till Mette, Bremen; **p. 105** (Cartoon) Semmel-Verlach (Brösel); **p. 114** "Come together" from *Der Spiegel* 32, 1988, p. 69. Agentur Scholz & friends GmbH, Hamburg; **p. 153** "Sieben Minuten fürs Bier" from *Der Spiegel* 15, 1990, p. 22 Der Spiegel, Hamburg; **p. 154** "Mieten ungleich wie Tag und Nacht" from *Der Spiegel* 47, 1990, p. 123. Der Spiegel, Hamburg; **p. 154** "Wohnen in Deutschland" from *Die Zeit* Jan. 24, 1992, p. 10. Die Zeit, Hamburg; **p. 155** "Wohnen" from *Der Spiegel* 39, 1990, p. 51. Der Spiegel, Hamburg; **p. 156** "Demokratie sofort" from *Der Spiegel* 39, 1990, p. 182. Der Spiegel, Hamburg; **p. 157** "Im Westen die besseren Deutschen?" from *Der Spiegel* 46, 1990, p. 115. Der Spiegel, Hamburg; **p. 169** "So funktioniert die EG" from *Informationen zur politischen Bildung* no. 213, p. 9. Globus Kartendienst GmbH, Hamburg; **p. 188** "Reich und arm in der EG" from *Informationen zur politischen Bildung* no. 213, p. 21. Globus Kartendienst GmbH, Hamburg; **p. 190** "Landwirtschaft in der EG" from *Informationen zur politischen Bildung* no. 213, p. 19. Erich Schmidt Verlag, Berlin; **p. 190** "Wieviel EG-Bauern verdienen" from *Informationen zur politischen Bildung* no. 213, p. 19. Globus Kartendienst GmbH, Hamburg; **p. 192** "Die Mär vom deutschen Zahlmeister" from *Informationen zur politischen Bildung* no. 213, p. 11. Haus der Geschichte der Bundesrepublik Deutschland, Bonn.

ILLUSTRATIONS

p. 151 Valerie Spain